TERAPIA COGNITIVO-
-COMPORTAMENTAL
COM ATENÇÃO PLENA

SETH J. GILLIHAN

TERAPIA COGNITIVO--COMPORTAMENTAL COM ATENÇÃO PLENA

Um caminho simples para a cura, a esperança e a paz

EDITORA ALAÚDE

Terapia Cognitivo-Comportamental com Atenção Plena

ISBN: 978-85-7881-814-2

Translated from original Mindful Cognitive Behavioral Therapy. © 2022 by Seth J. Gillihan. ISBN 978-0-063-07572 This translation is Published by arrangement with HarperOne, an imprint of HarperCollins Publisher, the owner of al rights to publish and sell the same. PORTUGUESE language edition published by Starlin Alta Editora e Consultoria Eireli, Copyright © 2025 by STARLIN ALTA EDITORA E CONSULTORIA LTDA.

Impresso no Brasil — 1ª Edição, 2025 — Edição revisada conforme o Acordo Ortográfico da Língua Portuguesa de 2009.

Dados Internacionais de Catalogação na Publicação (CIP)

G475
Gillihan, Seth J.
Terapia cognitivo-comportamental com atenção plena / Seth J. Gillihan. - Rio de Janeiro: Alaúde, 2025.

240 p.; il.; 15,7 x 23 cm.

Título original: Mindful Cognitive Behavioral Therapy
ISBN 978-85-7881-814-2

1. Terapia cognitivo-comportamental 2. Mindfulness
3. Psicologia clínica 4. Saúde mental 5. Psicoterapia
I. Título.

CDD 616.89142

Índice para catálogo sistemático:
1. Psicologia: 150
2. Desenvolvimento pessoal e bem-estar psicológico: 158.1
3. Transtornos mentais - tratamento: 616.89
4. Terapia cognitivo-comportamental: 616.89142

Produção Editorial: Grupo Editorial Alta Books
Diretor Editorial: Anderson Vieira
Editor da Obra: Mariana Portugal
Vendas Governamentais: Cristiane Mutüs

Produtora Editorial: Rita Motta
Copidesque: Alessandro Thomé

ALTA BOOKS
GRUPO EDITORIAL

Rua Viúva Cláudio, 291 — Bairro Industrial do Jacaré
CEP: 20.970-031 — Rio de Janeiro (RJ)
Tels.: (21) 3278-8069 / 3278-8419
www.altabooks.com.br — altabooks@altabooks.com.br
Ouvidoria: ouvidoria@altabooks.com.br

Editora
afiliada à:
ASSOCIADO

Para Marcia Lynn Leithauser

Se você deseja descobrir a verdade sobre Deus,
não se esforce por coisas que estão além de você.

Volte seus pensamentos para dentro, para o centro,
e busque tornar-se uno e simples em sua alma.

Abandone tudo o que o distrai, tudo o que deseja,
e volte para casa, para si mesmo. E, quando o fizer,
você se tornará a própria verdade que buscou no início.

— Meister Eckhart (1260–1328)[1]

SUMÁRIO

1

OUÇA O CHAMADO

Se existe um desejo comum entre as centenas de pessoas que atendi em terapia como psicólogo clínico, é o de ver seu sofrimento chegar ao fim. Mas minha própria jornada pela depressão me ensinou que aliviar os sintomas não é suficiente. Mais do que encontrar uma "cura" para o sofrimento, nosso anseio mais profundo é pela paz. Essa diferença é o que move este livro.

A maioria das pessoas que me procuram está lidando com algum tipo de ansiedade avassaladora: crises de pânico, preocupação constante, transtorno obsessivo-compulsivo (TOC), medos sociais. Muitas estão em processo de cura de traumas, às vezes recentes, às vezes da infância. Algumas enfrentam depressão diária, doenças crônicas ou se perguntam se o casamento ainda pode ser salvo. Outras estão desesperadas por uma boa noite de sono. De um jeito ou de outro, todas anseiam por alívio diante da pressão e do desgaste da vida.

As pessoas chegam até mim porque acreditam que posso ajudá-las a encontrar alívio e paz por meio da terapia cognitivo-comportamental (TCC), o método terapêutico mais testado cientificamente na atualidade. A TCC é uma abordagem direta que integra dois componentes:

- **Terapia cognitiva**, para cultivar padrões saudáveis de pensamento
- **Terapia comportamental**, para ajudar a escolher ações que nos levem em direção aos nossos objetivos

O tratamento tende a ser breve — normalmente de oito a quinze sessões — e foca os problemas atuais, em vez de mergulhar no passado da pessoa ou na relação com os pais. Desde o início da minha formação, senti-me atraído por essa abordagem porque queria aliviar o sofrimento, e a TCC parecia o caminho mais eficiente para a cura.

Mas, após anos ajudando outras pessoas como terapeuta de TCC, descobri que eu também precisava de ajuda. Caí, aos poucos, em uma depressão profunda e, apesar de toda a minha formação, estava lutando para encontrar a saída. Com o tempo, tateando no escuro, descobri algo surpreendente e importante: percebi que a TCC podia ser muito mais do que uma ferramenta para eliminar sintomas — como eu a vinha usando até então. Combinada a práticas de mindfulness, ela também podia responder a questões de sentido, propósito e até de paz espiritual.

Sei que essa é uma afirmação ousada. Mas quero deixar claro: este não é mais um daqueles livros de um autoproclamado "guru" que diz ter finalmente descoberto o segredo do universo e espera que todos o sigam. De forma alguma sou o primeiro a percorrer esse caminho.

Meu objetivo é, antes, simplificar o processo que encontrei e que foi tão incrivelmente útil, para que o maior número possível de pessoas possa vivenciá-lo também. Essa abordagem transformadora pode ser resumida em três palavras — fáceis de lembrar na hora em que mais precisamos delas: **Pense. Aja. Seja**.

Descida

Minha motivação para me tornar psicólogo veio, em parte, pelo que eu sabia sobre as lutas emocionais do meu avô e seu suicídio, oito anos antes de eu nascer. Frank Rollin Gillihan era assombrado por memórias horríveis do combate naval no Pacífico Sul durante a Segunda Guerra Mundial; eu me perguntava como teria sido sua vida se ele tivesse recebido um tratamento psicológico eficaz. Talvez ele tivesse vivido para conhecer os netos. Seu único filho — meu pai — teria sido poupado da dor de perder o próprio pai para o suicídio. Essa dor era uma presença constante durante a minha infância, às vezes perceptível na irritabilidade e no temperamento explosivo do meu pai. Em outras ocasiões, era um luto cru e evidente, como quando eu tinha 8 anos e, ao entrar na lavanderia de casa, encontrei minha mãe com o braço em volta dele, enquanto ele chorava, segurando um punhado de fotos antigas da família.

Fiz minha formação na Universidade da Pensilvânia, berço de muitos programas de tratamento da TCC. O corpo docente estava profundamente envolvido no desenvolvimento de tratamentos eficazes e de curto prazo, testados em rigorosos ensaios clínicos, e minha confiança no poder da TCC se aprofundou à medida que eu testemunhava seus efeitos de perto. Vi como os pensamentos têm poder para afetar nossas emoções. Aprendi como pequenas mudanças em nossas ações podem elevar o humor e trazer mais realização.

Continuei na Pensilvânia depois de me formar, assumindo um cargo no corpo docente de um centro de pesquisa sobre ansiedade, onde coordenei um estudo de tratamento com TCC para o transtorno de estresse pós-traumático (TEPT). Os participantes vinham da comunidade local e do hospital de veteranos, homens e mulheres assombrados por lembranças traumáticas de violência e dor. Após o protocolo de doze sessões, muitos estavam transformados — livres de pesadelos e flashbacks, prontos para retomar a vida. Eu frequentemente pensava no meu avô.

Quando deixei Universidade da Pensilvânia e abri meu consultório particular, continuei oferecendo TCC. Era estimulante ver o impacto dramático que poucas sessões — às vezes apenas cinco ou seis — podiam ter na vida de uma pessoa. A pressão da ansiedade diminuía, a depressão cedia, o sono melhorava. Minha agenda logo ficou lotada de pessoas em busca de uma ação direta para se sentirem melhor.

Mas, à medida que eu seguia atendendo, comecei a me impressionar com mudanças que pareciam ir além da simples redução de sintomas. As pessoas descreviam sentir-se mais leves, mais livres, mais conectadas a uma versão de si mesmas que apreciavam. Familiares me diziam, com lágrimas nos olhos, que finalmente tinham "de volta" a pessoa que amavam.

Eu não sabia bem como interpretar essas mudanças, já que elas não se encaixavam perfeitamente na visão de terapia da TCC, voltada para resultados mensuráveis. Às vezes, eu até invejava o trabalho profundo que meus pacientes estavam realizando e os novos níveis de paz e felicidade que estavam encontrando.

Fiquei particularmente marcado pelas mudanças profundas que vi em Paul, um jovem pai desempregado.[1] Sua infância tinha sido difícil, e ele se odiava desde que conseguia se lembrar. O pai havia deixado a família quando Paul tinha 5 anos, e ele sempre sentira que era o filho menos querido da mãe. Lutou contra o alcoolismo no início da vida e enfrentou dificuldades nos relacionamentos mais próximos.

O maior desafio de Paul era sentir-se um fracasso para a filha e o filho pequenos. Tinha sido profundamente ferido pelo abandono do pai e sempre jurara que seria um pai de quem os filhos pudessem se orgulhar. Com a perda do emprego e a depressão que se seguiu, passou a acreditar que eles o viam como uma decepção patética. Ele travava a voz cada vez que tentava falar sobre desapontar os filhos, mas recusava o lenço que eu lhe oferecia. A vergonha rapidamente se transformava em raiva contra si mesmo por ser um "bebê chorão", enquanto ele enxugava as lágrimas com força, usando o calcanhar da mão. Paul negava estar em risco iminente, mas dizia que frequentemente imaginava acabar com a própria vida.

Trabalhamos juntos por muitos meses — mais do que um protocolo clássico de TCC indicaria — e ele progredia devagar, mas de forma constante. Paul havia começado, de maneira gradual e consistente, a retomar atividades que lhe traziam prazer e sensação de realização, o que melhorou muito seu humor. Também aprendeu a reconhecer a mentira por trás de pensamentos cruéis como "Sou inútil" e "Todos estariam melhor sem mim". Ainda assim, havia um pano de fundo mais profundo de autodepreciação que parecia resistir a todos os esforços que ele fazia em terapia.

Até que, um dia, Paul me surpreendeu. As lágrimas vieram — e ele deixou que viessem. Mas, dessa vez, não chorava por se sentir um mau pai. Chorava pelo menino de cinco anos que perdera o pai e que só conhecera o amor quando teve filhos. Entre lágrimas, me disse que estava começando a sentir amor por si mesmo. Eu também tive de conter as minhas. Desde que conheci Paul, esperei por esse momento — e, na verdade, ele sempre foi alguém fácil de amar.

Quando a relação de Paul consigo mesmo finalmente mudou, foi de um jeito que me pegou desprevenido. Nossos pensamentos e sentimentos voltados para nós mesmos são teimosamente difíceis de transformar. Eu já tinha visto pacientes fazerem mudanças graduais nessas áreas, mas quase sempre de forma relutante, com algum resquício de autodesprezo. A transformação de Paul, porém, foi de outra ordem. Era como se uma barreira tivesse caído entre seu coração e ele próprio, liberando uma onda de amor-próprio que estivera represada por décadas. Ele finalmente conseguia perceber que suas feridas e seu sofrimento pediam compaixão, não repulsa.

Paul não apenas deixou de se odiar ou de estar deprimido. Paul se transformou. Tornou-se o pai e o marido que sempre quis ser. E como exatamente nossa terapia ajudou a tornar isso possível? Eu não tinha certeza se sabia responder.

Descoberta

Foi só mais tarde, naquela mesma noite, após nossa sessão transformadora, que a ironia me atingiu. Naquela semana mesmo, eu vinha me sentindo arrasado por acreditar estar decepcionando minha esposa e meus filhos. Havia alguns anos, eu enfrentava problemas de saúde. Começou com questões persistentes na voz — laringite, sensação de queimação na garganta, dificuldade para me fazer ouvir. Era um desafio dar conta das demandas vocais da terapia e das aulas que ministrava em uma faculdade local. Com o tempo, a lista de sintomas inespecíficos só cresceu: sono ruim, exaustão física, confusão mental, dores no corpo, intolerância ao calor e problemas digestivos, entre muitos outros. Visitei inúmeros especialistas e terapeutas alternativos, mas encontrei poucas respostas, quase nenhum alívio e uma pilha cada vez maior de contas médicas.

Meu mundo foi se encolhendo à medida que as dificuldades persistiam. Precisei interromper quase todos os exercícios físicos por conta da fadiga e deixei de encontrar amigos, já que conversar se tornara tão difícil. Até em casa eu falava pouco, pois já havia esgotado minha "reserva vocal" no trabalho. Tive de reduzir minhas horas de atendimento clínico devido às limitações da voz e à baixa energia, o que trouxe grande pressão financeira para minha família.

Olhando para trás, percebo que a depressão era quase inevitável, dadas as circunstâncias: estresse crônico, isolamento social, falta de exercício, sono precário. Eu já tinha visto esse padrão incontáveis vezes no meu trabalho clínico e, agora, estava vivendo-o na pele. Demorei a perceber que havia afundado numa depressão profunda, desejando morrer e acreditando que minha família ficaria melhor sem mim. Minha esposa, Marcia, foi incrivelmente solidária, mas não podia me poupar dos momentos mais sombrios ou da autodepreciação. Ela me confortava sempre que eu chegava ao fundo do poço: "Seth, você está fazendo o melhor que pode. Não é culpa sua estar doente." Enquanto isso, na minha cabeça, eu gritava em silêncio, repetidamente: "Eu me odeio pra caralho!"

A depressão se arrastou por meses. No fundo dela, eu me sentia perdido, confuso e sozinho. Não sabia o que me levara até aquele lugar e me sentia exausto e sem clareza para encontrar uma saída. Chorava o tempo todo. Chorava no caminho para o trabalho, sem saber conseguiria passar o dia. Chorava na volta, subindo ladeiras minúsculas como se usasse botas de chumbo. Chorava no sofá do consultório, onde cochilava entre um paciente e outro, cuidando para não encostar o rosto de forma a iniciar a próxima sessão com a marca do travesseiro.

Depois do jantar, muitas vezes me estendia no sofá da sala, desesperado, desanimado, rezando por ajuda. Sentia-me derrotado ao subir para a cama toda noite e temia o dia seguinte. Era como se eu tivesse chegado ao fim de mim mesmo. E, ainda assim, algo me mantinha em movimento, me puxando de volta para a vida quando tudo o que eu queria era desistir e desaparecer.

Eu estava exatamente onde tantas pessoas que tratei já haviam estado quando chegaram ao meu consultório: esmagadas pela depressão ou exauridas pela ansiedade, com uma parte enorme delas pronta para jogar a toalha. Mas havia uma parte ainda maior decidida a continuar. No âmago do ser delas, havia uma inteireza fundamental que as impelia a buscar ajuda, apesar da desesperança.

Talvez sentissem apenas escuridão por dentro, mas eu podia ver claramente uma luz que não havia sido apagada, como se brilhasse por uma fresta entre as dores e dificuldades evidentes. Não importava como se sentissem, ver essa luz sempre me dava esperança — e até um sorriso por dentro. Eu sabia que o sofrimento não precisava ser o ponto-final da história. E sabia também que o caminho para a cura começara bem antes de cruzarem a porta do meu consultório, porque o poder de se curar não nasce ao encontrar o tratamento certo. Ele vem de um lugar profundo, lá dentro de nós.

Numa noite, finalmente reconheci em mim algo que tantas vezes havia visto nas pessoas que tratei. Tudo parecia especialmente sem esperança enquanto eu estava deitado no sofá depois do jantar, com a sensação de que estava morrendo. Eu repetia mentalmente: "Cheguei ao fim de mim mesmo. Cheguei ao fim de mim mesmo." E então, naquele instante, percebi: o fim de mim não era o fim — era o começo de outra coisa, algo além das minhas limitações físicas e mentais, além da doença e da depressão. Com o corpo se sentindo quebrado e a mente envolta em névoa, meu espírito estava exposto.

Essa experiência me trouxe de volta ao sonho mais significativo que já tive. Acordei chorando. Minha esposa, que desde o nascimento dos nossos filhos dormia leve, se mexeu ao meu lado. — O que foi? — ela perguntou.

— Sonhei que morri — respondi.

— Sinto muito — disse ela, sonolenta, estendendo a mão para me tocar.

— Não — retruquei, com a cena ainda viva na memória. — Foi lindo.

No sonho, o piloto tinha errado feio na aterrissagem do nosso avião. Estávamos desalinhados ao nos aproximarmos da pista, com a asa esquerda mais alta que a direita. Uma das rodas tocou o chão antes das outras, fazendo o avião perder o equilíbrio e derrapar pela pista. A aeronave começou a girar, a se despedaçar da frente para trás, até onde eu estava sentado, na última fileira. Assentos, bagagens e passageiros à minha frente voavam pelo ar. Eu estava apavorado, esperando que o avião explodisse a qualquer segundo, pondo fim à minha vida.

Mas antes que isso acontecesse, decidi aceitar minha morte iminente. Queria me abrir para ela, se fosse inevitável, em vez de morrer com medo. Nuvens de poeira e destroços me envolveram enquanto eu me recostava e fechava os olhos. Trouxe à mente o rosto dos meus filhos, para poder morrer pensando no que eu amava. A imagem deles preencheram minha mente e meu coração enquanto eu aguardava a morte como quem espera o sono. Eu estava eufórico, sabendo instintivamente que estava prestes a me reunir a tudo o que amo.

Quando a morte chegou, não senti dor nem ruptura na consciência. A cor por trás das minhas pálpebras se transformou, sem transição, no espaço arroxeado do céu noturno, pelo qual eu passava rumo às estrelas. Sentia que o espírito de todos que amei — vivos e mortos — estava ali, e que eu me unia a eles.

E então acordei, ao lado da minha esposa, com nossos filhos dormindo no quarto ao fundo. Chorava não porque morrer fosse triste, mas porque tinha sido glorioso. Enfrentar meu maior medo me levou à percepção de uma conexão eterna com tudo o que me importava. Não havia mais espaço para o medo. Mais que qualquer outra coisa, foi uma experiência de paz profunda.

Ao relembrar esse sonho, percebi que chegar ao fim de mim significava o início de algo novo e transcendente, como no sonho. Naquela noite, no sofá, senti uma poderosa paz e uma presença curativa dentro de mim. Eu havia despertado para a verdade fundamental sobre quem eu sou: um ser espiritual conectado ao divino. E entendi que aquele espírito divino era o que eu tinha visto e sentido tantas vezes em meus pacientes. Esse espírito interior havia me chamado de volta para a vida, do mesmo modo que o espírito deles os chamava a seguir em frente e a se engajar no trabalho terapêutico.

Eu havia descoberto, em primeira mão, o chamado constante do nosso espírito — um chamado para pensamentos e ações que nos conduzem à inteireza. "Não tenho mais nada", dizemos. E nosso espírito responde: "Eu sei. Vejo suas lutas todos os dias, aquelas que ninguém mais conhece. Está tudo bem. Venha como está. A vida não precisa ser tão difícil."

Minha compreensão religiosa foi moldada pelo cristianismo e pelo budismo secular, mas, quando uso a palavra "espírito", não assumo um significado religioso específico. "Espírito" é simplesmente o melhor termo que encontrei para essa presença interior que encontrei em pessoas na terapia e em mim mesmo, e que nos guia rumo à inteireza. A maioria de nós tem intuições profundas sobre essa nossa parte que não é mente nem corpo e que está no centro do que somos. De certo modo, é a parte mais "você" de você, porque sempre esteve presente e não está ligada aos seus papéis transitórios, às suas emoções passageiras, nem aos seus pensamentos ou ações.

Essa revelação no sofá esteve longe de significar o fim da minha luta — e certamente não foi a última vez que precisei ouvir aquele chamado interior. Mas foi o começo da esperança. Também marcou o início de uma mudança profunda na forma como eu pensava sobre a terapia. Nos últimos meses, eu vinha achando a prática da TCC limitante e cogitava abandoná-la em favor de uma abordagem "mais profunda", ainda indefinida. No entanto, a TCC é um método poderoso, e eu sabia que seria uma grande perda deixá-la para trás. Eu não conseguia esquecer o rosto das mulheres e dos homens cuja vida havia sido transformada pelo trabalho que fizeram com a TCC.

Ainda assim, eu também sabia que precisava ir além de compreender princípios e aplicar técnicas. Para alcançar todo o potencial da TCC, seria necessário integrar meu treinamento com verdades espirituais mais profundas.

Cocriando Nossa Vida

Anos antes da minha crise pessoal, eu estava sentado no meu escritório na Universidade da Pensilvânia, olhando pela janela para o horizonte da Filadélfia. Um gavião-de-cauda-vermelha surgiu no meu campo de visão, descrevendo círculos cada vez mais altos sobre a cidade, com apenas ocasionais batidas de asas. Parei de escrever — fosse um projeto ou artigo em que estivesse trabalhando — e fiquei o observando até que quase desaparecesse de vista, hipnotizado pelo voo sem esforço.

Mais tarde, soube, pela minha esposa, apaixonada por aves, que o gavião estava aproveitando térmicas: poderosas correntes ascendentes de ar quente. Muitas aves usam essas correntes para poupar energia, especialmente durante longas migrações. O gavião-de-asa-larga, por exemplo, depende delas para percorrer mais de 6.400 quilômetros em sua migração dos Estados Unidos e

Canadá até o México e a América Central, mantendo uma média de cerca de 112 quilômetros por dia.

Sem essas correntes de ar, a viagem seria um verdadeiro fardo, consumindo muito mais tempo e energia. Os gaviões sentiriam cada quilômetro. Cada dia seria uma batalha. Talvez ansiassem por descanso. E, quem sabe, até desanimassem — à sua maneira de pássaro — diante da perspectiva de jamais chegar. Muitos provavelmente não sobreviveriam à jornada.

É assim que a vida pode parecer, às vezes, quando tudo é difícil e cada dia é exaustivo. Sentimos cada solavanco no caminho. Damos tudo de nós, e ainda assim parece não ser suficiente. Tememos por nossa própria sobrevivência. Somos tentados a desistir.

E então existem aqueles momentos em que tudo deixa de parecer uma luta. Sentimo-nos sustentados, inspirados, elevados. A vida se assemelha mais a uma dança do que a uma disputa árdua. Encontramos o fluxo.

É isso que nosso espírito nos oferece: ele é uma corrente de ar térmico que nos ergue quando estamos sobrecarregados e exaustos. Por meio dessa conexão espiritual, podemos encontrar graça e leveza.

Gaviões, águias e outras aves não simplesmente caem do ninho sobre uma térmica ou a encontram por acaso — as apostas são altas demais para isso. Elas a procuram ativamente, em colaboração com as correntes de ar. Os cientistas não sabem ao certo como essas aves localizam as térmicas, mas sabemos que são altamente sensíveis a elas, como se a vida delas dependesse disso. Uma vez dentro de uma térmica, navegam habilmente para permanecer nela o máximo de tempo possível.

O mesmo acontece com nossa conexão espiritual:

Nosso espírito fornece a vontade.
Nossos esforços fornecem os meios.

Precisamos tanto do espírito quanto do esforço para viver a vida que sabemos estar à nossa espera. Por meio de nossos pensamentos e ações, unimos nossos espíritos à cocriação de nossa vida. Nosso espírito pode nos erguer. Nós nos permitimos ser erguidos. Nosso espírito nos chama continuamente. Nós é que escolhemos como responder.

A prática de ouvir o chamado da nossa voz interior, ou espírito, é o que muitos chamam de mindfulness, e a terapia eficaz é uma forma de atender a esse chamado. Por meio da terapia cognitivo-comportamental com foco em mindfulness, podemos eliminar os hábitos que nos desconectam de quem somos e substituí-los por pensamentos, ações e uma atenção plena que nutrem todo o nosso ser, permitindo que permaneçamos em contato com essa voz de cura dentro de nós. Toda a gama da nossa experiência se torna contínua à medida que alinhamos mente, corpo e espírito. A cura e a leveza fluem desse alinhamento à medida que redescobrimos nossa inteireza. Paramos de bater as asas freneticamente pela vida e percebemos que podemos simplesmente planar.

Pense. Aja. Seja

Meu espírito estava me guiando para o trabalho que eu precisava fazer para me curar da depressão. Eu queria voltar a me sentir bem — tanto por mim quanto pela minha família. Sentia falta de participar como pai e de conversar com minha esposa e meus filhos. Estava cansado de ficar de fora da maioria das atividades familiares. Sentia-me mal por minhas dificuldades tornarem a vida mais pesada para minha esposa. E queria voltar a ter amigos. Tudo isso significava que eu precisava sair do poço da depressão.

Amigos bem-intencionados sugeriram gentilmente que eu tentasse um medicamento antidepressivo, mas eu sabia que o que eu precisava era de terapia cognitivo-comportamental (TCC). Era hora de tomar meu próprio remédio. A verdadeira força da TCC não está apenas em saber como ela funciona, mas em colocá-la em prática, dia após dia.

Eu era um candidato perfeito para o tratamento: minha mente estava repleta de pensamentos de autodepreciação; eu havia abandonado quase todas as atividades prazerosas; e lutava amargamente contra a realidade em que me encontrava. Eu precisaria trazer todo o meu ser para esse trabalho.

- **Pensar**: minha mente precisava mudar meus pensamentos.
- **Agir**: meu corpo precisava entrar em ação.
- **Ser**: meu espírito precisava encontrar presença e aceitação.

A causa da minha doença física ainda era desconhecida, mas minha cura mental e emocional já havia começado. Então, fiz um plano para conduzir minha própria TCC — mas de um jeito diferente do que eu havia aprendido na minha formação.

As técnicas cognitivas e comportamentais haviam sido o núcleo do meu trabalho como terapeuta. Às vezes, eu também introduzia a atenção plena (mindfulness) se achasse que poderia ajudar no que o paciente estava enfrentando ou se ele demonstrasse interesse. Mas agora eu percebia que estava subestimando a atenção plena ao tratá-la como um complemento.

A qualidade da nossa presença afeta tudo. Ela forma a base de tudo o que pensamos e fazemos. E, por meio de uma presença aberta e receptiva, conectamo-nos com as partes mais profundas de nós mesmos e da nossa experiência. Em resumo, encontramos conexão espiritual.

Eu sentia a urgência de me conectar com meu espírito desde aquela noite de desespero em que cheguei ao fim de mim mesmo. Meu espírito havia me sussurrado que nem tudo estava perdido, havia me mostrado que eu não estava irremediavelmente quebrado e havia me guiado para o trabalho que eu precisava fazer. Eu não queria nada mais do que permanecer conectado ao meu núcleo espiritual, e a presença consciente oferecia um caminho para manter essa conexão. A atenção plena estaria no coração da minha abordagem integrada.

Como disse, passei a chamar essa abordagem de **Pense. Aja. Seja**. Gosto de manter as coisas simples, e essas três pequenas palavras capturam o poder e a simplicidade da TCC centrada na atenção plena. Juntas, elas formam a cabeça (*pensar*), as mãos (*agir*) e o coração (*ser*) das práticas que me ajudaram a voltar à vida.

Ao usar as habilidades que eu havia ensinado a tantas outras pessoas, percebi os mesmos benefícios que elas haviam descrito.

Com minha **cabeça** — o componente *pensar* —, passei a monitorar minha voz interna e percebi o quanto ela era medrosa e autocrítica. Descobri que estava constantemente me dizendo que eu estava estragando tudo e que perderia tudo o que amava. Que diferença fez substituir esses pensamentos negativos e distorcidos por outros que davam vida e estavam ancorados na realidade.

Com minhas **mãos** — *agir* —, encontrei maneiras de fazer mais coisas que me traziam prazer e uma sensação de realização. Podia ser algo tão simples quanto preparar o lanche das crianças, colocar a roupa em dia ou almoçar do lado de fora em vez de na minha mesa. Eram exatamente os tipos de atividades que eu trabalhava com meus pacientes para, de forma sistemática, enriquecer a vida deles. Por mais desmotivado que eu estivesse no início para implementar muitas dessas mudanças, percebi meu humor se elevar — não de uma vez só, mas gradualmente e de forma constante.

E com meu **coração** — *ser* —, passei a buscar maneiras de trazer mais atenção plena ao meu dia, não apenas por meio da meditação, mas em qualquer atividade cotidiana. Esse terceiro elemento do **Pense. Aja. Seja** não era um complemento, mas o contexto no qual eu examinava meus pensamentos e planejava meus comportamentos. A atenção plena me permitia enxergar através do meu pensamento distorcido e me ajudava a extrair o máximo das minhas atividades.

Reforcei para mim mesmo, repetidas vezes, que tudo muda quando nos abrimos para a vida neste exato momento, exatamente como ela é.

Finalmente, encontrei a resposta para uma pergunta que eu sempre havia sentido, mas nunca havia formulado por completo: por que, muitas vezes, eu me sentia um pouco autoconsciente — quase como se estivesse me desculpando — ao falar sobre a TCC tradicional? Eu sabia que ela funcionava e já a tinha visto transformar vidas. Mas agora percebia que eu intuía uma lacuna entre a profundidade das necessidades humanas e a minha versão de TCC. Era como se eu soubesse, de forma implícita, que meu entendimento sobre ela estava incompleto. Parecia algo um tanto raso — como se tivesse apenas cabeça e mãos, mas sem o coração. Com a integração da presença consciente na prática, senti uma paixão pela TCC que até então me havia escapado. E eu queria compartilhar isso com todos.

O que vem a seguir

Nas páginas que seguem, apresentarei uma visão detalhada do modelo **Pense. Aja. Seja** e de como utilizá-lo. Você verá como esses três lembretes nos ajudam a viver em alinhamento com nossas necessidades mentais, físicas e espirituais. Sabemos quando estamos alinhados porque experiências previsíveis acontecem: a tensão é drenada do corpo; nossa resistência habitual à realidade se desfaz; sentimos que não há pressa, que estamos em paz com nós mesmos e com o mundo; a vida se torna simples; a ação correta flui. Há clareza em saber e sentir essa verdade. É onde experimentamos o amor — de outros e para outros. Também encontramos ali o amor por nós mesmos.

Você também descobrirá como essa abordagem pode iluminar todas as áreas da vida, desde o cuidado com o corpo até o trabalho com propósito. No núcleo de **Pense. Aja. Seja** está o reconhecimento de que nossos valores mais profundos podem orientar as decisões aparentemente pequenas que tomamos todos os dias — como planejamos nossa agenda, o que comemos, quanto usamos o celular —, inúmeras escolhas que nos aproximam ou afastam do nosso núcleo espiritual. Criar um mundo de amor e propósito começa com o cuidado com os momentos individuais da nossa vida.

A abordagem que compartilharei não é sobre adotar um credo específico ou substituir suas convicções mais íntimas. Não tentarei mudar suas crenças religiosas nem convertê-lo à minha versão de espiritualidade. Em vez disso, **Pense. Aja. Seja** ajuda você a seguir para onde seu espírito já está sendo conduzido, podendo ser integrado a qualquer tradição religiosa.

Por meio dessas práticas, podemos viver de forma mais calma e centrada. Podemos contrariar o puxão constante das distrações que nos desconectam de nós mesmos, dos outros e do mundo. Podemos dar e receber amor. E podemos encontrar uma paz incondicional, disponível não apenas em sonhos místicos sobre a morte, mas em cada momento desperto — mesmo quando parece que estamos quebrados e que nunca nos sentiremos inteiros. **Pense. Aja. Seja** é um convite para a expressão mais plena de quem somos.

2

CONECTE-SE COM VOCÊ MESMO

Depois de estar doente por alguns anos, comecei a me sentir como uma pessoa diferente daquela que eu acreditava ser. Na verdade, passei a pensar nessa nova versão de mim como "o impostor". Esse impostor havia tomado conta do meu corpo e da minha mente. "Quem é esse cara?", eu me perguntava com frequência. Eu sempre havia gostado de fazer as pessoas rirem e de passar tempo com os amigos, mas o impostor vivia com uma seriedade crônica e evitava o contato social o máximo possível. O eu verdadeiro tinha energia de sobra para brincar com os filhos, mas o impostor mal conseguia levantar do sofá. Eu já não me reconhecia na pessoa em que havia me transformado.

Na época, eu não percebia o custo profundo de perder a conexão comigo mesmo, embora hoje, olhando para trás, isso seja fácil de ver. O primeiro passo do **Pensar. Agir. Ser** é conectar-se consigo mesmo, o que é a base para todo o resto. Perder o contato com quem você é representa um grande problema, como logo descobri.

Com o tempo, ficou mais difícil distinguir meu eu verdadeiro do impostor. Passei a me identificar com uma versão diminuída de mim mesmo, definida pela luta e pela fadiga. Um dia, meu amigo Zach me perguntou como eu estava, enquanto sentávamos juntos na beira da piscina do bairro. Ao me ouvir descrevendo meus desafios de saúde contínuos, de repente me perguntei se o impostor não seria o meu eu real.

Interrompi o que dizia e me virei para encará-lo. "Eu nem sempre fui assim, fui?", perguntei. Zach me conhecera quando minha saúde estava melhor, e eu esperava que ele pudesse me ajudar a lembrar de quem eu era. Eu começava a duvidar que aquela pessoa tivesse realmente existido. Talvez eu sempre tivesse sido doente, fraco e um pouco pessimista. Eu estava desesperado para redescobrir o que sempre conheci.

Zach me tranquilizou dizendo que eu nem sempre havia sido doente, mas, mesmo assim, eu me sentia alienado de mim mesmo. Não era apenas que minha doença e minha depressão haviam me transformado. Eu já tinha passado por outras grandes transições na vida, como me tornar pai, e ainda assim mantive meu senso de identidade. Mas aquilo era diferente. Sentia como se tivesse me perdido — como se minha identidade central não estivesse apenas mudada, mas tivesse desaparecido.

Tive outros vislumbres do meu antigo eu em fotos e vídeos e me lembrava de como costumava rir e dançar com meus filhos. Minha esposa também me lembrava de que minhas dificuldades não eram a totalidade da minha identidade. Mas eu precisava de mais do que esses lembretes externos, mais do que saber que havia mais em mim do que confusão e dor. Eu precisava me reconectar comigo mesmo.

A lembrança mais poderosa de quem eu sou veio de dentro, à beira da água em Cape May, Nova Jersey, onde eu passava férias com minha família. Naquela época, eu não tinha energia alguma e lutava a cada dia para conseguir fazer a curta caminhada até a praia e voltar com minha família. Eu precisava parar e descansar depois de subir os poucos degraus que nos levavam sobre as dunas; uma vez instalados, eu passava a maior parte do tempo deitado à sombra do nosso guarda-sol, sentindo-me desanimado e confuso.

Numa tarde, no meio da semana, consegui entrar na água, a pedido da minha esposa. "Vai ser bom para você", ela disse. "Você nunca fica mais feliz do que quando está na água." Resmunguei em silêncio enquanto pegava meus óculos, deixava o semiconforto da toalha e entrava na água fria da Baía de Delaware.

Pouco antes das nossas férias em Cape May, eu tinha assistido ao filme da Disney *Moana* com minha família. A personagem-título é filha do chefe de uma aldeia nas ilhas da Polinésia; ela sente um chamado para o mar, mas é proibida de entrar nele por causa de tragédias que aconteceram nas águas muito tempo atrás. Ainda assim, o chamado persiste, vindo de uma parte dela que não pode ser ignorada e convidando-a a se reconectar com sua verdadeira identidade. Na cena culminante, de grande força emocional, uma música tocante embala Moana enquanto ela canta: "This is not who you are. You know who you are" (Isso não é quem você é. Você sabe quem você é — em tradução livre).

Enquanto eu olhava para a imensidão da água e para o horizonte, as palavras dessa cena de *Moana* encheram minha mente. Eu sei que é um filme da Disney e que sou um homem adulto, mas aquelas palavras me atingiram em cheio e comecei a chorar enquanto estava ali, parado na areia. "Isso não é quem você é." Meu espírito estava falando comigo novamente, chamando-me como fizera naquela noite no sofá, algumas semanas antes. "Você sabe quem você é, Seth. E não é isso."

Eu não era o homem fraco e patético que via em mim mesmo. Eu não era um peso morto para o mundo e para a minha família. Eu era Moana, filha do chefe da aldeia, descendente de navegadores. Brincadeira — eu era eu mesmo, a pessoa que sempre tinha sido. Eu não estava esquecido nem derrotado. Sim, eu estava lidando com uma doença. Sim, eu estava exausto. Essa versão de mim mesmo estava passando por um momento difícil. E, ainda assim, eu havia redescoberto a parte mais verdadeira de mim, aquela que não era definida pelas dificuldades que eu estava vivendo. Em um nível fundamental, eu estava inteiro.

Caminhei mais para dentro, cada passo sendo um renascimento. Quando a água chegou ao meu peito, mergulhei e comecei a nadar. Senti-me como uma nova criação enquanto meu corpo deslizava pelas ondas.

Ainda havia muito trabalho pela frente. A voz suave que me chamava de volta a mim mesmo não estava apenas me ajudando a redescobrir minha verdadeira identidade. Ela me chamava à ação — para viver em alinhamento com quem eu era. Como logo descobriria, meu afastamento de mim mesmo tinha começado muito antes de eu adoecer.

Sintonize-se consigo mesmo

Certamente não sou o único a ter me perdido durante um período difícil. Qualquer coisa que vire nossa vida de cabeça para baixo pode levar à perda de conexão com nós mesmos: a perda de um relacionamento por morte ou divórcio; um trabalho que consome tudo; dependência de álcool ou drogas; um transtorno psiquiátrico. Pode até não ter havido uma situação ou evento desencadeador óbvio — simplesmente nos afastamos de nós mesmos, pouco a pouco, sem perceber. Talvez nem mesmo consigamos lembrar de algum momento em que realmente tenhamos nos conhecido.

Minha paciente Sarah se perdeu em algum ponto entre a morte prematura da mãe e o trauma de um relacionamento abusivo que viveu em seguida. Quando conheci Sarah, fiquei impressionado com o quanto sua vida parecia bem organizada, apesar do luto e do terror pelos quais havia passado na juventude. Mas, nas sessões que se seguiram, ficou claro que ela tinha muito pouco senso de si mesma. Sarah havia aprendido que suas próprias necessidades dificilmente seriam atendidas. Descobrira que era mais seguro focar as expectativas das pessoas ao seu redor do que pedir que respeitassem suas necessidades e correr o risco de ser novamente desapontada.

Uma das práticas de mindfulness que apresentei e que Sarah considerou mais útil para se reconectar consigo mesma foi a, aparentemente simples, meditação "Eu Estou Aqui".[1] Ela pode ser feita em qualquer lugar e em qualquer posição — em pé, deitado, sentado, caminhando — com os olhos abertos ou fechados. Ao inspirar suavemente, Sarah dizia silenciosamente: "Eu estou." Ao expirar lentamente, dizia para si mesma: "Aqui." Essas três palavras, associadas à respiração, eram um antídoto poderoso contra a alienação de Sarah em relação a si mesma e à própria experiência. O "eu" a trazia de volta para si, o "estou" a ancorava no presente, e o "aqui" a situava exatamente onde estava. Não importava o que estivesse fazendo, ela conseguia restabelecer rapidamente a conexão consigo mesma em um único ciclo de respiração com a declaração "Eu estou aqui".

Encontre um lugar confortável para se sentar e ajuste um cronômetro para três minutos. Associe cada respiração à frase "Eu estou aqui" durante toda a sua prática. Você também pode fazer esse exercício em movimento, quando estiver correndo de uma tarefa para outra e for fácil perder a conexão consigo mesmo.

Ao conduzir Sarah no treinamento de presença consciente, ela aprendeu a permanecer com as emoções difíceis que, habitualmente, tentava ignorar. Também confrontou as memórias traumáticas dos abusos sofridos pelas mãos do ex-marido. Foi um trabalho árduo, enquanto ela descascava as camadas de dor acumuladas ao longo dos anos.

Nesse processo, Sarah se redescobriu. Lembrou-se da força que carregava dentro de si — a mesma força que a havia sustentado diante da perda repentina da mãe e durante anos de abuso. "Força" é, na verdade, dizer pouco; Sarah se lembrou de que era feroz. Só uma mulher feroz poderia ter deixado um marido manipulador e abusivo que repetia constantemente que ela "não era ninguém sem ele". Ela não tinha para onde ir quando o deixou, e ainda assim sabia que qualquer lugar seria melhor do que permanecer no inferno do casamento, sofrendo mais agressões e humilhações.

Meu trabalho com Sarah não terminou quando ela se reconectou consigo mesma. Assim como aconteceu comigo no meu "batismo" na Baía de Delaware, reencontrar-se foi, para Sarah, um passo crucial dentro de um processo maior. Na segunda parte da nossa jornada juntos, Sarah percebeu que precisava fazer mudanças reais em sua vida. Ela não poderia mais ignorar suas necessidades nem permitir que outros tomassem decisões por ela. Precisaria agir com base na força interior que havia recuperado.

Foi notável ver essa jovem mulher ocupar plenamente o seu lugar no mundo. Logo, Sarah começou a surpreender as pessoas ao seu redor com sua franqueza. Parou de dizer "sim" quando queria dizer "não", como no dia em que seu companheiro e sua filha deixaram, mais uma vez, uma grande limpeza para ela depois de um delicioso jantar que Sarah havia preparado. Em vez de fazer todo o trabalho sozinha, sentindo-se silenciosamente ressentida com a família, ela disse exatamente o que precisava que eles fizessem: limpar a mesa, esvaziar a lava-louças e guardar as sobras. Eu me surpreendia continuamente com a transformação que estava presenciando. Seria essa a mesma pessoa que, apenas alguns meses antes, sempre cedia aos outros? Os novos comportamentos de Sarah reforçavam a conexão que ela havia estabelecido consigo mesma e, repetidas vezes, serviam como um lembrete marcante de quem ela era.

Pense em uma situação em que você disse "sim" quando queria dizer "não" a alguém, como um chefe exigente, um familiar autoritário ou um amigo difícil. Reflita sobre o que tornou tão difícil dizer não. O que você acha que poderia ter acontecido se tivesse dito? Como foi a sensação de concordar com algo que você não queria fazer?

Como Sarah e eu descobrimos, encontrar a nós mesmos não é simplesmente uma experiência intelectual de saber como somos. É uma relação viva. E, como em qualquer relacionamento sólido, tudo começa com a escuta. Há um chamado dentro de cada um de nós que está sempre presente, como um diapasão que vibra constantemente na nota certa. Encontrar a nós mesmos começa sempre ouvindo essa nota pura e clara. Ao nos sintonizarmos com ela, descobrimos quais são nossas necessidades e quais ações precisamos tomar.

Esse tipo de escuta depende do que chamo de nossa "presença", porque só conseguimos ouvir o que está acontecendo dentro de nós agora. Portanto, o primeiro passo do **Pensar. Agir. Ser.** é simplesmente conectar-se consigo mesmo no presente. Essa qualidade de conexão nos ajuda a conhecer quem somos, a entender nossas necessidades e a escolher nossos pensamentos e ações de acordo com isso. Você aprenderá bem esse processo porque ele se repete inúmeras vezes ao longo deste livro: ancore-se na presença consciente e, a partir daí, pense e aja.

Essa abordagem vai muito além de aliviar sintomas e curar doenças. Como qualquer sistema para viver bem, a terapia cognitivo-comportamental (TCC) com atenção plena funciona melhor quando a aplicamos a todos os aspectos da nossa experiência, em vez de separar um "tempo de terapia" do restante da vida.

Transcenda o Modelo Médico

A psicologia clínica — e a TCC em particular — está profundamente enraizada no modelo médico, com seu foco em avaliar sintomas, determinar um diagnóstico e escolher o tratamento certo. Aprendi a TCC como um conjunto de práticas simples para identificar e aliviar sintomas, o que ela de fato é. A ênfase está em encontrar soluções diretas que associem técnicas de tratamento à condição de uma pessoa: deprimido? Você precisa de ativação comportamental. Ansioso e evitativo? Você precisa de terapia de exposição.

O modelo da TCC que aprendi seguia o padrão do uso de medicação para condições psiquiátricas. Ensaios clínicos muitas vezes comparavam "doses" equivalentes de uma psicoterapia e de um medicamento ao longo de várias semanas de tratamento. Nosso objetivo, como pesquisadores e clínicos, era ter menos sintomas angustiantes: menos depressão, menos ansiedade, menos distúrbios do sono. Zero era a melhor pontuação que um participante podia receber em qualquer medida.

O modelo médico de terapia parte do pressuposto de que a TCC tem pouco a ver com nossas experiências mais profundas e significativas. Como um comprimido, ela é utilizada quando estamos doentes e deixada de lado quando nos sentimos melhor. Não confiamos na TCC para um crescimento pessoal mais profundo, da mesma forma que não esperamos que a aspirina eleve nossa vida diária para além da simples redução da dor.

Mas o modelo médico também é limitador. Nele, cada um de nós é como um carro. O padrão do carro é definido quando ele sai da linha de montagem, e a manutenção busca deixá-lo o mais próximo possível desse padrão original. O melhor que podemos esperar é que o carro não quebre. Assim, a TCC para depressão é considerada bem-sucedida se nos sentimos menos deprimidos; a TCC para ansiedade é bem-sucedida se nos sentimos menos amedrontados.

Mas todo o alcance da experiência humana — viva, pulsante e dinâmica — não pode ser capturado por uma metáfora mecânica. Somos mais parecidos com jardins do que com carros. Nós crescemos. Nós nos adaptamos. Precisamos de cuidado. E, como os jardins, nossas vidas podem ser produtivas. Quando estamos saudáveis, colhemos uma boa safra, e o fruto de nossas ações pode tornar o mundo um lugar melhor para os outros.

Assim como no cultivo, cuidar de nós mesmos é uma parceria colaborativa. Os jardins dependem de nós para sua criação, mas forças além do nosso poder e compreensão estão em ação quando as sementes germinam e as folhas realizam a fotossíntese. Da mesma forma, temos uma força vital própria. Comemos alimentos nutritivos e nossos corpos sabem como utilizá-los para todas as nossas necessidades fisiológicas. Enfrentamos nossos medos e eles diminuem. Acalmamos nosso corpo e nossa mente e encontramos o sono. Aprendemos novas formas de pensar e nossa depressão se dissipa. Mudanças que trazem vida exigem trabalho, enquanto oferecemos à mente, ao corpo e ao espírito as condições certas para atender às suas necessidades. Mas há leveza em nosso esforço porque não estamos trabalhando sozinhos.

Ao me envolver com a TCC centrada no mindfulness, senti na pele todo o seu potencial, que não se limitava apenas a aliviar a depressão ou reduzir a ansiedade. Esses eram objetivos importantes, mas estavam a serviço de algo além de simplesmente não se sentir mal. Descobri que as técnicas práticas do **Pensar. Agir. Ser.** eram perfeitamente relevantes para as partes mais significativas da minha existência, assim como eu havia testemunhado muitas vezes no meu consultório.

Não precisamos impor um teto baixo à TCC, decidindo que ela termina em um nível arbitrariamente definido de "normalidade". Os benefícios de estar presente não têm limites. Pensar bem é algo valioso para toda a nossa experiência. Agir com propósito é sempre útil.

Na verdade, o **Pensar. Agir. Ser.** muitas vezes é mais útil quando não há nenhum problema ou diagnóstico perceptível. Para muitos de nós, o problema parece ser justamente não haver um problema identificável — mas, ainda assim, não podemos dizer que está tudo bem.

Minha amiga Jen descreveu ter chegado a esse ponto quando era uma jovem adulta. Tudo parecia estar indo bem em sua vida — ela havia concluído a pós-graduação, se casado e começado uma família. Tinha um bom emprego e uma bela casa. Mas um dia, enquanto a família do marido estava de visita, sentiu um vazio que não conseguia explicar. Sentada com os outros adultos, observando as crianças brincarem no chão, foi tomada pela pergunta: "É só isso?" De alguma forma, ela esperava que houvesse algo... mais.

A pergunta de Jen reflete um dos problemas mais comuns e desafiadores que enfrentamos. Sabemos que existe mais na vida do que estamos experimentando: mais alegria, mais paz, mais amor. Queremos viver de forma mais plena e encontrar uma conexão mais profunda com outras pessoas e com nossas experiências, mas não temos certeza do que precisamos mudar. E, por mais que preenchamos nossa vida com coisas e relacionamentos, muitas vezes nossa busca por mais nos leva a ter menos.

Felizmente, o **Pensar. Agir. Ser.** não serve apenas para tratar transtornos — é um sistema sábio para viver bem. Em seu melhor, pode levar a um profundo crescimento pessoal em todas as áreas da nossa vida, desde a forma como cuidamos do nosso corpo até nossos relacionamentos mais importantes. O ponto de partida é onde quer que você esteja, e não há limite. A TCC centrada no mindfulness é uma prática espiritual, se permitirmos que seja, e uma maneira poderosa de encontrar paz.

Ainda acredito que a TCC é um tratamento maravilhoso para problemas específicos, como ansiedade e depressão, e continuarei a usá-la nesses contextos. Uma das melhores partes desse tratamento é que ele pode reduzir os sintomas rapidamente. Mas a utilidade da TCC não termina quando nossos problemas se resolvem. Podemos aspirar a algo além da ausência de doença — muito mais do que simplesmente estar livre de sintomas.

O desafio, então, é compreender quem somos e do que precisamos.

Alinhe-se com a sua verdade

Quando ouvi pela primeira vez o chamado do meu eu interior, achei que ele estava me convidando a me tornar "mais espiritual", como se meu eu ideal fosse um espírito desencarnado, flutuando pela vida sem ser limitado por pensamentos e intocado por sentimentos. Mas idolatrar nossos eus espirituais significaria abandonar nossa mente e nosso corpo e nos tornar menos do que realmente somos. Na verdade, nosso espírito não está restrito a coisas "espirituais", excluindo nossas realidades físicas e mentais. Como escreveu a cientista e teóloga Ilia Delio em *The Hours of the Universe*, "a dimensão divina da realidade não é um objeto do conhecimento humano; é, antes, a dimensão de profundidade de tudo o que existe".[2] Nosso espírito permeia toda a nossa experiência e está intimamente ligado ao restante de nós.

As práticas do **Pense. Agir. Ser** nos ajudam a alinhar-nos com o que é verdadeiro sobre nós — com aquela nota clara que ressoa dentro de nós. "Verdadeiro" aqui significa simplesmente estar em harmonia com a realidade de quem somos em todas as nossas dimensões — mente, corpo e espírito. Essas três dimensões — cabeça, mãos e coração — trabalham juntas para nos tornar seres humanos plenamente vivos. Saber o que é verdadeiro sobre nós mesmos não precisa ser algo profundo e misterioso. Minha esposa me lembrou de uma verdade sobre mim quando me incentivou a nadar em Cape May. Ela sabia que sou mais feliz quando estou nadando; essa é uma das minhas verdades.

Descubra algumas das suas próprias verdades refletindo sobre momentos da sua vida em que você se sentiu mais feliz ou mais em paz. Como você poderia criar mais oportunidades para fazer as coisas que realmente lhe trazem alegria?

Conhecemos a verdade mental quando praticamos formas corretas de pensar que nos trazem felicidade e paz. Podemos encontrar essa verdade na nossa relação com os pensamentos, ao enxergar através das infinitas ficções que nossa mente cria e que podem nos fazer sofrer, como a ideia de que não merecemos ser felizes ou de que não somos dignos de amor. A parte cognitiva da TCC nos ajuda a substituir essas crenças falsas por outras fiéis à realidade. Encontramos alegria quando nossa mente habita na verdade.

Experimentamos a verdade física quando damos ao nosso corpo aquilo de que ele precisa e fazemos de forma consistente as coisas que nos dão vida. Podemos colocar essa verdade em prática comendo alimentos nutritivos, descansando o suficiente, movimentando nosso corpo todos os dias, passando tempo com as pessoas de quem mais gostamos, servindo aos outros e realizando um trabalho de que gostamos. Importante destacar que o **Pense. Aja. Seja** vai além da simples consciência de que certas ações são melhores para nós do que outras. Só o conselho, como você provavelmente bem sabe, faz pouco para mudar nosso comportamento. Em vez disso, como veremos, o **Pense. Aja. Seja** oferece ferramentas práticas baseadas na ciência do comportamento humano para nos ajudar a fazer mudanças duradouras que criem uma vida mais gratificante.

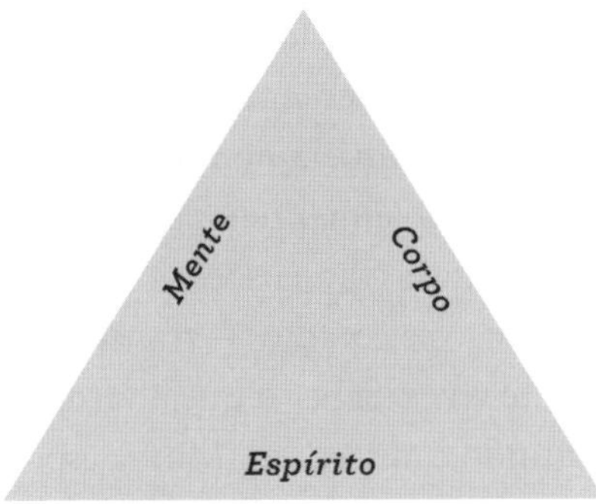

Figura 1

Encontramos a verdade espiritual estando totalmente presentes em nossa vida, pois nosso espírito está sempre no aqui e agora da nossa experiência. Meu mergulho na baía foi um encontro com a verdade espiritual, à medida que me reconectava comigo mesmo e com o que amo. Como mostra o meu exemplo, a presença consciente não é uma experiência esotérica disponível apenas para poucos selecionados; estar em nossas vidas é um hábito que todos nós podemos cultivar a cada momento.

Nossa mente, corpo e espírito formam um todo integrado, que se intersecta e se afeta mutuamente (ver Figura 1). Por exemplo, nosso corpo afeta nossa mente, como quando estamos bem descansados e é mais fácil reconhecer nossos pensamentos negativos. Nosso corpo também afeta nosso espírito, como quando interrompemos uma atividade compulsiva e, assim, entramos em conexão com nosso espírito. E nosso espírito afeta nossa mente, como quando focamos nossa atenção no presente e descobrimos que, ao fazer isso, fica mais fácil reconhecer quando nossos pensamentos estão nos contando mentiras.

Os frutos da nossa colaboração conosco mesmos frequentemente incluem benefícios como um corpo mais saudável, paz mental, sono reparador e relacionamentos amorosos. Mas responder ao chamado interior não significa necessariamente recuperar nossa antiga saúde ou habilidades. Não importa quais lutas possamos estar enfrentando, podemos oferecer a nós mesmos aquilo de que precisamos exatamente onde estamos.

Descubra suas instruções de cuidado

Os pacotes de sementes que compro para o meu jardim normalmente informam as condições ideais de cultivo das plantas — como e quando plantá-las, se precisam de sol pleno ou sombra parcial, o melhor tipo de solo e de adubo. Essas instruções me ajudam a oferecer às plantas aquilo de que elas precisam para crescer fortes e produzir uma boa colheita. O psiquiatra integrativo Dr. Omid Naim recomenda que identifiquemos nossas próprias "condições ideais de crescimento", assim como fazemos com as plantas.[3] Cada um de nós pode se perguntar: "Quais são as condições que me ajudam a prosperar — o solo, o sol e a água do meu bem-estar?"

Essa metáfora ressoa não apenas com a minha experiência como jardineiro, mas também com o que descobri na minha própria vida. Olhando para trás, o modo como eu vivia antes da minha doença parecia ter sido projetado para gerar má saúde. Eu negligenciava meu sono, minha alimentação não era das melhores, bebia álcool em excesso e trabalhava demais, com pouco tempo para descanso. Se eu fosse uma planta no meu jardim, estaria vivendo em um pedaço sombreado da terra que raramente era regado. Eu deixava de lado muitas das coisas básicas de que precisamos para nos sentir inteiros.

O mesmo tem sido verdade para a maioria das pessoas que tratei. Muitas vezes, elas não estavam apenas lutando contra pensamentos inúteis ou medos avassaladores. Faltavam peças essenciais na vida delas, como relacionamentos significativos ou descanso adequado. Técnicas de TCC com foco restrito, como questionar suas suposições, não eram suficientes para as mudanças de vida de que precisavam. Cuidar de suas necessidades fundamentais — construir relacionamentos sólidos, dormir bem — formava o solo para sua saúde e bem-estar.

Mark era um ótimo exemplo desse princípio. Ele veio até mim com altos níveis de ansiedade e dificuldade para dormir, querendo aprender mindfulness para a redução do estresse. Apresentei a ele os conceitos básicos de atenção plena e meditação, e ele praticava fielmente tudo o que trabalhávamos a cada semana. No entanto, depois de algumas sessões, ele ainda não havia encontrado muito alívio, e eu o incentivei, com cuidado, a considerar mudanças mais fundamentais de que talvez precisasse fazer em sua vida. Ao examinarmos a estrutura de sua rotina, Mark percebeu que seus hábitos de trabalho eram incompatíveis com seu bem-estar. Semanas de trabalho de setenta horas praticamente não lhe deixavam tempo para estar com a família, geravam tensão frequente com o parceiro e o levavam a beber demais, o que, por sua vez, prejudicava seu sono.

Não podíamos esperar que a meditação compensasse o excesso de trabalho, assim como meditar no deserto não aliviaria a sede. Em algum momento, Mark precisava sair do deserto. Não surpreendentemente, as mudanças que ele precisava fazer não foram fáceis. Suas longas horas eram alimentadas por um medo persistente de fracassar e, no início, reduzir a carga de trabalho parecia uma forma de desistir. Mas essas mudanças nos deram a oportunidade de abordar as dinâmicas mais profundas que estavam impulsionando seus pensamentos e suas ações. Ao dedicar mais tempo ao descanso e a estar com os filhos, sua ansiedade e seus problemas de sono melhoraram significativamente. Com o tempo, Mark redefiniu seu conceito de sucesso, que passou a girar em torno de cultivar relacionamentos sólidos com as pessoas de quem ele gosta.

Examine sua própria "paisagem de vida". Onde estão as áreas ressecadas pelo sol ou encharcadas demais? Pode ser, por exemplo, um trabalho que drena sua alma ou uma vida social anêmica. Considere como você gostaria que essas partes da sua vida fossem diferentes. Mantenha essas áreas em mente enquanto lê este livro e procure maneiras de cuidar delas com os princípios do Pense. Aja. Seja.

Como Mark e muitos outros, eu precisava fazer mudanças reais na maneira como encarava a vida. Olhando para trás agora, não me surpreende ter acabado doente e deprimido. Eu estava ignorando minhas necessidades fundamentais — de sono, exercício, nutrição, socialização — e exigindo mais do meu corpo do que ele podia sustentar. Suspeito fortemente que minha doença física tenha se devido, em parte, à negligência com meu autocuidado, que começou muito antes dos primeiros sintomas aparecerem.

A ironia não me escapava — um psicólogo enfrentando muitos dos mesmos problemas que ajuda outros a superar. Durante anos, minhas lutas foram uma fonte de vergonha secreta. Por que eu não percebi que tinha perdido o rumo e mudei de curso antes? Apesar da minha formação profissional, eu tinha um ponto cego com relação às minhas próprias necessidades — ou, melhor dizendo, eu nunca tinha olhado para mim mesmo ou para minha situação tempo suficiente para ver as áreas problemáticas óbvias. É difícil identificar nossas necessidades não atendidas quando nunca estamos realmente presentes com nós mesmos.

Quando comecei o trabalho de me alinhar com minha verdadeira natureza, usei a mesma abordagem que aplicava ao ver um paciente pela primeira vez: reservei um tempo para me conhecer e fiz um inventário das principais áreas da minha vida. Como estava meu relacionamento com minha esposa? Eu tinha um bom círculo de amigos? Estava me movimentando de forma consistente? Ao examinar minha vida, percebi que, de muitas maneiras, eu estava vivendo em desalinho com minha verdadeira natureza.

Foi um pouco estranho usar a mesma abordagem com a qual já havia guiado tantas pessoas — até mesmo recorrendo a alguns dos meus próprios livros. Ainda assim, a TCC funciona tão bem para terapeutas quanto para qualquer outra pessoa. E sou imensamente grato pela renovação que experimentei por meio da minha TCC autoguiada.

É muito fácil, como descobri, ficarmos alienados de nós mesmos e perdermos o contato com aquilo de que realmente precisamos. A cura começa quando simplesmente retornamos a nós mesmos e nos sintonizamos com o que nossa mente, nosso corpo e espírito estão pedindo. Por meio da base da atenção plena, restabelecemos essa conexão interna, que revela as áreas da nossa vida que precisam da água e do sol da nossa atenção.

As práticas do **Pense. Aja. Seja** podem ser úteis em todas as áreas da sua vida, como você verá nos próximos capítulos. E, em contraste com o modelo médico, os benefícios podem ir muito além de simplesmente escapar da dor. Ao oferecer a si mesmo as condições adequadas, você pode viver uma vida saudável e integrada, repleta de um profundo senso de propósito.

Com essas ideias em mente, vamos passar às práticas fundamentais das tradições cognitivas, comportamentais e de atenção plena, que você conhecerá no próximo capítulo. Como você descobrirá, esses três componentes abrangem todo o seu ser — mente, corpo e espírito — e, quando unidos, oferecem uma forma poderosa de ajudá-lo a construir a vida que deseja.

3

ENCONTRE ALAVANCAGEM

No capítulo anterior, vimos o quanto é crucial nos conectarmos com o que realmente está acontecendo dentro de nós se quisermos encontrar plenitude e paz. Este capítulo apresenta uma visão geral de como o **Pense. Aja. Seja** pode nos ajudar a nos conectar com a nossa experiência, além de mostrar maneiras específicas de praticar isso. Nos capítulos a seguir, vamos nos aprofundar em questões e técnicas específicas que nos ajudarão a transformar essa forma mais saudável de estar no mundo em parte da nossa vida cotidiana.

Numa tarde de início de verão, fui tomado por uma onda de emoção bem no meio do jardim que eu havia cultivado naquele ano. Eu me ajoelhei para arrancar uma erva daninha e, nessa posição, senti como se estivesse orando sob a luz morna do sol. Quando percebi, já estava fazendo uma prece de gratidão. Meses antes, no frio do inverno, eu sentia como se estivesse morrendo — e agora, ali no meu jardim, eu me sentia mais vivo do que em muitos anos. Eu achava que estava dando vida a um jardim, mas não tinha percebido o quanto o jardim estava cuidando de mim.

Essa experiência representou o ápice de um trabalho que começou com uma simples reconexão comigo mesmo e com o que era importante para mim.

Um dos primeiros passos da minha terapia cognitivo-comportamental (TCC) autoguiada foi voltar a realizar atividades de que eu gostava, já que havia deixado de lado a maioria dos meus hobbies. Eu sabia que gostava de jardinagem, então decidi ampliar meu jardim nos fundos de casa e preenchê-lo com oito canteiros elevados.

Não sei de onde tirei energia e motivação para construir os canteiros e preenchê-los com cerca de dez toneladas de terra, considerando o quanto eu estava esgotado naquela época. Fiz inúmeras idas à loja de ferragens, comprando madeira no lusco-fusco das manhãs. À noite, lia livros e assistia a vídeos sobre jardinagem. Cultivei centenas de mudas sob a luz artificial de lâmpadas de crescimento no final do inverno. Eu vinha tendo dificuldade até para cuidar de pequenas tarefas domésticas, e preparar o jantar à noite muitas vezes era algo que me sobrecarregava. E, ainda assim, sentia-me como um homem possuído enquanto construía meu jardim, movido por algo maior do que meu próprio esforço.

Como consegui me lançar com tanta dedicação ao trabalho mental e físico de erguer meu jardim quando estava tão abatido? O que alimentou o labor que me trouxe de volta à vida e culminou naquele momento de oração no santuário do meu jardim? A resposta para essas perguntas é a história do **Pense. Aja. Seja** que prioriza a eficiência em vez do esforço bruto. O trabalho no meu jardim foi árduo, mas havia nele uma certa leveza. O segredo estava na alavancagem que encontrei por meio das ferramentas da TCC.

Aproveite o Poder da Mente, do Corpo e do Espírito

O desafio mais comum que enfrentamos quando tentamos melhorar nossas vidas não é saber o que fazer, mas sim conseguir colocar em prática o que já sabemos. Por exemplo, podemos saber que precisamos estar mais presentes, melhorar nossa alimentação ou controlar nosso estresse, mas temos dificuldade em transformar esses desejos em realidade.

Quando enfrentamos problemas para dar andamento às mudanças que queremos fazer, muitas vezes tentamos nos forçar com mais força de vontade. Dizemos a nós mesmos que "basta tentar mais" ou "ser mais disciplinado". Mas, como você provavelmente já percebeu, a força de vontade é pouco confiável.

Às vezes, nossa motivação está alta, outras vezes, baixa, e ela costuma falhar justamente quando estamos cansados, ansiosos ou estressados.

A força de vontade se apoia na força bruta para nos ajudar a agir de acordo com nossos objetivos; é como manter um pacote de biscoitos no armário e dizer a si mesmo: "Não ouse comer esses biscoitos." Manter essa resistência constante exige muito esforço e, cedo ou tarde, provavelmente vamos acabar comendo os biscoitos. Por mais forte que seja nossa motivação inicial, nosso estoque limitado de força de vontade pode se esgotar, como um músculo que se fatiga com o uso.[1] Em contraste, o conselho conhecido de não manter em casa alimentos que estamos tentando evitar é uma ferramenta comportamental simples que nos dá alavancagem. É preciso apenas uma única decisão no supermercado para resistir à tentação dos biscoitos, em vez de ter que dizer "não" todas as vezes que abrir o armário.

As práticas do **Pense. Aja. Seja** são, antes de tudo, sobre encontrar maior alavancagem. Elas amplificam seus esforços, assim como as ferramentas certas tornam seu trabalho muito mais fácil. Você até poderia remover neve sem uma pá ou juntar folhas sem um ancinho, mas isso exigiria muito mais esforço e frustração. Com mais alavancagem, você pode abandonar a luta.

O mesmo vale para nossos esforços de encontrar paz e viver de forma mais plena. As práticas cognitivas mudam nossos pensamentos para que não estejamos lutando contra a própria mente. Por exemplo, podemos questionar e substituir o pensamento automático negativo e paralisante: "Nada vai melhorar, então nem vale a pena tentar."

As práticas comportamentais oferecem alavancagem por meio de ações que não exigem que lutemos com a nossa motivação, o que torna nossos esforços mais fáceis e sustentáveis. Por exemplo, encontrei alavancagem ao escolher fazer algo que eu amava — cultivar um jardim —, em vez de algo que eu achava que deveria fazer, mas que tinha pouco apelo para mim.

A aceitação consciente nos permite abandonar a luta contra a realidade e, em vez disso, trabalhar com o que é. Quando deixei de insistir que eu não deveria estar doente, consegui trabalhar de forma mais eficaz comigo mesmo exatamente como eu estava.

Meu plano de recuperação incluiu mais do que apenas voltar a cuidar do jardim, mas esse exemplo captura a essência do caminho que salvou minha vida. Neste capítulo, você aprenderá os princípios e práticas do **Pense. Aja. Seja** e como pode encontrar alavancagem para as coisas que deseja realizar. Esses temas vão reaparecer nos capítulos seguintes, à medida que explorarmos o modelo mais profundamente.

Defina Seus Objetivos

Uma das melhores maneiras de encontrar alavancagem é estabelecer metas bem definidas. Meu renascimento no quintal começou com o objetivo de expandir minha horta. A escuta consciente é essencial para a escolha de metas eficazes. O que nossa mente, nosso corpo e nosso espírito estão nos pedindo? As metas que estabelecemos serão mais significativas quando surgirem de uma conexão mais profunda com nós mesmos. Quando voltei minha atenção para dentro, senti o impulso de criar uma horta.

Boas metas nos inspiram ao transformar nossas esperanças vagas em um plano concreto e ao oferecer uma visão de como a vida pode ser por meio de nossos esforços focados. As metas mais úteis vão além de "controlar a ansiedade" ou "ficar menos deprimido" e capturam maneiras específicas pelas quais nossa vida será melhor. O que seremos capazes de fazer que agora não estamos fazendo? Que mudanças as pessoas que nos conhecem perceberão em nós? As metas fornecem um "porquê" convincente que alimenta nossas ações, como percebi repetidas vezes enquanto construía meus canteiros elevados e cuidava da minha horta.

Quaisquer que sejam nossas metas, na TCC nós as colocamos no papel. Eu listei todos os legumes e verduras que planejava cultivar e esbocei o desenho dos meus canteiros elevados. Anotar minhas metas as tornou mais concretas e trouxe uma dose de responsabilidade — reforçando que eu realmente pretendia levá-las adiante. Eu também podia retornar à minha lista de metas para a horta, verificando meu progresso e relembrando a mim mesmo o que eu estava buscando alcançar.

Reflita sobre suas próprias metas para as áreas da vida que você identificou na página 26, no Capítulo 2. Como você gostaria que as coisas mudassem em cada um desses domínios? Como saberá que alcançou suas metas? Considere anotá-las para que possa se lembrar delas e retornar a elas sempre que quiser.

Envolva Todo o Seu Ser

Uma das melhores fontes de alavancagem no **Pense. Aja. Seja** vem da sintonia natural da TCC consciente com a nossa natureza tríplice. **Pense** envolve a mente. **Aja** orienta o que fazemos com o corpo. **Seja** promove a conexão com o espírito (veja a Figura 2).

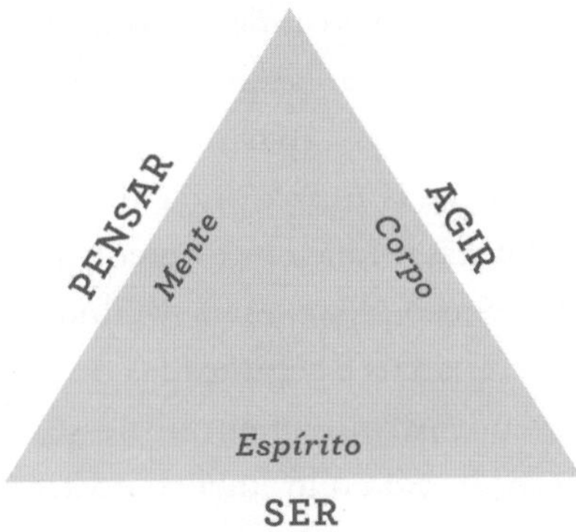

Figura 2

As terapias cognitivas, comportamentais e baseadas em mindfulness foram desenvolvidas separadamente ao longo das últimas décadas, começando nos anos 1950 com as técnicas comportamentais. A terapia cognitiva veio um pouco depois, no início dos anos 1960, e as abordagens de mindfulness formaram a "terceira onda" da TCC, que surgiu perto do final do século XX.

No entanto, a integração dessas abordagens era quase inevitável. Pensar, agir e ser formam um todo intrinsecamente conectado, como uma corda feita de três fios. Essa abordagem holística aproveita todos os nossos recursos a serviço de um objetivo comum. Por exemplo, mudar nossos pensamentos muitas vezes muda nosso comportamento, como quando deixo de pensar que sou fraco e inadequado e percebo que posso agir de forma a me aproximar dos meus objetivos. De maneira recíproca, ver-nos agindo de novas formas muda a maneira como pensamos sobre nós mesmos, como aconteceu quando passei a enxergar mais força em mim ao construir meus canteiros elevados no jardim.

Por outro lado, minamos nossos próprios esforços quando ignoramos qualquer um desses três componentes. Pensamento sem ação é inerte. Ação sem pensamento é desorganizada. Pensamento ou ação sem presença é inconsciente.

Mas, quando aplicados juntos, esses três elementos se reforçam mutuamente e oferecem as ferramentas certas para o nosso trabalho.

Vamos examinar mais de perto cada um dos três componentes do **Pense. Aja. Seja** e como eles trabalham juntos para nos oferecer alavancagem. Começaremos com o *ser*, o coração da TCC consciente.

Esteja Presente

Viver em alinhamento com quem realmente somos começa com a presença consciente. Nos últimos anos, a "atenção plena" se tornou quase um clichê, estampando incontáveis capas de revistas com pessoas serenas meditando de pernas cruzadas numa praia tropical ou ao lado de uma piscina de borda infinita. Essas imagens estereotipadas podem obscurecer o verdadeiro poder da atenção plena: estar totalmente presente em nossas vidas cotidianas, por mais banais e bagunçadas que elas sejam.

Dois ajustes simples nos permitem entrar nesse estado de consciência: direcionamos nossa atenção para o momento presente e nos abrimos para exatamente o que encontramos ali. Nos aprofundaremos mais na atenção plena nos capítulos 4 e 5; por ora, vamos considerar o básico.

PERMANEÇA NO AQUI E AGORA

Eu estava caminhando para casa a partir da estação de trem, certa noite, quando minha mente se encheu com um cenário triste sobre um dos meus filhos ficar gravemente doente. De repente, eu estava vivendo naquele mundo imaginário como se fosse realidade, ignorando o céu azul, o canto dos pássaros e a bela luz do entardecer. Senti-me tomado por preocupação e tristeza, como se a fantasia na minha mente já estivesse acontecendo.

É incrivelmente útil poder imaginar coisas que não estão acontecendo agora. Podemos antecipar e planejar o futuro, aprender com o passado, saborear nossas memórias. Mas essa habilidade tem um grande lado negativo, como experimentei na minha caminhada para casa: podemos passar a maior parte da vida em um estado semionírico. Ficamos presos a pensamentos sobre o futuro — preocupados com o que pode acontecer, planejando o que vem pela frente, ansiosos pelo próximo momento. Ou estamos ruminando — presos ao passado, revivendo conversas, sentindo culpa por erros que cometemos. E vivemos nesses sonhos como se fossem a vida real, sem sequer perceber que estamos adormecidos.

Estar constantemente perdido no passado ou no futuro é como ficar olhando para o celular o tempo todo; há muita atividade para capturar nossa atenção e, ainda assim, a cena nunca realmente muda. Ficamos à mercê do que a nossa mente imagina, o que muitas vezes não é nem útil nem agradável. Preocupamo-nos com situações que nunca vão acontecer ou nos arrependemos de coisas que não podemos mudar. Enquanto isso, estamos perdendo a nossa vida real.

Em contraste, como disse o filósofo estoico Marco Aurélio: "Se você viu o presente, então já viu tudo."[2] É aí que a vida acontece. Nosso corpo existe apenas no presente. As pessoas reais (não aquelas criadas pela nossa mente, como a criança sofrendo que eu havia imaginado) estão sempre aqui e agora. Podemos experimentar o mundo pelos nossos sentidos apenas no momento em que nos encontramos. A conexão espiritual também acontece no presente.

A razão mais importante para cultivar a presença é que ela nos permite responder às necessidades do que está diante de nós: "Vivemos no agora", disse o monge beneditino David Steindl-Rast, "sintonizando-nos com os chamados de cada momento, ouvindo e respondendo ao que cada hora, cada situação traz".[3]

O primeiro princípio da atenção plena, portanto, é entrar no presente. É aí que a vida acontece. É aí que nos alinhamos com a nossa verdade — a verdade fundamental de que estamos sempre apenas aqui e agora. Entrar nesse estado de ser exige esforço constante, porque nossa mente continuamente nos puxa para fora do momento. Mas, à medida que praticamos de forma intencional, começamos a nos perceber engajados na presença consciente de forma mais espontânea.

Não há nada de errado em ter nossa atenção em outro lugar, portanto, não precisamos nos criticar por falta de presença; isso apenas limita nossa capacidade de vivenciar plenamente a vida ou de estar disponíveis para o que cada momento nos pede. E, de forma crucial para o **Pense. Aja. Seja**, é no presente que podemos trabalhar com mais eficácia nossos pensamentos e ações.

LIBERE A RESISTÊNCIA À REALIDADE

O outro grande aspecto da atenção plena é abrir mão dos julgamentos — e, assim como permanecer no presente, isso é muito mais fácil de dizer do que de fazer. Avaliar nossa situação como sendo a nosso favor ou contra nós tende a ser nosso modo padrão: "Gosto ou não gosto dessa pessoa?" "Este vai ser um bom dia ou um dia ruim?"

Ao prestar atenção à sua mente, você vai perceber que ela está fazendo esses julgamentos automáticos o tempo todo. Quando eu estava pedalando, notei que dividia meus percursos em partes boas e partes ruins. As descidas eram boas: a velocidade, a facilidade, a brisa fresca nos dias quentes. As subidas eram ruins: as coxas queimando, nenhuma brisa, ofegante em busca de ar. Eu sentia, num nível instintivo, o julgamento de que os trechos de subida não deveriam existir.

Por fim, percebi que estava desperdiçando a maior parte do meu tempo na bicicleta desejando que as subidas acabassem, já que subir leva muito mais tempo do que descer. Quando abandonei minha resistência interna às subidas, a diferença foi surpreendente. Eu já não lutava em duas frentes — o desafio físico e a resistência mental a ele — e pude concentrar meus esforços nas subidas. Elas continuavam sendo exaustivas, mas ficaram muito mais fáceis quando parei de insistir silenciosamente que aquilo não deveria estar acontecendo. Embora minha situação externa parecesse exatamente a mesma, a aceitação interna transformou completamente minha experiência.

Reserve um momento agora para perceber se você está rejeitando a realidade. Há algo que você esteja ativamente afastando ou dizendo a si mesmo que "não deveria estar acontecendo"? Quais são as "subidas" na sua própria vida que você percebe rejeitar de forma habitual? Reflita sobre como seria se abrir para essas experiências — abandonando a luta contra as circunstâncias e começando, em vez disso, a trabalhar junto com elas.

Aceitação e presença são duas faces da mesma moeda. Estamos plenamente no presente apenas quando aceitamos o que encontramos nele. Ao praticarmos a aceitação e deixarmos de resistir ao que é, cultivamos uma conexão mais profunda com a nossa experiência. Consequentemente, estamos mais disponíveis para atender às demandas de cada momento.

TRAGA A ATENÇÃO PLENA PARA OS PENSAMENTOS E AÇÕES

A atenção plena é a base das técnicas cognitivas e comportamentais. É mais fácil observar o funcionamento da mente quando nossa atenção está no presente.

Podemos perceber as histórias que nossa mente está nos contando sem assumir que sejam verdadeiras. Quando despertei para o presente na minha caminhada de volta para casa, a história triste que minha mente havia criado se dissolveu como névoa, e minha mente se encheu com a beleza da cena diante de mim. Como veremos no Capítulo 4, a presença consciente permite até mesmo mudar a relação fundamental que temos com nossos pensamentos e crenças.

Também veremos como nos abrir para cada momento nos ajuda a fazer as coisas que são importantes para nós, com menos resistência e um maior senso de propósito. A qualidade da nossa atenção muda tudo, até mesmo uma tarefa simples como lavar roupa. Posso colocar uma carga de roupas na máquina enquanto me preocupo com o tempo que está levando e com tudo o mais que preciso fazer, ou posso simplesmente perceber o que estou fazendo, sem ressentir o tempo gasto. A resistência transforma a lavanderia em uma tarefa mecânica e entediante, enquanto a presença e a aceitação podem torná-la uma experiência estranhamente prazerosa.

Pense com Clareza

São 15h30.
Aquele carro é azul.
Eu sou um fracasso.

Obviamente, essa última afirmação (que também pode vir como uma impressão instintiva, sem palavras) é diferente das duas primeiras, que são fatos objetivamente verificáveis. Há pouquíssima interpretação envolvida. Mas pensar "sou um fracasso" envolve uma quantidade enorme de interpretação. Muitas vezes, não percebemos quando nossa mente passou de nos apresentar as "manchetes" para nos oferecer os "editoriais". Se não reconhecermos nossos pensamentos pelo que realmente são — e não os tratarmos de acordo —, viveremos em uma falsa realidade criada pela nossa própria mente.

Quando eu estava deprimido, meus pensamentos seguiam um rumo previsível: eu me criticava o tempo todo e me culpava por todos os meus problemas. Era culpa minha estar doente, culpa minha estar exausto, culpa minha estarmos enfrentando dificuldades financeiras. Minha mente me convenceu de que eu era um desastre tão sem esperança que seria melhor para meus entes queridos se eu simplesmente acabasse com a minha vida.

Nossa mente tem o poder de influenciar nossas emoções e nossos comportamentos. Até mesmo um pensamento passageiro, que escapa à nossa percepção consciente, pode colorir toda a nossa experiência.

- Dizemos a nós mesmos: "Você não deveria ter feito isso" — e nos sentimos culpados ou envergonhados.
- Acreditamos no pensamento "Eles deveriam ser mais atenciosos" — e sentimos raiva.
- Pensamos: "Essa dor de cabeça significa que tenho um tumor cerebral" — e sentimos ansiedade.

As crenças também afetam nossas ações, como quando acreditamos que estamos doentes e, por isso, marcamos uma consulta médica. Nossos pensamentos podem até contribuir para condições sérias, como transtornos de ansiedade e depressão grave, como inúmeros estudos já demonstraram.

Estamos constantemente pensando; mesmo que decidamos parar de pensar, nossa mente continuará fazendo isso de qualquer maneira. É o que ela sabe fazer de melhor. Se não está nos contando histórias em palavras, está criando cenas inventadas ou trazendo à tona imagens guardadas na nossa memória. Nossa mente está, na verdade, tão imersa no ato de pensar que nem percebemos que estamos pensando. Assumimos que o fluxo ininterrupto em nossas cabeças é algo real e significativo e confundimos pensamentos com observações reais de algo verdadeiro. De maneiras sutis que provavelmente nem notamos, os eventos mentais em nosso cérebro estão moldando nossas vidas.

Infelizmente, isso muitas vezes não é algo positivo, pois nossos pensamentos tendem a ser enviesados em direções negativas. Vemos perigo onde ele não existe. Nos preocupamos à toa com o futuro. Presumimos o pior sobre as intenções dos outros. Imaginamos que as pessoas estão pensando coisas ruins a nosso respeito, enquanto elas, por sua vez, temem que estejamos pensando o mesmo sobre elas. Nossas crenças sobre nós mesmos costumam ser as mais distorcidas, já que exageramos nossos defeitos e minimizamos nossas qualidades. Podemos até acreditar em pensamentos autodepreciativos como os que eu tive, capazes de levar uma pessoa ao suicídio.

Os criadores da terapia cognitiva perceberam o efeito poderoso que nossos pensamentos podem ter sobre nossas emoções e comportamentos.[4] Eles foram profundamente influenciados por filósofos estoicos como Epicteto, que afirmou de forma célebre: "Não são os acontecimentos que perturbam as pessoas, mas sim os julgamentos que elas fazem a respeito deles."[5] Os julgamentos que fazemos muitas vezes seguem um padrão consistente que colore toda a nossa experiência.

VERIFIQUE SUAS LENTES

Eu estava no ensino médio quando ganhei meu primeiro par de óculos. Eu não sabia que era míope e fiquei impressionado quando os coloquei pela primeira vez. Consegui ver folhas individuais nas árvores! Eu achava que todo mundo via apenas manchas verdes, como eu via. Minhas novas lentes mudaram completamente a forma como eu via tudo ao meu redor.

Meu paciente Jonathan não tinha percebido as lentes mentais através das quais estava enxergando o mundo. Ele acreditava que era patético e via tudo em sua vida por essa lente. Suas roupas pareciam patéticas. Seu almoço parecia patético. Ele até achava patético o fato de se sentir patético. As "lentes" que usava pareciam tão integradas a ele que nem percebia que as estava usando.

As lentes mentais de Jonathan refletiam uma crença central sobre sua própria inadequação. Na TCC, "crenças centrais" são suposições profundamente enraizadas que temos sobre nós mesmos, sobre outras pessoas e sobre o mundo. Algumas podem ser úteis e precisas, enquanto outras, como a de Jonathan, envolvem pressupostos equivocados. À medida que Jonathan e eu trabalhamos juntos, ele começou a reconhecer as histórias que sua mente lhe contava e o tema recorrente de sua crença central.

Não foi fácil para Jonathan mudar sua crença central, que ele carregava desde que conseguia se lembrar. Não havia nenhuma evidência concreta de que ele fosse patético, e ainda assim a crença persistia. Finalmente, ele teve um avanço durante uma de nossas sessões. Ele estava descrevendo uma apresentação que havia feito no trabalho e como tudo aquilo tinha sido estúpido e fraco.

Eu insisti um pouco mais dessa vez — qual era a evidência para aquelas suposições? A princípio, ele pareceu irritado com a minha persistência, pois via suas falhas como algo evidente por si só. — Eu entendo que você se vê dessa forma — eu disse —, mas ainda não ouvi o que exatamente foi estúpido e fraco na sua apresentação. Por fim, frustrado, ele exclamou: — Eu simplesmente sei que é assim que eu sou!

Ele ficou olhando fixamente para as próprias mãos no silêncio que se seguiu, e percebi que Jonathan já não estava mais olhando através de suas lentes distorcidas e prejudiciais, mas sim para elas. — É assim que eu me vejo — disse ele, erguendo os olhos para mim. Havia lágrimas em seus olhos. — É assim que eu me vejo — repetiu. — Meu Deus. Ele parecia ao mesmo tempo horrorizado e aliviado — horrorizado por ter sido tão autocrítico durante tanto tempo e aliviado por perceber que estava enganado a seu próprio respeito.

Nas semanas que se seguiram, Jonathan ficou impressionado ao perceber como o mundo havia mudado drasticamente depois que ele tirou suas "lentes". Mal podia acreditar em todas as formas como sua mente o havia enganado, levando-o a se odiar, e em como seus pensamentos tinham sido poderosos na criação de sua própria realidade. À medida que começou a acreditar em seu próprio valor, passou a experimentar o mundo e as outras pessoas de uma maneira totalmente nova. Nada havia mudado nos aspectos concretos de sua vida, mas sua perspectiva havia mudado tudo.

MUDE SUA MANEIRA DE PENSAR

A chave para desafiar nossas falsas crenças é percebê-las. Pensar de forma mais eficaz começa com a consciência, quando nos damos conta do que a mente está fazendo. Se você quiser praticar a observação de pensamentos que não ajudam, não precisará esperar muito. É quase certo que sua mente contará uma história nos próximos minutos — isso se já não estiver acontecendo neste exato momento. Pode ser bastante poderoso simplesmente notar que sua mente está criando uma narrativa, e não relatando fatos puros e filtrados diretamente da realidade.

Quando percebi que meus pensamentos suicidas eram histórias que minha mente estava me contando, consegui analisá-los mais de perto. Perguntei a mim mesmo: "Será que minha família realmente estaria melhor sem mim?" Na terapia cognitiva tradicional, eu teria anotado meus pensamentos automáticos e trabalhado de forma metódica sobre as evidências a favor e contra eles: "Estou deixando algo de fora?" "Minha mente está exagerando certas coisas e ignorando outras?" "O suicídio do meu avô foi bom para a família dele?"

Pode ser libertador tirar os pensamentos da mente e colocá-los no papel, e uma abordagem sistemática pode oferecer bastante força quando registramos nossas observações e verificamos o quanto nossas crenças estão alinhadas com a realidade. Mas, como a maioria das pessoas, não achei necessário seguir todos esses passos de forma mecânica. O que mais me ajudou foi simplesmente perceber a história — o passo essencial e inicial da abordagem *pensar*.

Uma vez que tive o insight de que estava tendo um pensamento que poderia ou não ser verdadeiro, pude considerar alternativas para a maneira como eu estava vendo as coisas:

- Minha família ficaria em pior situação sem mim.
- Eu, na verdade, acrescento valor à vida deles.
- O que eles realmente precisam é de mais de mim, não menos.

Veja o que acontece quando você percebe que sua mente está inventando histórias. Por exemplo, sua garganta pode estar um pouco arranhando e você pensar que deve estar pegando uma amigdalite. A princípio, você pode embarcar nesse pensamento e criar mentalmente um mundo de fantasia no qual já está doente. Mas então você percebe que é apenas uma história e se pergunta qual poderia ser uma alternativa — talvez você só precise de água ou esteja com alergia. De repente, todo aquele mundo imaginário desmorona, tão rapidamente quanto sua mente o construiu.

Da próxima vez que você sentir uma onda de ansiedade ou outra emoção difícil, pare e respire lenta e profundamente. Então, pergunte a si mesmo: "O que acabou de passar pela minha mente?" Anote tudo o que descobrir. Observe se seus sentimentos fazem sentido com base nos seus pensamentos, como a tristeza se sua mente disser: "Não tenho nada a oferecer." Por fim, faça a si mesmo a pergunta crucial: Este pensamento é completamente verdadeiro, ou existem outras formas de ver essa situação?

PENSE COM ATENÇÃO PLENA

Quando eu estava doente e deprimido, minha reação automática era pensar que isso não deveria estar acontecendo. Eu não deveria estar doente sem motivo aparente. Eu não deveria estar tão cansado. Eu não deveria ter que sofrer assim. Essas reações refletiam uma convicção ainda mais profunda: a de que a vida deveria ser livre de problemas — ou, pelo menos, não deveria ser tão difícil.

Essa crença central é algo que a maioria de nós compartilha. Em algum nível, sabemos que a vida é difícil e que o sofrimento é inevitável. E, ainda assim, cada vez que nos deparamos com um problema, parece um defeito na programação do universo. "Não acredito que tenho que lidar com isso", pensamos.

Assim como a presença consciente influencia nossos pensamentos, acreditar nesse tipo de história afeta nossa capacidade de manter a atenção plena. Não podemos estar realmente presentes e abertos à nossa experiência quando estamos presos à crença de que a vida está contra nós.

Certa noite, ao me encolher na cama, reconheci o refrão familiar do "pobre de mim" ecoando na minha mente e os pensamentos pouco úteis que me levavam a resistir às minhas dificuldades. Naquele momento, percebi que esses pensamentos eram apenas histórias e considerei outras formas de interpretar minha situação. Talvez os problemas façam parte de estar vivo. Talvez eu tivesse o que precisava para enfrentar os desafios de cada dia. E talvez a paz estivesse disponível mesmo quando as coisas eram difíceis.

Nosso coração e noss mentes se sustentam mutuamente: o ser apoia o pensar, que, por sua vez, nos conduz de volta ao ser. Cabeça e coração precisam, é claro, de uma forma de interagir com o mundo — e é aí que entra o agir, as "mãos" do **Pense. Aja. Seja**. Atenção plena e pensamento correto abrem o caminho para a ação.

Agir intencionalmente

Quando Paula me procurou para tratar sua fobia de cães, ela sabia que seus medos não faziam sentido, como sua parceira já a havia lembrado inúmeras vezes. Ainda assim, sua ansiedade e seu comportamento de evitação persistiam. Conversas prolongadas sobre medos como o de Paula raramente são úteis, por isso focamos ajudá-la a enfrentar seu medo de cães. Com o tempo, Paula descobriu não apenas que sua ansiedade diminuiu, mas também que suas crenças sobre cães mudaram. Onde o corpo foi, a mente acompanhou.

Assim como nossas crenças podem moldar nossa realidade, nossas ações podem reescrever o que acreditamos ser verdade — o que é especialmente útil quando o argumento racional não é suficiente para mudar nossa mente (como Paula descobriu com sua fobia de cães). Nosso cérebro está constantemente fazendo inferências com base em nossas ações: quem somos, o que é verdade sobre o mundo, o que é importante para nós. Se nos aproximamos de algo que tememos, talvez isso não seja realmente perigoso. Se nos tratamos com gentileza, é porque devemos ser alguém que vale a pena cuidar. Se investimos em uma causa, é porque nos importamos com ela. A ação nos transforma. O comportamento é terapia.

O componente comportamental da TCC é baseado em princípios bem estabelecidos que remontam à Antiguidade, como o princípio de que nossos medos irreais diminuem quando os enfrentamos. Esses princípios foram confirmados em pesquisas laboratoriais com animais não humanos na primeira metade do século XX.[6] Os resultados de estudos com cães e pombos se mostraram notavelmente aplicáveis à ciência do comportamento humano, como descobriram os desenvolvedores da terapia comportamental.[7] Eles criaram tratamentos eficazes para condições como ansiedade, depressão e transtorno de estresse pós-traumático, baseados em mudanças simples nas nossas ações.

Os princípios da terapia comportamental vão muito além do tratamento de sofrimentos psicológicos como o de Paula e podem oferecer alavancagem para qualquer mudança que queiramos implementar para melhorar nossas vidas. Vamos revisar algumas das grandes ideias da terapia comportamental, que exploraremos com mais profundidade nos próximos capítulos.

IDENTIFIQUE CUSTOS E RECOMPENSAS

Quando eu estava profundamente deprimido, evitava muitas coisas: projetos domésticos, hobbies, compromissos sociais. Havia certo alívio em não precisar fazer coisas que pareciam um incômodo, mas, nesse processo, meu mundo foi encolhendo e eu afundei ainda mais no poço da depressão. Os ganhos imediatos e os custos de longo prazo das minhas ações seguiam um padrão comum: recompensa imediata (alívio) acompanhada de custos retardados, menos evidentes (depressão). Eu estava do lado errado da balança entre custos e recompensas, e isso moldava meu comportamento de maneiras que iam contra meus melhores interesses.

Quando finalmente percebi os efeitos do meu isolamento, elaborei um plano para voltar a me engajar, que incluía construir meu jardim. Os custos desse plano de ação eram imediatos (tempo e esforço), enquanto a recompensa — sentir-me melhor — foi se desenvolvendo lentamente, ao longo das semanas seguintes.

As ações que você escolhe dependem muito de como percebe o equilíbrio entre custos e recompensas envolvidos. Ao compreender esses padrões no seu comportamento, você pode criar estratégias que o ajudem a se alinhar aos seus verdadeiros objetivos. Pode construir hábitos mais saudáveis. Pode planejar atividades gratificantes que o tirem da depressão, como eu fiz. Pode enfrentar os medos que o impediram de viver plenamente.

A chave para obter alavancagem comportamental é tornar o que você quer fazer o mais baixo em custo e o mais alto em recompensa possível — exatamente o que o *agir* em **Pense. Aja. Seja** foi concebido para proporcionar.

VÁ LONGE INDO PEQUENO

Quando Paula e eu tratamos sua fobia de cães, ela não começou acariciando cachorros grandes. Primeiro, enfrentou medos menores, como permanecer no mesmo lado da rua que um vizinho que passeava com seu cão. Essas exposições iniciais aumentaram sua confiança e reduziram seu medo. Aos poucos, ela avançou para desafios maiores, incluindo visitar um parque para cães e acariciar alguns dos que estavam soltos por lá.

Dividir tarefas assustadoras em partes menores é uma das ferramentas mais poderosas da terapia comportamental. Essa abordagem é diretamente comparável ao uso de uma escada, que transforma um vão aparentemente impossível — digamos, do chão até o teto — em uma série de degraus pequenos e administráveis. À medida que subimos os degraus mais baixos, os mais altos ficam facilmente ao nosso alcance.

Da mesma forma, nada é difícil demais na terapia comportamental — apenas grande demais. Ao "diminuir" e reduzir uma tarefa ampla em uma série de etapas menores, conseguimos realizar coisas que pensávamos ser impossíveis. E, uma vez que começamos, é muito provável que continuemos.

Pense em algo que você vem adiando, como um desafio intimidador ou uma tarefa que você detesta, e anote-o em um pedaço de papel. Em seguida, escreva qual seria o primeiro pequeno passo para concluí-lo. Certifique-se de que esse passo seja bem administrável, mesmo que pareça ridiculamente simples. É possível concluir esse primeiro passo em breve, talvez ainda hoje?

É fácil subestimar o valor de ações pequenas e simples. Como elas poderiam realmente mudar alguma coisa? Mas a vida é feita de uma série de pequenas ações e, embora um único ato construtivo possa parecer insignificante, nunca o realizar é algo de grande impacto. Levantar do sofá uma única vez para trabalhar no meu jardim não teria curado minha depressão, mas continuar me isolando teria me afundado ainda mais no desespero. Enfrentar seu primeiro pequeno medo não vai transformar sua vida de imediato, mas nunca dar esse passo vai mantê-lo preso e com medo. Uma única respiração é um ato trivial, mas não respirar é uma emergência. Conquistamos as grandes coisas da vida fazendo as pequenas, um passo de cada vez.

SEJA CONSISTENTE

Parte do poder das pequenas ações está na necessidade de consistência. Economizar 5% da sua renda neste mês não vai criar uma boa reserva financeira, mas guardar 5% todos os meses durante quarenta anos vai. Se você reunir coragem para enfrentar o que teme apenas uma vez, o medo quase certamente continuará com você, mas enfrentá-lo repetidamente irá desgastá-lo com o tempo.

Por isso, a terapia comportamental oferece alavancagem por meio da consistência. Uma das minhas metas na TCC era manter exercícios físicos regulares, então marquei treinos específicos para horários específicos e coloquei lembretes no meu calendário para o caso de esquecer. Ter um parceiro de responsabilidade também pode ajudar na consistência — como quando minha esposa e eu combinamos horários para fazer yoga juntos; assumir compromissos com outra pessoa pode nos ajudar a cumprir as promessas que fazemos a nós mesmos. Você também pode reduzir o custo das ações que deseja realizar quando sabe que sua motivação estará baixa; por exemplo, deixar suas roupas e seus tênis prontos na noite anterior diminui a barreira para o treino matinal ao mínimo possível.

AJA COM ATENÇÃO PLENA

Quando comecei minha própria prática de TCC, percebi que o excesso de trabalho e o tempo exagerado diante das telas estavam me afastando da presença consciente. Acrescentar mais sessões de meditação à minha rotina não era a solução; eu precisava alinhar meus hábitos diários às minhas necessidades mentais, físicas e espirituais. Esse alinhamento, por si só, já era uma ação consciente. Ao simplesmente fazer o que precisava ser feito, eu naturalmente entrava em um estado maior de aceitação e atenção plena.

Embora, em teoria, qualquer coisa possa ser feita com atenção plena, ações desalinhadas acabam interferindo na presença consciente. Quando negligenciamos nosso sono, por exemplo, ou adiamos tarefas que precisamos realizar, estamos resistindo à realidade por meio da ação — à realidade das nossas necessidades de descanso ou do trabalho que precisa ser concluído. Como resultado, deixamos de estar verdadeiramente presentes. Até mesmo a meditação deixa de ser uma atividade consciente se a usamos para evitar coisas das quais precisamos cuidar.

A presença consciente orienta a ação correta, que, por sua vez, pode favorecer uma presença ainda maior. No tratamento de Paula, por exemplo, a aceitação consciente do desconforto ajudou-a a enfrentar seus medos, o que a levou a estar mais plenamente presente em sua vida. Muitas vezes pensamos que praticar atenção plena precisa envolver atividades formais, como meditação ou oração, mas qualquer coisa que façamos é um convite para estar presente e disponível. À medida que nos abrimos para o que está diante de nós, nossas ações cotidianas tornam-se práticas espirituais.

Juntando Tudo

Descrevi os três componentes do **Pense. Aja. Seja** separadamente, mas o verdadeiro poder deles vem de usá-los juntos, de forma integrada. Anos atrás, experimentei esse poder no meu consultório. Era uma sexta-feira à noite, depois de mais uma semana cheia, e eu me sentia sobrecarregado ao pensar em todas as tarefas que não havia concluído. Pensava que teria que ficar até mais tarde para terminá-las, mesmo estando exausto e querendo apenas descansar.

Mas então percebi o quão agitado eu estava — e sabia que esse não era um bom estado para agir. Então dei o primeiro passo do **Pense. Aja. Seja**: voltei para mim mesmo e para o momento presente. Apoiei as mãos sobre a mesa, conectando-me com algo real e tangível, e respirei lenta e profundamente. Imediatamente senti um pouco da tensão se dissolver e um sopro de esperança de que minha noite talvez não precisasse ser tão desgastante quanto eu imaginava.

Agora que estava um pouco menos estressado e mais centrado, perguntei a mim mesmo qual história minha mente estava contando. Percebi que meus pensamentos estavam cheios de "tenho que": "Tenho que terminar este post no blog." "Tenho que responder a estes e-mails." "Tenho que ler este capítulo." Ao olhar para esses pensamentos de forma mais objetiva, percebi que nenhuma dessas tarefas era tão urgente quanto eu acreditava — e que nenhuma precisava ser feita naquela noite. Uma alternativa mais útil que me disse foi: "Não preciso continuar forçando quando já estou exausto; haverá tempo para fazer todas essas coisas."

Por fim, usei minha consciência plena e essa nova perspectiva para agir de forma apropriada. Naquela noite, isso significou criar um cronograma para cada tarefa, garantindo que eu as concluiria a tempo, e então guardar minhas coisas, pedalar para casa e começar o fim de semana com minha família. Todo o processo — desde me centrar até escolher a ação — levou cerca de dois minutos, mas mudou completamente a minha sexta-feira à noite. Em vez de receber minha esposa e meus filhos com estresse e exaustão, pude encontrá-los com entusiasmo para o nosso fim de semana juntos e com a paz de saber que minhas tarefas seriam concluídas.

Venha Como Você Está

O imperador romano e filósofo estoico Marco Aurélio resumiu a essência do **Pense. Aja. Seja** há quase dois mil anos:

> *Julgamento objetivo, agora, neste exato momento. [pense]*
> *Ação altruísta, agora, neste exato momento. [aja]*
> *Aceitação voluntária — agora, neste exato momento — de todos os acontecimentos externos. [seja]*
> *Isso é tudo de que você precisa.*[8]

Aurélio chegou a enfatizar a centralidade da presença: julgamento agora; ação agora; aceitação agora.

Muitas vezes, fico impressionado ao ler textos antigos que descrevem com precisão os princípios da moderna terapia cognitivo-comportamental consciente (*atenção plena CBT*). Mas, pensando bem, talvez isso não devesse ser surpreendente. Toda boa ideia parece ser a redescoberta de algo que já era conhecido há muito tempo. Como a maioria das coisas realmente poderosas e transformadoras, são abordagens simples que funcionam justamente por não serem novidade.

Ao mesmo tempo, a *atenção plena CBT* é mais do que uma nova embalagem para uma sabedoria milenar. A força da TCC vem da integração de ideias antigas com revelações científicas mais recentes sobre as forças que moldam nossos pensamentos e comportamentos — e sobre o poder da atenção plena para transformar fundamentalmente a maneira como nos relacionamos com o mundo. Dessa união surgiu uma abordagem terapêutica que oferece um arcabouço sistemático para colocar princípios em prática.

Por meio desse arcabouço, podemos descobrir um mundo inteiro do qual muitas vezes nem temos consciência — o mundo dos nossos pensamentos, dos padrões de custos e recompensas, da forma como interagimos com nossa experiência momento a momento. Prestar atenção a esses três aspectos transformou a minha vida. A consciência plena (**seja**) me conduziu ao presente, onde pude me conectar com as partes mais profundas de mim mesmo. Treinar a minha mente (**pense**) acalmou a tempestade de autodepreciação que ocupava minha cabeça, abrindo espaço para a verdade: de que o universo havia me chamado à existência e me acolhia exatamente como eu era. Mudanças simples no meu comportamento (**aja**) — como construir o meu jardim — trouxeram-me alegria e realização. Esses três componentes se mostraram contínuos e mutuamente fortalecedores.

Portanto, venha como você está. Alinhar-se com a sua própria natureza começa com voltar para casa, exatamente onde você se encontra. Você já tem tudo de que precisa — sua mente para julgar, seu corpo para agir, seu espírito para aceitar voluntariamente. **Pense. Aja. Seja** é para cada parte de você e para cada área da sua vida.

Agora que você já tem uma boa noção das principais técnicas das abordagens cognitivas, comportamentais e de atenção plena — e de como elas se complementam —, vamos explorar mais profundamente o que acontece quando deixamos de resistir e começamos a dizer "sim" à nossa experiência. Não importa o que esteja nos impedindo de encontrar paz, nem qual seja a dor que carregamos, começamos sempre com uma consciência focada no presente.

4

DIGA SIM

No Capítulo 3, exploramos os três elementos de **Pense. Aja. Seja** e como eles trabalham juntos para nos ajudar a construir a vida que desejamos. Este capítulo se concentra na mindfulness — a base dessa abordagem —, que sustenta e potencializa todo o trabalho cognitivo e comportamental da terapia cognitivo-comportamental com foco em mindfulness. Vamos examinar exatamente o que significa dizer "sim" à nossa experiência e por que essa resposta simples pode mudar tudo. No Capítulo 5, veremos maneiras específicas de praticar a consciência plena como parte do **Pense. Aja. Seja**.

"Ah, não!", pensei, parando de digitar e apertando os olhos com força. "Você só pode estar brincando comigo." O sentimento era dirigido à minha filha de oito meses, Ada. Eu tinha certeza de que ela estava cansada o suficiente para finalmente adormecer depois da terceira tentativa de colocá-la para dormir naquela noite. Eu até já tinha conseguido descer as escadas e retomar a redação do projeto, mas agora ela estava chorando de novo.

Enquanto subia para acalmá-la mais uma vez, não fiz, como seria de se esperar num livro edificante, uma prece silenciosa de gratidão pelo privilégio de ser pai. Longe disso. Eu estava bem longe de me sentir feliz por ter de interromper meu trabalho para cuidar dela e, na verdade, murmurei um palavrão antes de enfrentar a quarta rodada do treino de sono daquela noite.

O zumbido do aparelho de ruído branco me recebeu quando abri a porta do quarto, junto com o choro da Ada. Respirei fundo. Peguei-a no colo por um instante para ajudá-la a se acalmar antes de colocá-la de volta no berço. Ela imediatamente se virou de bruços, e eu recomecei a dar tapinhas nas costas dela, sentindo pena de mim mesmo por estar preso naquela situação.

"Não acredito que você ainda não dormiu", pensei, rangendo os dentes no escuro. "Preciso voltar ao trabalho. Não tenho tempo pra isso. Isso é um absurdo. Você já deveria estar dormindo. Está tão cansada. Odeio isso. Por que você simplesmente não fica dormindo?" Já estávamos tentando o treino de sono havia várias noites e, toda vez que eu a colocava no berço, tinha esperança de que fosse fácil. Raramente era, e eu ficava com raiva e ressentido sempre que ela chorava e eu precisava voltar lá.

Mas, naquela noite, algo mudou. Enquanto eu estava no escuro, dando tapinhas nas costas minúsculas da minha filha, percebi que, no fundo, nada estava realmente errado naquele momento. Eu não estava com fome. Não sentia dor. Minha família estava segura. Na aparência, as coisas não iam tão mal assim. Eu tinha alguns minutos com meu bebê, com quem não passava muito tempo durante a semana de trabalho. Ela estava saudável — algo que eu não considerava garantido, depois de um susto com o coração dela alguns meses antes. Ela acabaria dormindo.

Como é possível encontrar alegria mesmo quando a vida não segue como queremos? Minha experiência com o sono da pequena Ada me deu uma resposta poderosa para essa pergunta. Eu ainda queria que ela dormisse o mais rápido possível. Ainda esperava não precisar voltar ao quarto dela. Mas eu havia passado de resistir ao que estava acontecendo para **aceitar** o momento.

Faça o que está fazendo

A única barreira para a minha satisfação, enquanto tentava ajudar minha bebê a dormir, era minha rejeição ao que estava acontecendo. Eu estava preso ao meu plano para aquela noite e lutando contra qualquer coisa que se interpusesse no caminho. Mas, em questão de instantes, experimentei tudo o que **Pense. Aja. Seja** pode oferecer: uma qualidade diferente de estar no momento mudou completamente a forma como eu pensava e me ajudou a alinhar minhas ações às circunstâncias. A alegria veio em seguida.

Quando aceitei que Ada estava acordada, imediatamente vi através das falsas histórias que minha mente estava me contando — especialmente a minha insistência de que "isso não deveria estar acontecendo". Aceitar a realidade, no contexto da mindfulness, não significa necessariamente gostar de uma situação nem se resignar a ela. Para Steven C. Hayes, criador da *terapia de aceitação e compromisso* (*ACT*, na sigla em inglês) — uma poderosa forma de TCC —, aceitação significa abraçar toda a nossa experiência. "A palavra 'aceitação' vem de uma raiz latina que significa 'receber'", Steve me disse.[1] Em vez de lutar contra o que é, escolhemos receber. E, como Steve ressaltou, aquilo que recebemos pode se tornar um presente.

Quando parei de rejeitar a realidade, aqueles momentos com minha filha realmente pareceram um presente. Todas as vezes em que eu havia "olhado os dentes" desse cavalo dado, eu estava sofrendo mais do que precisava — e provavelmente transmitindo essa energia para Ada. O pior sobre a insônia dela não era a insônia em si, mas a minha insistência de que a situação deveria ser diferente do que era. Ao me abrir para o que estava acontecendo, simplesmente reconheci: é assim que as coisas são agora. Nada na situação havia mudado, mas eu estava completamente liberto da falsa realidade que minha mente havia criado.

Na maioria das vezes, não somos infelizes por causa da situação em que estamos, mas porque não estamos realmente nela. Nosso corpo está presente, mas nossa mente está ocupada tentando fugir e fazer aquilo que achamos que deveríamos estar fazendo — como aconteceu com um amigo meu que amava correr. Por anos, ele corria seis dias por semana e participava de competições. Mas, quando se machucou e não pôde mais suportar o impacto da corrida, passou a fazer caminhada acelerada — e odiava. Geralmente, quando eu o via pela manhã, ele estava com a testa franzida durante as caminhadas.

Um dia, quando nos cruzamos, perguntei como estava indo. Ele respondeu: "Eu odeio não estar correndo." Ouvi a dor em sua voz — ele estava de luto pela perda do que amava. E também percebi o que ele estava fazendo toda vez que saía para caminhar: **não** estava correndo. É claro que ele odiava. Caminhar não é tão ruim, mas não há alegria em não estar correndo. Cada parte da experiência o lembrava do que queria estar fazendo enquanto vestia sua roupa de "não correr" e amarrava os tênis de "não correr" para sua "não corrida" matinal.

Da próxima vez que você tiver de fazer uma atividade que considere desagradável e contra a qual tende a lutar — como lavar a louça ou tirar o lixo —, ofereça a ela sua mindfulness durante todo o tempo em que

estiver executando-a. Ao perceber que está mentalmente rejeitando a experiência, experimente acolhê-la com uma aceitação amistosa. Você não precisa tentar se forçar a gostar dela; simplesmente receba-a como o que está acontecendo agora.

Amplie suas ideias sobre mindfulness

O que descobri enquanto estava ao lado do berço naquela noite foi uma demonstração do que muitas vezes se chama de "mindfulness". Esse termo já foi definido de diferentes formas, mas, em essência, significa manter o foco no presente com aceitação de coração aberto, como vimos no Capítulo 3. Essa postura contraria nossas tendências habituais de fixar a atenção no passado ou no futuro e de lutar contra as coisas como elas são.

Hesito em descrever esse modo de estar presente como mindfulness porque os rótulos são limitantes. Quando você lê "mindfulness", provavelmente imagina alguém meditando ou talvez praticando yoga. Pode vir à mente a imagem de pedras equilibradas diante do oceano, uma flor de lótus sobre a água ou, ainda, gurus de religiões orientais (especialmente o budismo). Também tendemos a acreditar, ainda que de forma implícita, que mindfulness envolve certas ações — sentar-se com as pernas cruzadas, fechar os olhos, respirar lentamente, sentir o corpo.

Essas concepções de mindfulness podem restringir nosso encontro com cada momento, assim como o conceito de "Deus" pode limitar nossa compreensão da verdadeira divindade. Quando acreditamos que mindfulness é isto, também acabamos pensando que não é aquilo: que mindfulness é meditar, mas não conversar com o cônjuge; é prestar atenção à respiração, mas não preparar o jantar; é praticar tai chi, mas não dirigir até a aula e voltar. No entanto, abertura e presença estão disponíveis em qualquer atividade que estejamos fazendo — e tanto nos momentos que chamamos de "ordinários" quanto naqueles que rotulamos como "sagrados".

As representações comuns de mindfulness também podem fazê-lo parecer algo muito agradável, pacífico e controlado — e um tanto inacessível. Sabemos que nossa vida está longe daquelas imagens de capa de revista sobre mindfulness. Em contraste, a experiência real de presença com o coração aberto está longe de ser sempre calma e previsível. Às vezes, pode ser relaxante e pacífica, mas a verdadeira consciência plena também pode ser intensa, selvagem e sem limites.

Essa distinção entre ideias limitantes sobre mindfulness e a experiência de estar aberto e presente é crucial. Caso contrário, a presença consciente pode parecer complicada e difícil de alcançar — como se fosse algo que precisamos acrescentar ao que já fazemos. Mas mindfulness é mais subtração do que adição e, na verdade, é a coisa mais simples: basta dizer "sim" a tudo. Percebemos o impulso de nos fechar e escapar e, em vez disso, acolhemos o que cada momento nos oferece. Mesmo que acabemos nos fechando, podemos dizer "sim" a essa consciência também: "Neste momento, estou tendo dificuldade para permanecer aqui. Estou fugindo. É isso que está acontecendo."

Apesar dessas limitações, usarei "mindfulness" ao longo deste livro para me referir à presença de coração aberto. Apenas tenha em mente que o rótulo não capta toda a experiência — e que mindfulness não precisa incluir nenhum dos elementos que comumente associamos a ele.

Alinhe-se com a Realidade

Se meus filhos estão lendo quietos enquanto tento escrever, a realidade recebe meu joinha. (Neste momento, eles estão. Bom trabalho, universo.) Se eles estão se agarrando e gritando, a realidade é ruim. Quando estou no modo automático, tendo a tratar tudo dessa forma — o clima, a temperatura, como as pessoas me tratam, o estado do meu corpo —, acreditando implicitamente que não ficarei bem até que a realidade se curve à minha vontade. Essa era minha postura durante o treinamento de sono da minha filha, porque eu esperava que tudo acontecesse de acordo com o meu plano.

Nosso modo habitual de dizer "não" à experiência coloca muitas expectativas sobre a vida: a realidade deveria ser diferente. Eu preciso estar no controle. Eu exijo certeza. As coisas não deveriam demorar tanto. Eu preciso estar confortável. O fio condutor de todas essas crenças é a avaliação da vida com base em ela obedecer ou não aos nossos desejos. A grande desvantagem desse hábito de negar é que ele interfere diretamente na nossa felicidade.

Ao entrar num estado de presença e aceitação, alinhamos nossa experiência com o verdadeiro estado do mundo: *é disso que a vida é feita*. Passamos a enxergar através das crenças que confundíamos com realidade, como as suposições que tive naquela noite no quarto da bebê: "Ada deveria estar dormindo. Eu não deveria ter que acalmá-la de novo." Eu achava que minhas preferências eram a medida padrão e que a realidade estava me "desrespeitando". Talvez, se eu expressasse meus desejos irritados com força suficiente, o universo decidisse fazer melhor. Quando vi com mais clareza, entendi que querer que a situação fosse de um jeito não significa que ela tenha que seguir as minhas regras.

A realidade não se importa com os nossos "deveria", assim como o clima não se importa com as nossas previsões. Quem disse que Ada *deveria* estar dormindo? Não é como se ela estivesse desafiando as leis da física. Talvez fizesse todo o sentido que ela ainda estivesse acordada, considerando fatores dos quais eu não tinha conhecimento. A única coisa real sobre a nossa insistência em moldar o mundo aos nossos desejos é o sofrimento que nos causamos nesse processo. Mas, quando nos abrimos para o que é, podemos encontrar equilíbrio mesmo nos momentos mais difíceis.

Deixe a Consciência Plena Mudar Tudo

Não muito tempo depois do episódio revelador com Ada, eu estava atendendo um jovem chamado Josh, que sofria de ansiedade social. Ele era um bom rapaz — recém-formado na faculdade, trabalhando na construção civil enquanto buscava uma vaga na sua área. Estava preocupado que a ansiedade o atrapalhasse profissionalmente e, por isso, veio fazer algumas semanas de TCC comigo.

Em uma das primeiras sessões, apresentei a Josh os fundamentos da presença com atenção plena em situações sociais e passei alguns exercícios para ele praticar. Na sessão seguinte, perguntei como tinha sido a experiência. "Bem...", começou, parecendo incerto sobre como colocar em palavras. "Quando foco o que está acontecendo nas minhas conversas, eu paro de ficar obcecado com a forma como estou sendo visto pela outra pessoa, então tenho me sentido muito menos ansioso perto de gente. E percebi que, quando presto atenção apenas no que estou fazendo — como lavar a louça — minha mente para de ficar reprisando interações em que talvez eu tenha parecido estranho. Até estou conseguindo dormir mais rápido quando foco apenas minha respiração. Então acho que o mindfulness... meio que ajuda em tudo."

Ele não poderia estar mais certo. Mindfulness é algo parecido com uma boa noite de sono: pode melhorar todos os aspectos da nossa vida — nem sempre tão rapidamente quanto aconteceu com Josh, mas a prática consistente traz resultados confiáveis. Pesquisas mostram que o treinamento em mindfulness ajuda a aliviar praticamente todas as condições às quais tem sido aplicado, incluindo depressão, ansiedade, transtorno obsessivo-compulsivo (TOC), transtorno de estresse pós-traumático (TEPT), transtorno de déficit de atenção e hiperatividade (TDAH), ansiedade social, transtorno do pânico, transtornos alimentares, transtorno de personalidade borderline, dependência de álcool, dor crônica e insônia.

A prática de mindfulness pode fazer muito mais do que tratar transtornos psicológicos. Ela também traz benefícios para aspectos positivos da vida, como satisfação geral, qualidade dos relacionamentos, manejo do estresse, criatividade, emoções positivas, percepção da qualidade de vida, foco atencional e até experiências de admiração e encantamento. A prática regular de mindfulness pode até modificar a estrutura física do cérebro, e seus benefícios podem se estender à melhora da função imunológica.

Como é possível que uma única prática tenha efeitos tão amplos? É difícil pensar em muitas intervenções que ajudem em tantas áreas. O que me vem à mente não são exatamente "intervenções", mas sim fundamentos da vida: ar. Água. Comida.

Há algo de igualmente essencial na consciência com atenção plena. A qualidade da nossa presença influencia toda a nossa experiência, porque é por meio dela que interagimos com o mundo. Se tivéssemos vivido a vida inteira usando luvas de forno, tirá-las melhoraria nossa destreza em qualquer atividade. Ficaríamos impressionados com a facilidade de digitar, separar correspondência, apertar botões no controle remoto ou enfiar linha em uma agulha. Da mesma forma, estar e abraçar o momento muda fundamentalmente a forma como vivenciamos a vida.

Isso não significa que estar mais conectado à nossa experiência seja sempre confortável. Luvas de forno são desajeitadas, mas protetoras, e às vezes é doloroso estar plenamente presente — permanecer com nossa tristeza ou nos voltar para a dor de outra pessoa. Se buscarmos mindfulness apenas para nos sentirmos "em paz", corremos o risco de transformar a prática em uma fuga do desconforto, em vez de uma abertura para toda a vida. Parte do presente que a consciência com atenção plena nos oferece é justamente nos mostrar que talvez o conforto não seja o objetivo supremo da existência.

É natural preferir que coisas boas aconteçam conosco, mas existe uma forma mais plena e rica de viver do que simplesmente buscar prazer e evitar dor. Paradoxalmente, ao nos dispormos a sentir tudo, sofremos menos. Estar centrado no momento presente é como estar fisicamente equilibrado, com o peso igualmente distribuído para frente e para trás, para a esquerda e para a direita. Ficamos mais preparados para responder ao que quer que venha, e menos propensos a perder o equilíbrio. Nesse processo, despertamos para uma vida que, no fim das contas, é muito mais significativa e satisfatória.

Pense em um momento em que sua mente insistia que um resultado incerto — como o resultado de um exame médico ou de uma entrevista de emprego — precisava acontecer exatamente do jeito que você esperava. Como foi sentir-se preso(a) a um desfecho específico como a única possibilidade aceitável? E como poderia ter sido se você tivesse se permitido abrir um pouco mais para qualquer que fosse o resultado?

Descentrar de pensamentos e sentimentos

Quando estou escrevendo um livro, meus pensamentos e sentimentos sobre ele variam de um dia para o outro. Em alguns dias, sinto-me otimista de que o livro vai ficar bom; em outros, sou tomado pela ansiedade e por pensamentos como "Não vou conseguir fazer isso". No passado, eu reagia intensamente a essas oscilações, sentindo-me vitorioso quando acreditava que as coisas estavam indo bem e sem esperança quando surgia a dúvida. Meu bem-estar era guiado pelos meus estados mentais passageiros.

Felizmente, aprendi a enxergar esses altos e baixos como ruído sem relevância. Geralmente, eles são provocados por fatores que nada têm a ver diretamente com o livro — como meu humor, meu nível de energia ou o quanto estou estressado. São realmente irrelevantes, a menos que eu lhes dê mais importância do que merecem. Com a presença atenta proporcionada pelo mindfulness, consegui criar um certo distanciamento dos meus pensamentos e emoções, passando a vê-los como eventos que simplesmente acontecem: "Agora estou sentindo confiança." "Agora estou tendo pensamentos de dúvida."

Dessa perspectiva, deixo de me identificar fortemente com o que penso e sinto, tornando-me o observador da minha própria experiência. Quando eu me irritava com o sono da Ada, assumia que a situação em si era irritante e não percebia os processos mentais e emocionais que geravam essa irritação. Eu não tinha como examinar minhas reações, muito menos modificá-las, porque acreditava que eram inerentes à situação. Estava no meio de uma batalha, lutando contra a realidade sem perceber contra o que estava, de fato, lutando.

Ao perceber que meus sentimentos eram movidos pela resistência, já não me sentia perdido em uma neblina de pensamentos e emoções difíceis. Ganhar mais consciência foi como recuar para o alto de uma colina, de onde eu podia observar a batalha e entender as forças em ação. Essa nova perspectiva me deu mais liberdade para escolher como responder. Percebi que estava travando guerra contra o meu próprio lado — e que não precisava haver luta alguma.

Esse processo é chamado de *descentramento*, porque os pensamentos e sentimentos passageiros deixam de ocupar o centro da nossa identidade. É uma mudança sutil, mas capaz de gerar um efeito profundo no nosso bem-estar. Dar até mesmo meio passo para trás na nossa consciência nos oferece mais opções sobre como lidar com momentos desafiadores. Podemos experimentar emoções difíceis, como raiva ou ansiedade, sem estarmos fundidos a elas. Em vez de sermos a irritabilidade, podemos apenas vivenciar o fato de estar irritados.

Também podemos notar como os pensamentos colorem nossa percepção de uma situação. Podemos observar pensamentos angustiantes indo e vindo, cientes de que são criações da mente. Quando surge um pensamento assustador sobre o futuro, podemos permanecer ancorados no presente e observar o processo de pensar, em vez de nos perdermos no conteúdo.

Essa faceta da consciência atenta tem implicações enormes para a terapia cognitivo-comportamental (TCC). Ao nos recentrar no presente e observar nossos pensamentos e sentimentos, percebemos que esses estados transitórios são barulhentos. Muitas vezes, geram mais calor do que luz, atraindo nossa atenção sem nos trazer nada realmente significativo. Assim, podemos tratá-los com mais leveza.

Isso não significa que nossos pensamentos e nossas emoções não importem ou que devamos sempre ignorá-los. Eles, evidentemente, podem ser fontes valiosas de informação. Mas estaremos em uma posição muito melhor para avaliá-los objetivamente quando praticamos o descentramento. À medida que nos familiarizamos mais com nós mesmos e com o funcionamento da nossa mente, passamos a reconhecer quando as experiências internas vêm de um lugar seguro de percepção e saber, e quando carregam a marca do medo ou do desejo pouco construtivo.

Procure hoje uma oportunidade para praticar uma forma diferente de se relacionar com uma emoção difícil. Se você estiver sentindo raiva, por exemplo, torne-se curioso em relação a essa experiência. Perceba a raiva como um padrão de energia no corpo. Observe o que está acontecendo na mente como se fosse um "emocionólogo". Abra-se para tudo o que encontrar e perceba se essa abordagem altera sua experiência emocional.

O *descentramento* nos permite enxergar além de inúmeras suposições pouco construtivas, o que, por sua vez, orienta nossas ações. O **ser** é o alicerce para o **pensar** e o **agir**.

Pense com mindfulness

Às vezes, não estamos infelizes porque as coisas estão realmente dando errado, mas porque acreditamos que vão dar. Durante o período mais intenso da minha doença e depressão, eu costumava acordar com uma sensação de aperto no peito e pensamentos ansiosos sobre o dia que estava por vir. "Hoje não vai ser bom", eu dizia para mim mesmo. Eu não via esses pensamentos como previsões que minha mente estava fazendo; acreditava que estava apenas constatando um fato sobre o dia. Como resultado, eu esperava que ele fosse marcado por fracassos e decepções.

Quando comecei a praticar a mindfulness aplicada aos meus pensamentos, passei a reconhecer quando minha mente estava inventando histórias assustadoras. "Espera aí", eu pensava, "isso é só um pensamento". Naquele instante, o aperto desses pensamentos negativos afrouxava, simplesmente porque eu conseguia enxergá-los pelo que realmente eram. Então eu podia considerar outras possibilidades, como: "Talvez as coisas fiquem bem hoje, como ficam na maioria dos dias, mesmo que surjam dificuldades." Criar novos hábitos de pensamento me levou a sentir menos ansiedade e menos estresse.

Essa forma de aplicar a abordagem "pensar" foi uma ferramenta poderosa na minha recuperação; foi como trocar uma pá por uma sopradora de neve para remover montanhas de neve pesada. Ela me deu a alavanca necessária para me libertar do peso dos pensamentos destrutivos. Essa técnica já proporcionou alívio a inúmeras pessoas com condições como ansiedade e depressão. No entanto, como qualquer ferramenta, ela tem limitações.

Primeiro, pode ser que não acreditemos na alternativa. Talvez reconheçamos que nosso pensamento é apenas um pensamento, mas não consigamos nos convencer do contrário. No fundo, ele simplesmente parece verdadeiro. Segundo, mesmo que consigamos nos convencer de que há um ótimo dia pela frente, ele ainda pode acabar sendo cheio de dificuldades. Em ambos os casos, nosso bem-estar fica condicionado a as coisas acontecerem como queremos, e acabamos à mercê de fatores que não controlamos.

Com a mindfulness no centro da TCC, possibilidades mais profundas surgem — incluindo uma alegria que não depende das circunstâncias. Se a terapia cognitiva tradicional é uma sopradora de neve, a adição da mindfulness é como o sol quente da primavera que derrete a neve. No **Pense. Aja. Seja** podemos investigar crenças que chegam ao cerne de quem somos.

APROFUNDE-SE

Por baixo dos pensamentos sobre meu dia que estava para começar havia uma crença mais fundamental: minha felicidade depende de como as coisas vão acontecer hoje. Se tudo correr bem, terei um bom dia. Se der errado, terei um dia ruim. Mas, à medida que pratiquei a presença com atenção plena, surgiu outra possibilidade: talvez meu bem-estar não dependa das circunstâncias externas.

Para a maioria de nós, essa é uma forma estranha de pensar, e podemos presumir que seja excessivamente idealista. "Claro que minha felicidade depende de como as coisas vão", dizemos a nós mesmos. "Por que eu estaria feliz se coisas ruins acontecessem?"

Pressupor que algo fora de nós seja responsável pelo nosso bem-estar mais profundo é um erro de pensamento que chamo de "terceirização da felicidade". Essa forma de pensar é uma crença central quase universal que se infiltra em todas as áreas e momentos da nossa vida, nos levando a ver tudo como "a meu favor" ou "contra mim".

Se vivermos baseados nessa crença, colocaremos um teto baixo sobre o nosso bem-estar. No máximo, teremos momentos isolados de paz — se é que podemos chamá-los assim —, uma paz frágil, que pode ruir a qualquer momento. Também sofreremos por antecipação, imaginando que as coisas não sairão a nosso favor ao olhar para o futuro. Poucas crenças têm um efeito tão poderoso e abrangente sobre a nossa felicidade.

Quando eu estava afundando em dívidas de cartão de crédito por causa da minha doença e da redução das minhas horas de trabalho, temi que fôssemos perder a nossa casa. Eu me tranquilizava pensando que isso era improvável — poderíamos sempre recorrer à poupança da aposentadoria ou, quem sabe, a algum familiar que poderia nos ajudar. Essas garantias ajudavam às vezes, mas nunca por muito tempo. Eu sabia que não havia garantias, e que alguns contratempos poderiam significar falência e execução da hipoteca. A verdadeira paz permanecia fora de alcance.

Uma paz maior veio quando mudei o foco para a crença subjacente. Passei a dizer a mim mesmo: "Talvez manter a vida exatamente como ela é não seja a base da minha paz e segurança." Percebi que pessoas com muito menos do que eu conseguiram encontrar alegria. Embora a ruína financeira fosse representar uma mudança drástica, de forma alguma significaria o fim da minha vida. Muitas pessoas perderam suas casas — incluindo meus próprios pais, muito tempo depois de eu ter saído de casa —, mas suas vidas continuaram. Foi um processo triste e doloroso, mas sempre havia um próximo passo a dar.

Com a presença com atenção plena, podemos enxergar além das crenças centrais nas quais fundamentamos a nossa felicidade. Descobrimos que a alegria é uma opção, mesmo quando a vida é difícil, à medida que nos conectamos com uma parte de nós que permanece intocada por todas as nossas medidas de perda e ganho. Nosso espírito não é definido pelo que acontece com o corpo ou pelos papéis que desempenhamos, nem é diminuído por um revés no trabalho ou dependente do elogio dos outros. Podemos abrir mão de todas as condições que impomos à nossa satisfação.

Não precisamos nos convencer de que deveríamos estar felizes para experimentar esse tipo de equanimidade. Ela surge naturalmente quando simplesmente habitamos o momento presente.

Aja com mindfulness

Uma reação comum à ideia de aceitação com atenção plena é acreditar que ela implica passividade, complacência ou resignação: aceitar que estou doente significaria abrir mão da esperança de me recuperar; aceitar que meu chefe é difícil sugeriria que eu vou permanecer em um trabalho desagradável; aceitar que os seres humanos estão destruindo o planeta implicaria ficar parado assistindo isso acontecer. Da mesma forma, técnicas cognitivas poderiam ser vistas como uma forma relativamente passiva de fazer as pazes sem mudar a situação.

No entanto, a aceitação e o pensamento claro são a base para uma ação eficaz. Quando a vida não está indo como queremos, existe uma terceira opção: agir para mudar a situação. Ao receber a realidade como ela é, podemos então perguntar: "Qual é a resposta adequada?". Aceitar que estamos doentes pode levar a buscar o tratamento certo. Aceitar que nosso chefe é difícil pode levar a procurar outro trabalho. Aceitar as mudanças climáticas pode nos motivar a agir politicamente. Qualquer mudança construtiva que possamos fazer começa por aceitar a situação tal como ela é.

Uma parte essencial para encontrar paz incondicional é direcionar nossa atenção e energia para o que estamos fazendo agora. Nossos pensamentos tendem a correr à frente, para a próxima tarefa, projetando nossa atenção no futuro e desconectando nossa mente do corpo. Não é de se estranhar que nos sintamos dispersos e agitados, já que nos fragmentamos no tempo e no espaço. A desconexão não é um estado de tranquilidade.

É especialmente fácil se sentir sobrecarregado quando estamos constantemente correndo de uma atividade para outra. O fazer incessante tende a se perpetuar, criando um turbilhão de urgência estressante que nos puxa de um compromisso para o seguinte. Muitas vezes, não percebemos a carga que isso impõe ao nosso corpo, pois nossa mente está em outro lugar, focada no que ainda está por vir. Às vezes, precisamos desacelerar para nos alcançarmos — para reunir mente e corpo no presente. Ao voltarmos para nós mesmos, percebemos que podemos agir de forma mais intencional, cuidando das tarefas enquanto mantemos a conexão com o nosso centro. O simples ato de retornar a nós mesmos é, por si só, redutor de estresse.

Perceba hoje quando você estiver apressado(a) e sentindo a pressão do tempo. Quanto da sua atenção está realmente no momento presente e quanto está projetado no que vem pela frente? O quanto você se sente conectado(a) ao seu corpo? Reconhecer que nossa mente está correndo à frente do nosso corpo é o primeiro passo para voltar ao presente. Nos capítulos seguintes, continuaremos a trabalhar no sentido de fazer as pazes com o tempo.

Uma parte crucial da ação Mindfully é abrir mão da ilusão de controle que nunca foi realmente nossa.

LIBERE O CONTROLE

Em uma das minhas primeiras sessões com Jennifer, ela me disse: "Eu só quero poder controlar tudo... o tempo todo." Ela sabia que esse desejo não era realista, mas ainda assim se agarrava a ele. Jennifer queria desesperadamente ter a certeza de que ficaria bem, e a perda de controle implicava perda de segurança. Infelizmente, seus esforços infrutíferos de controle absoluto a colocavam em guerra contra a realidade e eram um dos principais fatores de sua ansiedade constante.

Eu estava furioso naquela noite no quarto de Ada por não conseguir fazê-la dormir. Mas a aceitação Mindfully me ajudou a reconhecer os limites do meu controle. Quando recebi o que a vida estava me oferecendo naquele momento, entreguei minha frustração e meus esforços inúteis. Abrir mão de uma falsa sensação de controle me ajudou a recuperar o único controle verdadeiro que eu tinha — o controle sobre onde eu colocava minha atenção.

A verdade é que você provavelmente está melhor não estando totalmente no controle da sua vida. Pense nos desfechos infelizes que poderiam ter ocorrido se você tivesse puxado todas as alavancas. Você nunca sabe se conseguir o que quer pode não acabar sendo tão bom assim — como quando ganhar na loteria arruína a vida de algumas pessoas — ou se uma "má notícia" pode acabar funcionando a seu favor.

Passei inúmeras noites e fins de semana me dedicando a pedidos de financiamento quando ainda era professor iniciante. Nenhuma das minhas propostas de pesquisa foi aprovada. Eu ficava desapontado a cada carta de rejeição, mas, para ser sincero, também sentia certo alívio. Conseguir uma bolsa significaria mais três a cinco anos de compromisso com um trabalho que eu achava pouco inspirador, em um ambiente profissional que estava longe de ser o ideal. Quando as coisas não saíram "do meu jeito" com os financiamentos, na verdade ficou mais fácil seguir para um trabalho que me trouxe muito mais satisfação.

Jennifer encontrou alívio para sua ansiedade ao estar disposta a abrir mão de sua necessidade constante de controle. Repetidas vezes, ela praticou a essência da instrução do filósofo estoico Epicteto: "Pergunte: 'Isto está ou não está sob o meu controle?'" Na maior parte das vezes, para Jennifer, a resposta era não. "E se não for uma das coisas que você controla", continuava Epicteto, "esteja pronta para reagir: 'Então isso não é da minha conta'."[2] Ao aliviar sua preocupação sobre resultados que não podia controlar, Jennifer começou a se abrir para a vida em toda a sua incerteza.

Abrace a Incerteza

Quando minha esposa estava em trabalho de parto no hospital com nosso primeiro filho, eu mal podia esperar para ter Lucas seguro em nossos braços. Havíamos perdido duas gestações no fim do primeiro trimestre, e eu sabia que esse passo final para trazer nosso bebê ao mundo estava repleto de riscos. "Finalmente vou poder relaxar, sabendo que ele está seguro", pensei. Mas então percebi que sempre haveria o próximo desconhecido para me preocupar: síndrome da morte súbita infantil, escadas, carros, dirigir. Em nenhum momento eu poderia dizer, aliviado: "Ufa, deu tudo certo."

Um dos maiores obstáculos para a nossa felicidade é a forma como nos relacionamos com a incerteza — e todo resultado que valorizamos é, por natureza, incerto: a saúde de quem amamos, a nossa própria saúde, a economia, quanto tempo viveremos. Mesmo que possamos aceitar essa incerteza racionalmente, uma parte de nós detesta a sensação de viver como se estivéssemos sobre uma corda bamba, com o risco real de cair. Queremos ter certeza de que nossos filhos estarão seguros. Queremos garantir que conseguiremos pagar a hipoteca. Gostaríamos de alguma garantia de que teremos uma vida boa e longa e uma morte sem dor.

Mais do que qualquer coisa, queremos saber que vamos ficar bem. Podemos passar a maior parte da vida perseguindo uma miragem, acreditando que é possível chegar a um estado em que a incerteza inerente à vida desapareça. Mas, quanto mais perseguimos essa ilusão, mais inquietos nos sentimos.

Anos atrás, trabalhei com um advogado corporativo de sucesso chamado Bill. Ele era infeliz no trabalho, mas sentia que precisava continuar se esforçando para garantir uma aposentadoria segura. Planejava se aposentar quando tivesse economizado 2 milhões de dólares, mas depois começou a se preocupar que esse valor não duraria o resto da vida. Então, redobrou o esforço. Já estava prestes a atingir 4 milhões em sua conta de aposentadoria quando veio me procurar.

Naquele momento, Bill estava desesperado por algum alívio. Estava constantemente em estado de alerta, e o estresse em seu corpo e mente era palpável enquanto conversávamos. Sua saúde havia sofrido enormemente por causa da tensão constante, e seu casamento estava prestes a terminar em divórcio. Ainda assim, ele não sentia que podia se afastar do trabalho. Em uma de nossas sessões, Bill quase implorava ao me perguntar: "Quanto é suficiente, Seth? Quatro milhões? Cinco? Seis?" Colocou a cabeça entre as mãos. "Talvez eu já tenha o suficiente agora. Eu simplesmente não sei." Foi uma ironia dolorosa de presenciar — na tentativa de encontrar paz de espírito, ele havia sacrificado exatamente aquilo que buscava proteger.

Para Bill, a prática de mindfulness ofereceu uma saída. Ele começou a estender a aceitação não apenas ao que acontecia no presente, mas também ao futuro desconhecido. Talvez suas economias durassem até o fim da vida, ou talvez o dinheiro acabasse. Ele descobriu que podia acolher toda a sua experiência, mesmo sem saber exatamente como ela seria. Foi um enorme exercício de confiança — não a confiança de que tudo aconteceria exatamente como queria, pois já tinha vivido o suficiente para saber que esse não era o acordo. Ele aprendeu a confiar que ficaria bem, mesmo quando tudo estivesse longe de estar bem. Riu ao descrever uma noite sem lua, deitado em um píer, olhando para as incontáveis estrelas e percebendo que já tinha tudo de que precisava. Bill encontrou liberdade ao deixar ir.

Perceba, da próxima vez que for atormentado por perguntas do tipo "E se...?" sobre um resultado incerto, como "E se minha irmã estiver chateada comigo?". Tentar encontrar uma resposta para essas preocupações costuma levar a mais preocupação e ansiedade. Inspire e expire suavemente pelo nariz e, em seguida, experimente responder algo como: "Ela pode estar chateada comigo, e vou precisar lidar com isso se for o caso." Pare de lutar e trate os pensamentos preocupantes como uma oportunidade de encarar o desconhecido.

Podemos interromper a busca desesperada por certezas e encontrar repouso mesmo sabendo que nada do que nos importa está garantido. Podemos nos abrir à possibilidade de que nosso ato de equilíbrio termine em uma queda gloriosa. Não precisamos mais brigar com nossas preocupações. Não precisamos morder a isca quando a mente pergunta: "E se algo terrível acontecer?" A única resposta razoável é: "Pode acontecer. E, se acontecer, vou lidar com isso." Ao nos abrirmos com atenção plena para essa possibilidade, abandonamos uma luta inútil.

Conheça a Si Mesmo

Um dos maiores benefícios de nos estabelecermos no presente é descobrir quem realmente somos. A paz vem com essa consciência, independentemente do que aconteça, pois permanecemos firmes em nossa identidade inabalável. Quando nos conectamos conosco no momento presente, lembramos do que sempre foi verdadeiro a nosso respeito, além dos papéis ou características superficiais. A vida se torna muito menos assustadora quando sabemos quem somos.

Você descobre, antes de tudo, onde existe — sempre no presente. É ali que você pode se encontrar. Seu corpo está aqui. Sua mente está aqui. Seu espírito está aqui. Você pode deixar de lado fantasias sobre o que pode vir a acontecer, porque aquela pessoa imaginada no futuro não é você. É você quem está imaginando. E o "você" que vale a pena cuidar está sempre aqui.

A paz no presente também vem de saber que não somos ilhas isoladas, mas estamos intimamente conectados a toda a criação. Quando estamos totalmente no momento com outras pessoas, não estamos apenas compartilhando um espaço ou explorando ideias juntos. Uma parte mais profunda de nós está encontrando a outra. Sentimos, nesses momentos, que a conexão espiritual faz parte da nossa essência.

Também descobrimos quão fortes somos quando permanecemos no presente. Paradoxalmente, talvez não percebamos a força que temos até nos sentirmos mais fracos, como eu mesmo descobri. Seu corpo pode estar exausto. Você pode se sentir mental e emocionalmente esgotado. E, ainda assim, há um reservatório mais profundo de força inesgotável. Encontrar nosso centro nos permite beber dessa fonte e enfrentar o que vier. Sabemos que podemos tolerar a dor. Sabemos que podemos encarar nossos medos. Podemos sentir o poder de uma única respiração, conectando-nos a toda a vida em uma corrente ininterrupta de fôlego e existência.

Por meio da conexão centrada no presente, podemos perceber a verdade mais fundamental sobre a nossa natureza: somos feitos de amor. Não se trata de um amor "corações e flores", baseado em emoção e interesse próprio. É um amor intenso e constante, que deseja o melhor para todos os seres, incluindo nós mesmos. Isso não significa que sempre agimos ou sentimos de forma amorosa. Há momentos em que odiamos outras pessoas, a nós mesmos ou a vida em geral. Mas podemos reconhecer esses momentos como fruto de uma desconexão com nossa verdadeira identidade. Acima de tudo, você pode saber que é amado, completamente, exatamente como é. Sim, você. Independentemente das circunstâncias, a paz duradoura é encontrada nessa consciência.

Abandonar o presente nos custa mais do que imaginamos — nossa paz de espírito, a conexão com nós mesmos e com os outros. Com prática consistente, podemos treinar nossa mente para voltar ao presente, onde descobriremos como a atenção plena pode moldar nossos pensamentos e nossas ações. Felizmente, existem técnicas simples e bem testadas para estarmos mais plenamente presentes em nossa vida, como veremos no próximo capítulo.

5

PRATIQUE A CONSCIÊNCIA PLENA

Mindfulness é parte essencial de **Pense. Aja. Seja**, como vimos no capítulo anterior, oferecendo uma base sólida para as práticas cognitivas e comportamentais. Às vezes, a mindfulness nos surpreende, mas não precisamos esperar que ela apareça sem ser convidada. Neste capítulo, vamos explorar maneiras simples e específicas de cultivar uma atenção plena mais profunda.

"Acho que simplesmente não sou bom em mindfulness", disse Jon durante nossa primeira sessão. Ele havia começado a ter crises repentinas de quase pânico no início dos 40 anos, e um amigo lhe sugerira experimentar um aplicativo de meditação famoso, que Jon baixou e usou de forma intermitente por algumas semanas. "Por algum motivo, eu nunca fui muito consistente", me contou. "As meditações me ajudavam a relaxar, e eu queria praticar todos os dias, mas, na maioria das vezes, eu simplesmente não conseguia encontrar tempo. Além disso, às vezes minha ansiedade dispara durante reuniões no trabalho. Não é como se eu pudesse pausar e tirar dez minutos para focar a respiração."

Para Jon, a meditação parecia uma prática agradável, mas que não tinha muita relação com a vida real dele — o que, sem dúvida, contribuía para sua relutância em meditar com regularidade.

Achei fácil me identificar com a história de Jon. Eu já conhecia a meditação mindfulness havia muito tempo e até a aplicava no meu trabalho clínico antes de desenvolver uma prática consistente. Eu sempre pretendia praticar, mas, de alguma forma, nunca conseguia encaixar na rotina. Até que finalmente comecei a meditar por dez ou quinze minutos logo cedo, assim que chegava ao consultório. Tive algumas experiências significativas durante as sessões, e esperava que, de alguma forma, aqueles minutos dedicados à respiração se refletissem no resto do meu dia. Mas praticamente nada dessa prática parecia me acompanhar quando o sino final tocava, e minha mente retomava exatamente de onde havia parado. Eu sentia como se não tivesse meditado.

Como, então, podemos praticar mindfulness de uma forma que realmente faça diferença na nossa vida diária? O primeiro passo é reconhecer o que nos atrapalha no caminho.

Reconheça o Eu Separado

Mesmo quando gostamos da ideia de mindfulness e conhecemos seus benefícios, a maioria de nós encontra dificuldade para praticá-lo com regularidade. Podemos planejar dedicar dez minutos por dia à meditação, mas acabamos meditando muito raramente, ou até nunca. Ou então pretendemos encontrar momentos ao longo do dia para nos conectar com nossa experiência, mas esquecemos de realmente estar no presente. Podemos ficar genuinamente intrigados com nosso próprio comportamento, especialmente quando percebemos que as práticas nos fazem bem quando as colocamos em uso.

A chave para compreender nosso comportamento é reconhecer o "eu separado", frequentemente chamado de "ego" nas religiões e filosofias orientais (usarei os termos de forma intercambiável). Seu eu separado vê você como uma entidade individual, distinta de outras pessoas e do mundo. Essa distinção, de certa forma, traz uma sensação boa, pois o ego cria um drama no qual você é o personagem principal e constrói uma existência que pode chamar de sua.

No entanto, nosso eu separado também percebe que é frágil e vulnerável. Não importa o quanto tenhamos ou conquistemos, ele sabe que ser separado é ser pequeno — como uma gota d'água distante do oceano. O eu separado, portanto, teme a aniquilação e exige segurança; está constantemente em alerta, olhando para a frente em busca de perigo e julgando se a realidade é "boa" ou "ruim" para garantir que ficará tudo bem.

Mais do que qualquer outra coisa, o ego se preocupa com a autopreservação. É por isso que tantas vezes temos dificuldade em nos abrir para o presente. Estar presente com atenção plena significa abrir mão da exigência do ego de que o mundo obedeça aos seus desejos. Dizemos sim quando o ego diz não. Permanecemos no presente quando o ego quer correr para o futuro. Liberamos as falsas divisões que o eu separado cria entre nós e os outros. Interrompemos o foco do ego em "a favor de mim ou contra mim". Esses movimentos nos fazem renascer no presente — enquanto o eu separado teme por sua própria vida.

Como resultado, ele luta pela nossa atenção. Uma de suas táticas mais poderosas é nos fazer identificar com ele para que nos alinhemos aos seus objetivos. Na maior parte do tempo, nos identificamos com essa versão de nós mesmos, deixando que ela molde nossas ações habituais e nossa mentalidade. O ego diz que "você" não quer meditar ou dizer sim às circunstâncias. Na realidade, a resistência não vem de você, mas de uma parte de si que muitas vezes controla sua mente. Saber de onde vem essa resistência torna mais fácil deixá-la ir.

Ainda assim, a maioria de nós descobre que apenas conhecimento e vontade não são suficientes para superar a resistência obstinada do ego à presença da atenção plena; precisamos de técnicas eficazes para desenvolver uma prática consistente. Essa necessidade tornou-se ainda mais urgente para mim quando comecei minha própria terapia cognitivo-comportamental (TCC) no ponto mais baixo da minha depressão. Eu havia sentido o poder transformador da conexão entre a atenção plena e as partes mais profundas do meu ser quando cheguei ao fim do meu eu separado. Sabia, de modo implícito, que cultivar essa conexão profunda seria central para minha recuperação.

As práticas cognitivas e comportamentais oferecem a alavanca de que precisamos para transformar nosso desejo de atenção plena em mudança significativa. Pensar e agir se reforçam mutuamente e, juntos, sustentam o ser. O ser, por sua vez, guia nossos pensamentos e ações em um ciclo autoalimentado (ver Figura 3). **Pense. Aja. Seja** oferece um caminho para integrar práticas de mindfulness ao nosso cotidiano.

Vamos ver como podemos praticar a presença com atenção plena de forma intencional. Começaremos aprendendo a treinar nossa mente.

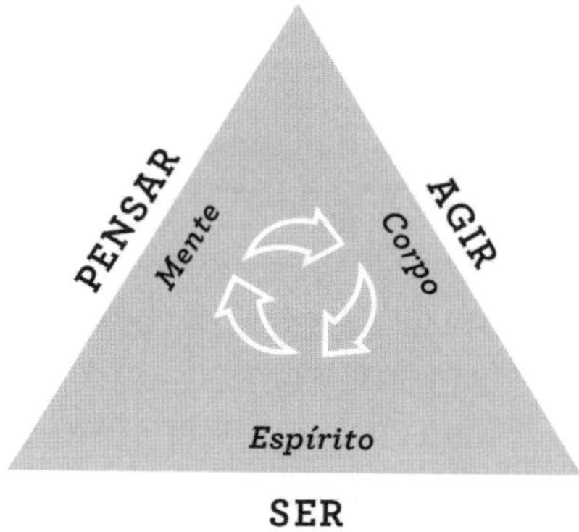

Figura 3

Pense: Questione Crenças Sobre a Prática de Mindfulness

A meditação sentada oferece uma dose concentrada de foco intencional em algo do momento presente — na maioria das vezes, a respiração.[1] Você apenas percebe as sensações de respirar, como o suave subir e descer do abdômen a cada inspiração e expiração. Quando percebe que sua atenção se desviou e você se perdeu em pensamentos, retorna gentilmente sua consciência à respiração.

Ao longo da minha prática de mindfulness, já me afastei da meditação formal em diversos momentos, com a intenção de focar o mindfulness durante as atividades do meu dia a dia. Mas, assim como a maioria das pessoas com quem já trabalhei, percebi que não há nada como a meditação para me afastar dos meus modos habituais de pensar e agir, e para me conectar com a experiência do momento presente. Tentar estar presente sem praticar meditação é como tentar aprender sua parte em uma orquestra enquanto o restante dos músicos toca peças diferentes.

A meditação oferece o espaço de que precisamos para enxergar o funcionamento do ego e da mente, com as únicas interrupções vindas de nossos próprios pensamentos. A prática regular nos ajuda a desenvolver o hábito de perceber o que a mente está fazendo — quando está no presente, quando está no futuro ou no passado, e quão aberta ela está para o que está acontecendo agora. Essa consciência é a base da abordagem **Pense. Aja. Seja** ajudando-nos a lidar com nossos pensamentos de forma mais eficaz e a perceber os efeitos de nossas ações.

Convido você a experimentar sentar-se em meditação silenciosa, especialmente se já tentou antes e não gostou. Talvez descubra que uma forma diferente de se aproximar da prática a torne mais prazerosa e mais relevante para a sua vida. Como veremos, muitos dos obstáculos para praticar a meditação vêm de crenças e expectativas pouco úteis.

DEIXE SER FÁCIL

Percebi que uma das partes mais difíceis da prática de mindfulness era abrir mão do esforço. Durante anos, tratei a meditação como mais um item na minha lista diária de afazeres — mindfulness... Essa mentalidade de tarefa transformava a meditação em uma obrigação que eu poderia "fazer errado". Sem uma atenção deliberada, acabamos incorporando a meditação e outras práticas de mindfulness ao nosso modo habitual, movido pelo ego, de "cumprir tarefas". Mas a presença consciente tem a ver com fazer menos, não mais. É a coisa mais simples que você jamais experimentará.

Quando sua prática de mindfulness parecer um trabalho ou quando surgirem pensamentos como "Não estou fazendo isso direito", veja se é possível fazer menos. Simplesmente receba a consciência, assim como os ouvidos recebem o som sem nenhum esforço de sua parte. Em vez de se esforçar para estar consciente, entregue-se a isso.

ENCONTRE CONEXÃO

Eu costumava achar que a meditação sentada era uma experiência solitária, já que envolvia apenas o meu esforço e o meu foco. Eu me sentia como um farol na noite, direcionando friamente o facho de luz da minha atenção para objetos inertes que não respondiam: "Agora estou percebendo isto. Agora, aquilo." Mas, embora muitas vezes meditemos sozinhos, a meditação está longe de ser apenas sobre o nosso esforço individual. Mindfulness é um relacionamento.

Encontramos leveza na prática de mindfulness não ao mirar nossa atenção, mas ao nos relacionarmos com a nossa experiência. Tudo dentro e ao nosso redor — e todas as pessoas que encontramos — está nos chamando para a conexão. Minha experiência no sofá foi uma conexão com meu espírito. Minha experiência ao lado do berço foi uma conexão com meu bebê. Pedalar subindo morros foi uma conexão com meu corpo e com minha bicicleta. Até mesmo o assento em que você está sentado e o livro que está lendo pedem pela sua consciência e conexão — para senti-los, conhecê-los, vivenciá-los.

À medida que praticamos a consciência plena, percebemos que somos, de fato, seres de conexão íntima. Descobrimos essa conexão não acrescentando mais esforço e atividade às nossas vidas, mas abandonando a ilusão de separação que nasce do ego. Quando esse véu se desfaz, o relacionamento inevitavelmente emerge. Em sua essência mais pura, mindfulness é um relacionamento com a experiência não filtrada de simplesmente ser.

CUIDADO COM O "DEVERIA"

Muitos de nós partimos do pressuposto de que praticar mindfulness significa que temos que meditar. Mas dizer a nós mesmos que "temos que" ou "deveríamos" estar conscientes é um ponto de partida pouco útil para estar presente, pois cria uma mentalidade julgadora.

> **Ao explorar sua própria prática de mindfulness, fique atento a pensamentos como "Eu deveria meditar", que transformam a prática em uma obrigação carregada de culpa. Experimente maneiras alternativas de pensar, como "Estou aprendendo a praticar estar presente" ou "Pretendo meditar com mais frequência".**

FAÇA AS PAZES COM O FATO DE TER PENSAMENTOS

Um dos maiores obstáculos na prática da meditação é a crença de que deveríamos ser capazes de esvaziar a mente. A maioria das pessoas que tratei e que tentou meditar se lamentava por "não conseguir fazer os pensamentos pararem". Mas é isso que a mente faz — ela produz um fluxo constante de pensamentos, imagens, memórias e medos. Se tentarmos interromper esse fluxo, nossa mente apenas ficará mais barulhenta e insistente.

Eliminar pensamentos não é o objetivo; em vez disso, basta observar o que a mente está fazendo. Você continuará ciente dos pensamentos que vêm e vão enquanto foca a respiração, mas eles podem existir na periferia da sua consciência. É como se você estivesse sentado na areia observando as ondas do mar indo e vindo; você percebe pássaros que chegam e partem, mas consegue manter o foco nas ondas. Às vezes, perceberá que sua atenção voou junto com um bando de pensamentos. Quando se der conta de que sua consciência se desviou, conduza-a suavemente de volta às ondas da respiração. Mantenha esse ciclo em mente enquanto medita: você está consciente da sua respiração, perde essa consciência e, então, a encontra novamente (veja a Figura 4).

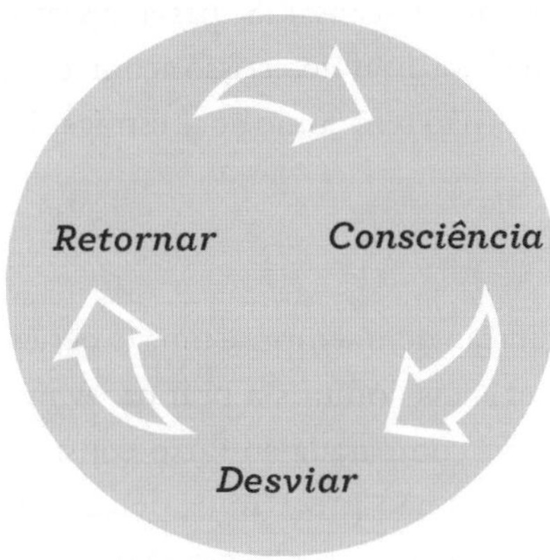

Figura 4

Você também pode notar uma enxurrada de pensamentos no início das sessões de meditação. De repente, lembrará de um e-mail que precisa escrever, de várias tarefas que não pode esquecer e de outros pensamentos que disputam sua atenção. Continue trazendo o foco de volta para as ondas enquanto essa nuvem de pássaros passa pela cena diante de você.

ABANDONE A AUTOCRÍTICA

Ironicamente, muitas vezes fazemos julgamentos duros sobre a forma como estamos meditando. Certa vez, perguntei à minha paciente Victoria como estava sua prática de meditação. "Ah, eu sou péssima nisso!", respondeu ela. Conhecer o processo da meditação — consciência, dispersão, retorno — ajudou-a a abandonar a falsa crença de que era ruim em meditar. Ao se afastar da autocrítica em sua prática, ela passou a cultivar mais compaixão por si mesma no restante de sua vida.

Mais do que tudo, lembre-se de que você está indo muito bem, não importa o que aconteça durante a meditação. Você não está fazendo nada errado. Você não é um mau meditador.

Adote uma postura consciente em relação à própria prática de mindfulness, aceitando o resultado que ela tiver. Se a meditação for relaxante, aproveite. Se for difícil e estressante, é assim que foi dessa vez. Se você adormecer, é sinal de que obviamente precisava descansar. Se passar a sessão inteira mentalmente acrescentando itens à sua lista de afazeres, isso acontece. E, se julgar a si mesmo, tudo bem também! Sério, não tem como você estragar isso.

PERMITA O TÉDIO

A simplicidade da meditação nem sempre é uma experiência bem-vinda. Sentir tédio é uma das reações mais comuns à prática. A meditação é entediante, em certo sentido, quando comparada ao fluxo constante de estímulos a que estamos acostumados. Mas não precisamos deixar que o tédio nos impeça de meditar. Podemos perceber nossos pensamentos sobre o quanto estamos entediados, da mesma forma que percebemos qualquer outro pensamento, sem nos perder neles. Experimente explorar a experiência do tédio — relacionar-se com o seu tédio — e veja o que acontece. Sentir tédio é entediante, mas vivenciar de fato o tédio pode ser algo bastante interessante.

Experimente lidar com o tédio sentando-se e não fazendo nada — sem livros, sem telas, sem trabalho. Observe como sua mente e seu corpo reagem. Isso parece uma pausa bem-vinda? Que emoções surgem? Há um impulso forte para fazer algo produtivo? O que invade sua consciência quando não há nenhuma atividade para preenchê-la?

VALORIZE O SER

A maioria de nós tem agendas cheias e sente que não há horas suficientes no dia. Nesse contexto, é fácil acreditar que meditar é um desperdício de tempo precioso. Esse julgamento faz sentido se equipararmos a meditação a "não fazer nada" e presumirmos que não teremos nada para mostrar pelos minutos gastos meditando. Mas essa crença revela a obsessão do ego pelo fazer e pelo alcançar, e sua desvalorização do ser.

O antídoto mais eficaz para essa crença é fazer algumas sessões de meditação. Prove e veja por si mesmo. Não há substituto para a experiência direta da prática, na qual descobrimos que a conexão com o momento presente pode ser, por si só, algo profundamente prazeroso.

Abra-se para a possibilidade de que a sua experiência tem valor, independentemente do que você tenha para mostrar. Valorize o ser por si só. Encare a meditação como uma oportunidade de observar tudo o que acontece, e não como uma tarefa com um objetivo específico em mente.

LIBERE O RESULTADO

Meu paciente Jon havia parado de meditar quando percebeu que isso não eliminava sua ansiedade. Muitos de nós esperamos que a prática da meditação acabe com as partes menos desejáveis da nossa vida, como estresse, ansiedade e outras emoções difíceis. Às vezes isso acontece, devido à natureza calmante da prática de mindfulness. Mas sentir-se mais confortável não é o propósito da presença de coração aberto — e é ainda menos provável que aconteça se fizermos disso a meta.

Esperar certos resultados da nossa prática de mindfulness atrapalha a experiência. Expectativas levam à avaliação — *Estou relaxando? Minha mente está se acalmando? Estou tendo uma experiência mística?* —, o que nos afasta do momento presente. Em vez disso, podemos abordar cada momento de meditação como se fosse a primeira vez que o vivenciamos, sem ideias preconcebidas ou metas.

Consciência plena é sobre relacionamento. No meu trabalho com Jon, ele praticou uma nova forma de se relacionar com a ansiedade. Quando as crises vinham, ele se abria para a experiência com curiosidade, e não com resistência. Em vez de dizer a si mesmo: "Não suporto isso!" ou "Preciso fazer isso parar", ele dizia: "Quero ver como é. O que está acontecendo no meu corpo? Como essa ansiedade muda com o tempo?" Jon descobriu não apenas que sofria muito menos, mas também que as crises vinham com menos frequência.

O mindfulness muda a nossa relação com a experiência, não necessariamente a experiência em si. Quando me abri para minha experiência no quarto do bebê naquela noite, a consciência plena não fez Ada adormecer. Quando eu estava pedalando, não achatou as subidas. Durante minha doença, não curou minha insônia crônica. Mas, ainda assim, encontrei paz — a paz que surge quando nos abrimos para nossas experiências difíceis.

Ter clareza sobre como praticar mindfulness nos prepara para agir.

Aja: Pratique Mindfulness

Quando você está começando uma prática de meditação, estes princípios comportamentais oferecem um bom ponto de apoio.

COMECE PEQUENO

Aplique o princípio da ação de tornar fácil fazer o que você deseja fazer. Comece de forma gradual se você é novo na prática de mindfulness. Cinco minutos de meditação podem ser um ótimo começo — tempo suficiente para ter uma noção de como é e acessar seus benefícios, mas não tão longo a ponto de parecer uma sentença de prisão.[2] Se você amar a experiência, sempre poderá fazer mais.

Passe alguns minutos em meditação sentada. Programe um alarme suave para avisar quando o tempo acabar ou acompanhe uma breve meditação guiada. Você pode até fazer isso agora, se quiser, antes de ler o restante deste capítulo.

TORNE AGRADÁVEL

Escolha práticas de meditação que você goste de fazer. Assim como no exercício físico, a melhor prática é aquela que conseguiremos manter com regularidade — e isso significa aquela que consideramos gratificante. Minha prática básica é sentar em silêncio sobre um bloco de yoga e acompanhar minha respiração. Quando estava fisicamente exausto, seguia uma meditação guiada deitado de costas. Quando queria desenvolver maior consciência do meu corpo, fazia varreduras corporais guiadas.

À medida que você explora os exercícios de mindfulness ao longo deste livro, aproxime-se daqueles que mais ressoam com você e faça ajustes para atender às suas necessidades em constante mudança. Não existe maneira errada ou melhor de entrar em contato com nós mesmos e com o mundo.

COLOQUE NA SUA AGENDA

Outras atividades sempre acabavam tomando o lugar da minha prática de meditação quando eu permitia. Como acontece com qualquer coisa à qual quero me comprometer, hoje reservo um horário específico para isso (logo ao acordar). Se precisar de um lembrete, basta programar um alarme.

PRATIQUE AGORA

Passei por muitos dias com a plena intenção de meditar, mas, de alguma forma isso nunca acontecia. Eu realmente planejava meditar, mas o "agora" nunca parecia o momento certo. Quando sempre existe mais uma coisa levando você a adiar a presença consciente, desconfie da atuação sutil do ego dizendo: "Claro — só não agora." Quando percebemos que o "depois" muitas vezes se transforma em "nunca", conseguimos enxergar através dessa falsa crença e escolher praticar agora.

MEDITE

A responsabilidade compartilhada pode ser uma ferramenta útil para tornar a meditação um hábito regular. Um "encontro de meditação", ou *medidate*, é uma técnica simples que pode ajudar na consistência. Combine com alguém próximo e planejem meditar juntos. Você pode descobrir que essa é uma forma surpreendentemente poderosa de fortalecer o vínculo entre vocês.

EXPANDA A CONSCIÊNCIA PLENA

Em essência, a meditação nos prepara para viver de forma mais plena o nosso dia a dia — essa é a maior promessa da prática de mindfulness. E, ainda assim, como muitas outras pessoas, eu achava difícil conectar minhas sessões matinais de meditação com o restante do meu dia. É fácil entender por que tantos desistem de meditar quando não percebem um benefício claro em sua vida diária.

A meditação não é o ponto final da consciência plena. O mindfulness diz respeito a todo o tempo, não apenas aos poucos minutos que passamos em silêncio, conectando-nos com o corpo e a respiração. Mesmo uma hora inteira de meditação por dia deixaria outras quinze ou dezesseis horas no nosso modo automático e não consciente. Precisamos de uma forma de traduzir a prática focada em habilidades que possamos aplicar no restante do dia.

Uma das abordagens mais úteis é estender deliberadamente a meditação para os momentos imediatamente seguintes. Após uma meditação focada na respiração, estabeleça a intenção de manter a consciência plena ao abrir os olhos, levantar-se e seguir para a próxima atividade.

MEDITE EM MOVIMENTO

Também podemos usar meditações em movimento, como yoga e tai chi, como um passo intermediário entre sentar em quietude e permanecer presente em nossas atividades diárias. A repetição dos movimentos nessas disciplinas oferece uma familiaridade que se assemelha à simplicidade de estar respirando. Essas formas mais ativas de prática estruturada de mindfulness podem servir como uma transição eficaz entre a prática formal e o restante da nossa vida.

Aqui, vou me concentrar no yoga porque é a meditação em movimento com a qual tenho mais familiaridade. Para ser sincero, pratiquei yoga por anos sem entender por que era considerada uma prática de mindfulness ou como poderia influenciar outras partes do meu dia. Os poucos minutos de meditação que geralmente abriam uma aula de yoga eram obviamente ligados ao mindfulness, assim como o momento de permanecer em quietude no final da prática. Mas todo aquele movimento no meio me parecia apenas exercício físico, sem relevância para minha mente ou emoções fora do tapete.

Alguns anos atrás, finalmente compreendi, quando estava com o restante da turma na postura chamada *Guerreiro II*: perna esquerda flexionada à frente, perna direita estendida atrás, braços estendidos para a frente e para trás na altura dos ombros. Normalmente, eu me concentrava no desafio físico de executar as posturas. Mas, dessa vez, nosso instrutor, Mark, nos convidou a sentir, nas mãos, a intenção de nos mover antes de passarmos para a próxima postura.

Essa simples sugestão, de repente, me tornou consciente da parte de mindfulness do yoga que eu vinha perdendo — aquela que tem a ver com a forma como eu me relacionava com meu corpo. Sempre senti que estava comandando meus movimentos para realizar o *Guerreiro II* e todas as outras posturas. Eu comandava; meu corpo obedecia. Mas, por baixo dos movimentos, havia uma consciência de relacionamento — uma união entre corpo e mente. Eu estava focado apenas nas mensagens que enviava, sem receber a comunicação que voltava.

O yoga é uma prática consciente quando une mente e corpo em uma troca íntima. Ao chegar ao tapete, podemos começar estabelecendo a intenção de estar presentes durante a prática. Iniciar com alguns minutos de meditação sentada pode nos ajudar a entrar na consciência plena, criando conexão com o corpo e com a respiração.

Podemos manter essa relação entre mente e corpo ao iniciar a parte em movimento da aula. As transições de uma postura para outra são acompanhadas pela respiração, o que ajuda a manter nossa atenção ancorada no momento presente e no corpo. Quando a atenção se dispersa (e isso vai acontecer) para outros assuntos, nós a conduzimos de volta para o que está acontecendo dentro dos quatro cantos do nosso tapete: sensações físicas, o ar na pele, a respiração.

O yoga também oferece inúmeras oportunidades de praticar o abandono da resistência e a abertura para a experiência — algo que podemos levar para o restante do dia. Praticamos aceitação quando permanecemos no desconforto administrável de uma postura desafiadora, o que pode nos ajudar a crescer tanto física quanto mentalmente. Aceitamos que nossa prática provavelmente não se pareça com a do instrutor, abraçando nossas limitações físicas.

Assim como na meditação, observe as histórias que a mente conta e que podem interferir na prática. Pensamentos comuns incluem variações de "isso é difícil demais", que podem nos levar a sair de uma postura. Há momentos em que encerrar ou adaptar uma postura é o ato mais compassivo que podemos ter para conosco. Mas, muitas vezes, a crença central de que o desconforto é intolerável sustenta esses pensamentos autolimitantes. Ao expandirmos os limites do que conseguimos fazer, desenvolvemos não apenas nossa força física, mas também nossa capacidade de tolerar desconforto a serviço de algo que valorizamos.

> **Se você pratica yoga, questione a suposição de que "não aguenta" uma sensação desafiadora em uma postura. Reconheça o desconforto sem permitir que ele determine suas ações. Exercite sua curiosidade, explorando as sensações incômodas que surgem, em vez de tentar ignorá-las ou afastá-las. Assim como acontece com o tédio, o desconforto físico se torna menos desagradável quando o examinamos mais de perto.**

Pessoalmente, considero que o yoga oferece a transição mais fácil para o mindfulness não estruturado. Quando a aula (ou o vídeo de yoga online) termina, podemos simplesmente continuar conectados ao corpo no momento presente — percebendo como é se movimentar, sentindo a respiração no corpo enquanto enrolamos o tapete, dirigimos para casa ou preparamos o café da manhã. Não importa por quanto tempo mantemos essa conexão — seja por uma única respiração ou pelo dia inteiro. Qualquer extensão da consciência plena, para nossa vida, de caminhar-falar-mover-agir será benéfica e nos preparará para pensamentos e ações mais construtivos.

LEVE O MINDFULNESS COM VOCÊ

A maior parte das nossas oportunidades de estar no momento acontece nas atividades do dia a dia, desde o instante em que abrimos os olhos pela manhã até quando adormecemos à noite. O convite para estarmos plenamente presentes em nossas vidas está sempre aberto. Mas é fácil passarmos dias, ou até anos, quase sem lembrar que a presença consciente está disponível.

A consciência plena é como um rio silencioso e constante, sempre presente, mas muitas vezes esquecido. Às vezes, nos deparamos com ele por acaso, como aconteceu comigo certa noite, na cozinha, quando ouvi meus filhos brincando no porão. De repente, fui tomado por uma consciência profunda de quanto amor e beleza havia na minha vida — algo que, momentos antes, estava encoberto por outros pensamentos e preocupações. "Como isso esteve aqui o tempo todo?", perguntei a mim mesmo. "Como eu não percebi?" Era como se eu tivesse passado horas intermináveis procurando por água límpida e fresca para matar a sede de um descontentamento vago, quando o rio que eu buscava estava ali o tempo todo.

Essa é a beleza do mindfulness — ele está sempre aqui, tão próximo quanto qualquer outra coisa, e tudo o que precisamos fazer é entrar nele. Não importa quanto tempo tenhamos ficado afastados, sempre podemos voltar num instante. O desafio é lembrar de aparecer — e é aí que o componente comportamental da TCC pode ser tão útil. Podemos definir lembretes para retornar ao presente ou deixar bilhetes para nós mesmos: *Preste atenção ao escovar os dentes. Três respirações conscientes. Abra-se para o que está acontecendo.*

Procure atividades específicas durante as quais você possa praticar a consciência plena — por exemplo, cortar legumes ou tomar banho. Comprometer-se com uma prática delimitada é mais fácil de lembrar do que um plano genérico de estar consciente "o tempo todo".

Também é útil planejar momentos de reconexão deliberada ao longo do dia para trazê-lo de volta à sua experiência. Eles podem incluir três minutos de reflexão silenciosa ao despertar, pequenas pausas de tempos em tempos para focar a respiração e uma breve meditação antes de dormir.

Um dos meus exercícios favoritos é o Minuto da Respiração: cronometre quantas respirações lentas e conscientes você dá em sessenta segundos. Depois, sempre que precisar ao longo do dia, pare e faça exatamente esse número de respirações. Assim, você saberá que levará apenas um minuto e não precisará usar um cronômetro.

O momento das refeições é outra boa oportunidade para retornar à consciência plena. Uma única respiração com atenção total pode funcionar como um botão de reinício, preparando-nos para encarar a refeição com mais calma e centramento. Costumo dar três respirações antes de cada refeição: uma para me conectar com o que estou sentindo, outra para perceber o ambiente e as pessoas com quem estou, e a última para contemplar o prato de comida à minha frente.

Ao convidar a presença consciente, você não precisa forçar nada nem tentar fazer com que pareça "espiritual". Mantenha tudo muito simples e direto, apenas percebendo o que está acontecendo: veja o que você está vendo, ouça o que você está ouvindo, repare nas cores e texturas ao seu redor. Você também pode voltar-se para dentro, observando quais emoções estão presentes e acompanhando o que a mente está fazendo. Tudo isso pode acontecer em tempo real, enquanto você realiza suas atividades. Pode experimentar com cozinhar, limpar, caminhar, tomar banho — qualquer coisa, inclusive ler este livro.

Ao prestar atenção, abra-se para tudo o que surgir. Receba. Diga "sim" proativamente a tudo. Libere o impulso constante de tentar melhorar sua situação. Em vez disso, acomode-se nela: "É isso que está acontecendo. Essa é a minha realidade." Isso não significa que você não possa corrigir algo que está errado ou dizer "não" a alguém. Apenas mantenha-se aberto a toda a experiência enquanto ela acontece, mesmo às partes desconfortáveis.

Se estiver com dificuldade para manter seus esforços de praticar mindfulness, experimente integrar as três partes de Pense. Aja. Seja para avançar em direção à sua intenção.
Primeiro, seja: feche os olhos e faça uma respiração lenta, inspirando e expirando. Perceba quaisquer sensações no corpo, como os pés tocando o chão ou um formigamento nas mãos. Torne-se consciente das emoções que estiver sentindo.
Segundo, pense: repare se há pensamentos que possam estar atrapalhando, como "Meditação é perda de tempo" ou "Provavelmente não vai ajudar de qualquer forma". Talvez a história que a mente conta tenha algum fundo de verdade, mas veja se ela não está um pouco distorcida. Existe uma forma alternativa de pensar que possa ser mais válida? Por exemplo: "Cada vez que medito, estou dando à minha mente a chance de descansar no presente."
Por fim, aja: há um pequeno passo que você poderia dar em direção ao seu objetivo? Talvez abrir seu aplicativo de meditação ou estender o tapete de yoga. Mesmo que não vá além disso, esse exercício por si só já é uma prática de consciência plena.

Lembre-se das Recompensas

Uma das maneiras mais eficazes de apoiar a prática consistente de mindfulness é lembrar dos muitos benefícios que podemos esperar. A seguir estão descrições do que eu e outras pessoas percebemos ao praticar a presença consciente. Embora criar expectativas para uma única sessão de prática possa ser pouco útil, lembrar que existe um propósito na nossa prática pode ajudar. Como sempre, tenha cuidado para não transformar essas descrições em metas, pois buscar qualquer estado mental nos afasta da experiência do momento presente. Mais do que tudo, confie na sua experiência subjetiva para guiar sua compreensão.

RELAXE

Depois de conduzir um paciente pela meditação pela primeira vez, sempre pergunto como foi a experiência. Como a maioria dos meus pacientes, Victoria disse que foi "relaxante" — o que é parte da razão pela qual a meditação costuma ser um elemento central em programas de redução do estresse. Havia vários motivos para Victoria sentir que se sentar em silêncio e focar o presente era tão tranquilizador.

Primeiro, a meditação fez com que ela respirasse mais lentamente, e o ritmo da respiração está intimamente ligado ao sistema nervoso autônomo. A respiração mais lenta ativou seu sistema parassimpático — o contraponto ao sistema simpático (luta/fuga/congelamento) —, o que acalmou sua mente e seu corpo.

Aqueles poucos minutos de meditação também a ajudaram a perceber tensões desnecessárias que estava carregando, como manter os ombros levemente erguidos e o abdômen contraído. Simplesmente notar a tensão permitiu que ela a liberasse.

Além desses efeitos fisiológicos diretos, a meditação também acalmou a mente de Victoria. Quando sua mente deixava o presente, não havia limite para os problemas que poderia imaginar. Ao olhar para o futuro, via questões ligadas à saúde, ao trabalho, à família, às finanças. Victoria percebia o quanto era estressante tentar resolver todos esses problemas antecipadamente, como se tivesse que manter na mente cada cruzamento e curva de uma longa viagem de carro. Sua mente também tendia a se preocupar com questões "nos quilômetros atrás" dela, quando se prendia a coisas do passado.

Quando Victoria reuniu sua atenção, afastando-a do passado e do futuro, ela se libertou de infinitas oportunidades de preocupação e arrependimento. Descobriu que, na maioria das vezes, no momento presente, as coisas estavam razoavelmente bem. Mesmo quando estava lidando com um problema — como uma discussão no trabalho ou uma má notícia do médico —, percebeu que estava perfeitamente adaptada para lidar com uma coisa de cada vez, como conduzir apenas pelo trecho da estrada logo à sua frente, que era tudo o que precisava fazer. Ao permanecer no presente, Victoria descobriu, com enorme alívio, que ele era sempre administrável — e que o futuro, aparentemente impossível de lidar, se transformava em momentos individuais que ela conseguia enfrentar.

DESPERTE

Passamos a maior parte do tempo presos em uma densa teia de pensamentos semelhantes a sonhos — memórias, arrependimentos, planos, medos, discussões imaginárias e respostas brilhantes que nunca demos. Esses pensamentos parecem tão reais que os confundimos com a realidade. Mas o conteúdo deles é uma fantasia que existe apenas em nossas mentes. Enquanto isso, o alicerce da nossa existência permanece esquecido.

Quando começamos a prestar mais atenção ao presente, muitas vezes surge uma sensação de despertar, como se voltássemos aos nossos sentidos. Podemos perceber que existe um céu acima de nós e que, agora, está de um tom específico de azul. Sabíamos que ele estava lá, mas estava tão distante da nossa consciência que poderia muito bem não existir. Podemos sentir a firmeza do chão; ele sempre esteve sob nossos pés, mas raramente percebemos.

Também podemos acordar para os sons. Enquanto escrevo isto, tomo consciência de todos os sons ao meu redor que haviam se transformado em um zumbido de fundo: crianças brincando na casa ao lado, cigarras cantando, o chamado de um pássaro, um aparador de grama ao longe. Podemos notar, ainda, aspectos sobre nós mesmos que havíamos ignorado, como o fato de estarmos com fome ou de que um dedo do pé dói. Podemos ver coisas que passavam completamente despercebidas, como quando notamos pela primeira vez uma casa pela qual já devemos ter passado milhares de vezes.

Nada disso significa que precisamos estar continuamente conscientes de tudo o que acontece, ou que estamos fazendo algo errado se não notamos cada estímulo. É útil conseguir filtrar ruídos quando estamos trabalhando.

Precisamos de uma espécie de visão focada quando estamos tentando resolver um problema complexo. E há vantagens óbvias em perceber apenas o que é relevante enquanto dirigimos.

Ainda assim, é fácil lamentar o quanto deixamos de notar. Minha introdução à presença consciente veio, em grande parte, por meio de um pequeno livro chamado *Shambhala*, que abriu meus olhos para grande parte da vida que eu vinha ignorando.[3] Eu estava tão focado no trabalho e nos pensamentos passageiros que capturavam minha atenção que deixei de perceber a maior parte da minha vida — incluindo meus três filhos, a quem amo profundamente, mas que havia dado por garantidos nesse estado de semicomatose. Acordar foi incrível; senti-me como Ebenezer Scrooge na manhã de Natal, com uma segunda chance de viver. Foi assustador perceber que eu poderia ter passado toda a vida sem realmente despertar.

Não importa o que comecemos a perceber que estávamos perdendo, sempre podemos olhar mais fundo e enxergar mais. À medida que continuamos a praticar mindfulness, descobrimos portas se abrindo para novos níveis de experiência — até mesmo para aqueles que nem sabíamos que existiam.

DESCUBRA

Comer uma uva-passa pode ser uma experiência surpreendentemente emocional, como aprendi no meu consultório de terapia. Valerie foi a primeira de muitas pessoas a quem conduzi pelo *Exercício da Uva-Passa*, uma prática comum na TCC baseada em mindfulness.[4] Ela havia me procurado para lidar com o enorme estresse de advogar em tempo integral enquanto criava um filho de 3 anos e outro de 1 ano.

Coloquei uma uva-passa sobre um guardanapo e a entreguei a Valerie, pedindo que imaginasse que nunca tinha visto uma dessas pequenas frutas secas antes. Em seguida, conduzi-a por uma série de convites para prestar atenção à uva-passa de forma mais profunda do que o habitual, como observar as variações em sua cor e perceber a sensação da mão ao levá-la à boca.

Para ser honesto, parecia um pouco bobo dar tanta atenção a algo tão simples. Quando chegamos ao fim do exercício, fiz uma breve pausa e perguntei a Valerie como havia sido a experiência para ela. Enquanto começava a responder, ela enxugou lágrimas dos olhos. "Estou um pouco envergonhada de dizer isso", começou, "mas senti como se fosse chorar". Eu também já havia achado o exercício estranhamente comovente, então não me surpreendi.

Há algo de comovente em notar aquilo do qual sempre passamos por cima quando prestamos atenção de forma tão deliberada. Quando estamos plenamente despertos para qualquer experiência, conseguimos ver que o que quer que esteja acontecendo neste momento é incrivelmente interessante. Até mesmo a linha onde a parede encontra o teto pode se tornar hipnotizante.

Pratique perceber partes das suas experiências cotidianas que você normalmente não nota: a refrescância da água nas mãos; o veio da madeira de uma mesa sob as palmas; a sensação de se esticar para alcançar uma prateleira alta; os sulcos de uma uva-passa. Sua relação com a vida comum muda de alguma forma quando você convida uma consciência mais ampla?

Quando começamos a prestar atenção de propósito, os sentidos podem ganhar uma nitidez impressionante. Podemos ver fios de cabelo individuais no dorso da mão, sentir o toque da roupa na pele, notar as variações de cor nos olhos de uma pessoa. E, se formos um pouco mais fundo, percebemos que a consciência é um fluxo contínuo de percepções: Agora esta sensação. Agora esta emoção. Agora este pensamento. Agora este som.

Há algo que parece profundamente verdadeiro nesse nível de atenção. Pode começar a parecer milagroso ter qualquer experiência. Nada do que consideramos garantido foi algum dia assegurado — nem mesmo o simples fato de existir, muito menos a nossa improvável presença nesse existir. Podemos começar a sentir gratidão por tudo, até mesmo pelas partes menos desejáveis da nossa experiência.

EXPANDA

O ateu convicto Sam Harris não hesita em usar a palavra "espiritual" para descrever "os esforços que as pessoas fazem, por meio da meditação, de psicodélicos ou de outros meios, para trazer na plenitude a mente para o presente ou induzir estados não ordinários de consciência".[5] Mesmo que não encaremos a meditação como um exercício espiritual, certas formas de consciência conduzem a experiências místicas.

Essas experiências frequentemente surgem quando nos estabelecemos em uma consciência de foco único. A meditação favorece o *descentramento* que exploramos no Capítulo 4, quando testemunhamos tudo o que percebemos sem nos envolver em nada disso. Simplesmente observamos tudo o que aparece em nossa consciência — pensamentos, sons, sensações físicas —, mantendo um contato leve com o que percebemos. É uma conexão sem apego, como se deixássemos pássaros pousarem brevemente em nossas mãos abertas sem tentar segurá-los.

Em algum momento, a consciência pode começar a se voltar para si mesma, e passamos a notar o próprio ato de notar. É aí que as coisas podem ganhar um ar um pouco psicodélico; percebo que as palavras são insuficientes para descrever até mesmo as breves experiências que tive nesse modo de consciência. É como se nos aproximássemos de uma singularidade de consciência, atravessando uma caverna que vai se estreitando cada vez mais. Justo quando pensamos que o caminho vai se fechar no nada, emergimos em uma imensa câmara repleta de diamantes, na qual somos um dos diamantes. Por um instante, qualquer senso de "eu" desaparece, e passamos a ser tanto o que observamos quanto o observador — como se estivéssemos ali e aqui, e em lugar nenhum, ao mesmo tempo. O "eu" parece desaparecer ou ser absorvido por um ser mais amplo. (Essa foi a minha experiência no meu sonho sobre a morte: esperava que minha consciência fosse aniquilada, mas, em vez disso, encontrei comunhão eterna entre as estrelas.)

William James observou que esses "momentos místicos" de "consciência cósmica" frequentemente deixam uma "impressão profunda... naqueles que os vivenciam".[6] Sentimos que o contato com algo maior do que nós — algo profundamente verdadeiro — nos transformou. Mesmo que já não estejamos no mesmo estado de espírito e coração de quando meditávamos, trazemos algo de volta dessa exploração psíquica.

Experiências profundas de ser transformam nossa forma de pensar e agir. Passamos a perceber com mais clareza as ilusões da mente que antes tomávamos por realidade, como a crença de que somos deficientes ou a compulsão por conquistar mais. Queremos nos alinhar com essa realidade mais profunda e focar o amor e a conexão. "É isso que importa", percebemos, "e é assim que quero viver". Nossa cabeça e nossas mãos passam a apoiar o trabalho do coração, e o ciclo **Pense. Aja. Seja** continua.

Todas as áreas da nossa vida nos chamam para uma conexão mais profunda. Essa qualidade de conexão é reconfortante, como voltar para casa. Encontramos essa conexão na simplicidade do ser, que orienta nosso pensar e nosso agir. Nossos pensamentos e ações, por sua vez, sustentam a conexão. Você pode começar a experimentar mais dessa conexão onde quer que esteja, habitando plenamente o mundo tridimensional.

6

CONECTE-SE COM O SEU MUNDO

Sabemos, pelos antigos textos budistas, hindus e estoicos, que ficar preso em pensamentos e fazer julgamentos não é novidade. Mas os dispositivos digitais apresentam um desafio especial para a conexão com nossa voz interior, nossas experiências sensoriais e as pessoas em nossa vida. Nossas telas capturam constantemente nossa atenção e oferecem uma fuga imediata da possibilidade de tédio ou desconforto. Muitos dos aplicativos mais bem-sucedidos são projetados para ampliar o funcionamento do ego, reforçando nossa sensação de separação e nosso julgamento de tudo como "a favor" ou "contra" nós (como o número de pessoas que "curtem" nossas postagens nas redes sociais).

Este capítulo oferece maneiras de experimentar uma conexão maior em um mundo digitalmente saturado, usando as técnicas de **Pense. Aja. Seja** que exploramos. Ao limitar a invasão da tecnologia em nossa vida, criamos mais oportunidades para estar realmente presentes para nós mesmos e para os outros.

A médica do pronto-socorro colocou a cabeça para dentro da nossa sala de exame, separada por cortinas. "A tomografia da sua filha está normal. Só estamos aguardando o resultado dos exames de sangue antes de dar alta para ela." Eu soltei um suspiro de alívio. Mais cedo naquela noite, Ada havia sentido fortes dores no estômago, e nosso pediatra recomendara uma ida ao pronto-socorro.

Já eram onze da noite — bem depois da hora de dormir para nós dois —, e a dor havia diminuído o suficiente para que Ada conseguisse dormir. Quando a médica saiu, instintivamente peguei o celular para passar o tempo e evitar o tédio enquanto nada acontecia. Mas, naquela noite, por algum motivo, disse "sim" a uma voz suave dentro de mim que sussurrou: "... Ou você poderia simplesmente estar aqui."

Então, guardei o celular e fiquei olhando para minha filha de 7 anos, ainda pálida, mas dormindo tranquilamente. De repente, senti uma gratidão imensa por ela, por sua saúde e por termos médicos disponíveis para nós 24 horas por dia, todos os dias do ano. Não me importei que aquilo fosse me custar 1.200 dólares do próprio bolso. Não me importei por estar acordado tão tarde.

Minha filha estava dormindo em segurança na cama do hospital, e todos os sinais indicavam que ela ficaria bem. Senti-me inundado de gratidão por ela, por aquele hospital a apenas cinco minutos da nossa casa, pelas enfermeiras e pelos médicos competentes que ofereceram um cuidado tão atencioso. Senti gratidão pela minha própria vida também, considerando as dificuldades de saúde que enfrentara nos últimos dois anos. O "nada" que estava acontecendo ali era, na verdade, tudo.

Veja como é resistir ao impulso de pegar o celular imediatamente da próxima vez que estiver esperando por algo — por exemplo, na fila do supermercado. Abra sua consciência para o que está acontecendo. Quem ou o que você vê? O que você sente por dentro? Deixe a experiência se desenrolar por conta própria, sem tentar forçar um resultado específico.

Nada daquela experiência estava esperando dentro do meu celular. Se eu o tivesse pegado, não teria sido o fim do mundo, é claro, mas o meu mundo teria sido diminuído de maneiras que eu jamais saberia.

Faça as Pazes

Como a maioria de nós, tenho uma relação complexa com meu smartphone. É difícil navegar pelo nosso mundo de alta tecnologia sem um desses minicomputadores — e impossível negar a incrível utilidade de muitas inovações digitais recentes. Ao mesmo tempo, há custos em passar tempo demais diante das telas, algo que ficou mais claro para mim certa noite, enquanto eu estava na sala de estar planejando minha terapia cognitivo-comportamental (TCC) autoguiada.

Eu sabia que precisava começar pela ativação comportamental, que já havia tirado muitos dos meus pacientes de depressões profundas. Esse tratamento simples, mas poderoso, envolve fazer mais coisas que sejam gratificantes, seja porque são prazerosas, seja porque têm importância para nós (ou ambos). Eu estava trabalhando no primeiro passo: fazer um inventário das minhas atividades diárias atuais e avaliar cada uma quanto ao prazer e à importância.

Enquanto trabalhava, meus olhos caíram sobre meu iPhone, que estava na mesa de centro à minha frente. Ao pegá-lo, por hábito, para checar meus e-mails, percebi o quanto de tempo eu vinha passando nele: redes sociais, e-mail, notícias, esportes, podcasts, YouTube, mensagens. De certa forma, era ótimo — oferecia muitas conveniências e fontes infinitas de entretenimento.

Mas minha avaliação de atividades me obrigou a perguntar a mim mesmo o quanto era realmente recompensador o tempo que eu passava no celular. Precisei ser honesto — não muito. A maior parte do que eu fazia nele não parecia importante e nem mesmo prazerosa. Ainda assim, eu me sentia atraído por ele incontáveis vezes ao longo do dia. Veio-me à mente um versículo do livro de Isaías: "Por que gastar dinheiro naquilo que não é pão, e o seu trabalho árduo naquilo que não satisfaz? Ouçam-me, ouçam-me, e comam o que é bom, e a alma de vocês se deliciará com o mais fino banquete."[1]

Meu tempo de tela estava longe de ser o "mais fino banquete". Muitas vezes, eu verificava o e-mail várias vezes por hora em busca de novas mensagens ou abria as redes sociais de forma quase automática quando me sentia entediado. As desvantagens eram óbvias: eu queria permanecer presente na minha vida, mas era constantemente puxado para a realidade alternativa do meu celular e ficava menos envolvido com minha família do que gostaria. Mais do que tudo, sentia como se minha mente não me pertencesse. Eu não estava exatamente empolgado para mudar minha relação com a tecnologia, mas sabia, lá no fundo, que isso seria uma parte necessária para construir a vida que eu queria.

Comece a reparar com que frequência você olha para o celular ou outras telas, especialmente quando não há necessidade real de fazê-lo. Libere qualquer autocrítica e apenas observe seus padrões com curiosidade. Que tipos de emoções acompanham o seu tempo de tela? Certas situações ou sentimentos tendem a levá-lo a pegar o celular?

Dada a natureza deliberadamente viciante de nossos dispositivos, muitos de nós têm dificuldade em usá-los sem permitir que dominem nossas vidas. Se somos dependentes de substâncias como álcool ou cocaína, evitá-las completamente faz sentido, pois nossa vida só melhora ao renunciá-las. Mas, para a maioria de nós, a abstinência não é uma solução prática para o problema do vício em telas. Assim como na alimentação problemática, nosso desafio é encontrar a moderação.

Acreditar simplesmente que "deveríamos" passar menos tempo no celular tende a gerar mais culpa do que mudança significativa. Ordenar a nós mesmos que passemos menos tempo no telefone depende da força de vontade, que sabemos não ser uma estratégia confiável — especialmente quando a estrutura de recompensas joga contra nós. Se eu estiver pensando em passar mais tempo no Facebook, talvez hesite ao lembrar que o consumo excessivo de redes sociais pode reduzir a satisfação com a vida.[2] Mas os custos de longo prazo são muito menos persuasivos do que os ganhos de curto prazo. A possibilidade de menor satisfação com a vida no futuro parece tão remota quanto o espectro distante do câncer de pulmão para uma pessoa que fuma; não é páreo para a recompensa imediata que as redes sociais oferecem, como o prazer instantâneo de acender um cigarro.

Minhas tentativas anteriores de reduzir meu tempo de tela não tinham sido muito bem-sucedidas. Eu até conseguia diminuir o uso por um tempo, mas, aos poucos, minha determinação se desgastava e eu voltava ao ponto de partida. Eu precisaria de uma abordagem diferente desta vez — uma que fosse além dos truques simples e da força de vontade que eu já havia tentado. Eu precisaria do conjunto completo de **Pense. Aja. Seja**: cabeça, mãos e coração.

Seja: Apaixone-se

Emoções como culpa e medo não são suficientes para nos ajudar a resistir ao chamado das telas. O amor, por outro lado, é uma fonte de motivação forte e duradoura. Encontramos amor não ao cortar laços com a tecnologia, mas ao nos conectar com o mundo ao nosso redor. Essa é a mensagem que ouço repetidamente dos meus pacientes — reduzir o tempo de tela não é sobre abrir mão de algo, mas sim sobre encontrar algo melhor. Os benefícios da presença consciente são geralmente mais sutis do que a dose de dopamina que recebemos das telas, mas são poderosos à sua própria maneira.

Por baixo das vozes exigentes do e-mail e das redes sociais, existe um chamado mais suave, que nos convida a permanecer próximos da nossa experiência. Não é uma voz que envergonha ou repreende. Não nos ameaça com coisas ruins que vão acontecer se a ignorarmos: *"Se você pegar esse celular, vai acabar deprimido. Não acredito que está checando o e-mail de novo."* Em vez disso, ela abre os braços e diz: *"Ouça-me, e coma o que é bom..."*

Eu já ignorei essa voz incontáveis vezes. *"Claro, outra hora"*, respondo. *"Agora só quero ver mais um vídeo de comédia. Este parece muito engraçado."* Mas, quando seguimos essa voz gentil, a realidade pode ser muito mais do que esperamos — como descobri naquela noite na emergência.

Qualquer contato direto com o mundo, desde esvaziar a lava-louças até levar o lixo para fora, pode nos conduzir a uma experiência expansiva. Como vimos em capítulos anteriores, precisamos apenas levar mais da nossa atenção para exatamente o que estamos fazendo. No entanto, podemos encontrar uma conexão única quando passamos tempo ao ar livre.

SAIA

As tardes de fim de semana seguem um roteiro mais ou menos previsível na nossa casa. Depois do almoço, as crianças brincam juntas e, no começo, tudo corre bem. Aos poucos, porém, a harmonia dá lugar a conflitos, com provocações, gritos e sentimentos feridos. Em algum momento, minha esposa e eu anunciamos que vamos fazer uma caminhada em família. "Nããããão", respondem as crianças. Pelo menos nisso elas concordam.

Mas conseguimos reunir a tropa e sair, e, no momento em que colocamos os pés na trilha, o ânimo de todos se eleva. As crianças correm à frente e brincam juntas, e as brigas anteriores se tornam uma memória distante. Minha esposa e eu nos sentimos mais calmos e centrados. É como se nossa família tivesse respirado profundamente, coletivamente, apenas por entrar na floresta.

Os resultados de um número cada vez maior de estudos confirmam o que já sabemos pela experiência direta: estar em ambientes naturais é, por si só, revigorante. Maior acesso a áreas verdes está associado a menos ansiedade e depressão.[3] Esses benefícios são ainda mais pronunciados quando temos muito estresse na vida,[4] pois passar tempo em áreas verdes afeta variáveis fisiológicas de forma mensurável, incluindo a redução dos níveis de hormônios do estresse, da frequência cardíaca e da pressão arterial.[5]

Instintivamente, busquei tempo na natureza quando estava lutando contra minha doença. Por anos, caminhei para ir e voltar do trabalho pelas ruas suburbanas que levavam ao meu escritório, mas mudei meu trajeto para que a trilha natural de uma faculdade local marcasse o início e o fim dos meus dias de trabalho. Eu sentia que reunia forças para o dia seguinte enquanto caminhava pela manhã, os imponentes choupos como velhos amigos oferecendo estabilidade em meio a um período caótico. Não importava quais desafios eu enfrentasse, minha caminhada de volta para casa pelo bosque, ao fim do dia, sempre era reconfortante.

Considere passar um pouco mais de tempo ao ar livre hoje do que normalmente passaria. Encontre qualquer desculpa para estar fora, mesmo que por pouco tempo — uma caminhada curta, uma refeição ao ar livre, abrir a correspondência na varanda. Direcione suavemente sua atenção para o que está ao seu redor, percebendo o céu, a luz e as plantas. Note como é a sensação de se conectar com o mundo natural.[6]

Meus pacientes muitas vezes me contaram sobre suas próprias experiências ao ar livre, que geralmente consideram difíceis de colocar em palavras — provavelmente porque a conexão que encontramos ali transcende a linguagem. Eles costumam descrever uma sensação de cura quando estão fora, algo intrinsecamente revitalizante.

A linguagem da poesia parece a mais adequada para captar nossa relação com o mundo natural; a poeta Mary Oliver descreveu uma conexão íntima entre nós e até mesmo o ar que respiramos:

E você ouvirá o próprio ar, como um amado, sussurrar:
ah, deixe-me, por mais um tempo, entrar nos dois
belos corpos dos seus pulmões.[7]

A ecóloga de plantas Robin Wall Kimmerer compara nossa relação com a Terra à de uma mãe com seu filho. Não se trata apenas de amarmos a natureza; "a terra nos ama de volta", ela escreveu em *Braiding Sweetgrass*. "Ela nos ama com feijões e tomates, com espigas de milho e amoras, e com cantos de pássaros. Com uma chuva de presentes e um aguaceiro de lições. Ela nos provê e nos ensina a prover a nós mesmos. É isso que boas mães fazem."[8]

Como em qualquer relacionamento de longo prazo, comprometer-nos a estar no nosso mundo começa com o amor. Encontrei amor no meu jardim nos fundos de casa e nas infinitas oportunidades de me encontrar com o mundo natural por meio dos sentidos: ajoelhando-me na terra para cuidar das mudas, esticando-me para arrancar uma erva daninha, ouvindo o canto dos pássaros à minha volta enquanto trabalhava. Senti o cheiro terroso do solo e provei a vida nas ervilhas-tortas e alfaces recém-colhidas.

Essas experiências estão disponíveis para todos nós — tenhamos ou não um jardim — quando nos apaixonamos pelo mundo ao nosso redor. Não precisamos fabricar amor; ele surge espontaneamente do estar junto: dizer "sim" à realidade e praticar a presença consciente. O amor, então, nos inspira a pensar e agir de maneiras que fortalecem e sustentam essa relação, formando o ciclo autossustentável de **Pense. Aja. Seja**.

Pense: Compreenda a Atração

Para a maioria de nós, focar nossa atenção em uma tela se tornou algo tão natural que raramente questionamos as forças que determinam nossos padrões de uso. Quando entendemos o poder penetrante da tecnologia sobre nós, podemos encontrar mais maneiras de evitar suas intrusões indesejadas.

RECONHEÇA AS RECOMPENSAS

O maior desafio com aplicativos viciantes é a recompensa imediata que eles oferecem — ou, mais precisamente, *podem* oferecer. As ferramentas que atendem às nossas necessidades todas as vezes, como a calculadora ou o calendário, não são aquelas que nos chamam quando estamos tentando viver nossa vida. Não passamos horas no aplicativo de previsão do tempo, ligando compulsivamente para as pessoas ou rolando nossa lista de transações bancárias pela enésima vez.

Os aplicativos que nos prendem oferecem algo que desejamos — uma boa risada, notícias divertidas ou chocantes, aprovação dos outros. Mas o truque é que eles nos dão isso apenas *algumas* vezes. Quando assisto a clipes de comédia no YouTube, alguns são hilários, mas a maioria é apenas razoável. Às vezes, conseguimos as curtidas e compartilhamentos que esperamos nas redes sociais; às vezes, não. Às vezes, as notícias são bombásticas; outras, entediantes.

Em termos comportamentais, estamos diante de um "esquema de recompensa de razão variável". Isso significa que uma ação específica leva a uma recompensa apenas em algumas ocasiões. Uma máquina caça-níqueis é o exemplo clássico desse tipo de recompensa entre humanos: nunca sabemos quando vamos ganhar, e a próxima puxada da alavanca pode ser o grande prêmio. O mecanismo é o mesmo quando abrimos um aplicativo, clicamos em um link de vídeo ou lemos uma publicação — precisamos repetir o comportamento um número desconhecido de vezes para obter a recompensa.

Talvez a primeira postagem que lemos no Instagram seja realmente inspiradora, o que cria uma "marca" emocional associada a abrir o aplicativo. Mas, depois, precisamos rolar mais trinta postagens até encontrar outra que nos toque e ative novamente essa marca emocional. Às vezes, o e-mail que esperamos está na caixa de entrada logo na primeira vez que verificamos; com mais frequência, porém, passamos por várias decepções antes que ele chegue.

Observe o que o puxa para o celular. Qual é a recompensa que seu cérebro espera? Essa recompensa acontece de forma consistente ou é variável? Veja também se existe algum medo de perder algo (*fear of missing out*) por não abrir determinados aplicativos.

É muito difícil interromper um comportamento quando nosso cérebro sabe que, mais cedo ou mais tarde, a recompensa virá — mesmo que esse comportamento esteja drenando nossa energia. Essa era, muitas vezes, a minha experiência com o smartphone. Mesmo quando eu só queria relaxar, ele ainda me chamava: *"Vamos lá! Já nos divertimos tanto juntos! Sei que você olhou seu e-mail há sessenta segundos... mas dá uma checada de novo. E aproveita para ver as manchetes. Vai que tem algo especial ali para você."*

Eu queria dizer "não", mas raramente conseguia. Mal percebia que não era meu cérebro racional que me mantinha grudado no celular. As regiões cerebrais cruciais para a recompensa emocional que eu buscava eram subcorticais — escondidas nas profundezas do cérebro, abaixo do nível do pensamento consciente e deliberado.

O poder viciante da tecnologia depende das mesmas áreas do cérebro[9] sobre as quais atuam drogas como a cocaína, assim como comida, sexo, compras e jogos de azar. Tudo gira em torno de recompensa, codificada pelo sistema de dopamina do cérebro. Ratos viciados em cocaína, submetidos a um esquema de recompensa de razão variável, pressionam uma alavanca freneticamente até receberem uma dose injetada diretamente no cérebro — às vezes após cinco pressionamentos, às vezes dois, às vezes vinte. O próximo pode sempre ser aquele que entrega a "recompensa" que procuram.

Meu uso autodestrutivo do celular era impulsionado pela busca inconsciente das "marcas" emocionais que haviam recompensado meu uso anterior. Muitas vezes, a recompensa que encontramos é o alívio da ansiedade. No filme *Adaptação*, o roteirista Charlie Kaufman (interpretado por Nicolas Cage) está sentado à máquina de escrever, encarando uma página em branco. Sua ansiedade é palpável enquanto luta para encontrar palavras, e seus pensamentos, narrados em voz alta, se voltam para seu mecanismo de enfrentamento — a comida. Ele considera tomar um café, ou talvez café com um muffin. Tenta escrever novamente, mas a ansiedade continua empurrando-o em direção à fuga.

Assim como a ansiedade de Kaufman o empurrava para distrações, nossa ansiedade alimenta muito mais do nosso hábito compulsivo de checar telas do que imaginamos. Uma revisão sobre ansiedade e uso de smartphones sugere que recorrer ao celular muitas vezes é "uma estratégia de evitação experiencial para desviar das consequências emocionais aversivas".[10] Em outras palavras, a ansiedade é desconfortável, e nossos celulares oferecem incontáveis distrações para aliviar esse mal-estar. No entanto, o alívio é passageiro, e a distração precisa ser repetida constantemente. Esse tipo de fuga também nos impede de desenvolver formas mais eficazes de lidar com a ansiedade.

Olhando para trás, senti como se tivesse me tornado uma ferramenta que o meu smartphone usava, em vez de ser o contrário. Minha atenção não me pertencia; estava sendo sugada para dentro do telefone. Embora fosse bom ter alívio imediato contra o tédio, percebi que meu tempo livre já não era mais livre. Muitas vezes, quando eu só queria relaxar no fim do dia, pegava o celular instintivamente, com medo de perder alguma diversão que poderia encontrar nele. Certamente, se eu explorasse aplicativos o bastante, encontraria algo para me entreter. Mas eu acabava lendo notícias que não me interessavam e que só me faziam sentir pior — mental e fisicamente.

Um dia, percebi que, não importava o que eu fizesse no celular, a cena nunca mudava de verdade. Eu estava olhando para uma tela que oferecia uma cópia bidimensional do mundo e que, no geral, entregava menos do que prometia. Enquanto minha mente era continuamente atraída para aquele mundo digital, meu corpo e meu espírito sabiam que algo essencial estava faltando. Eles me empurravam para o mundo tridimensional real. Eu precisava engajar meus outros sentidos — ouvir os sons ao meu redor, sentir o contato com a matéria, ler um livro de verdade. E, ainda assim, mesmo já farto do meu celular, eu me via pegando-o de forma quase robótica, atraído pelas histórias que minha própria mente me contava.

IDENTIFIQUE AS HISTÓRIAS

Assim como muitas das pessoas que já tratei, Marc queria reduzir o tempo de tela. O trabalho dele frequentemente o mantinha preso ao celular e, uma vez nele, ele acabava verificando o e-mail pessoal, as redes sociais e as notícias. Não passava horas seguidas no aparelho, mas ele estava sempre por perto, e a cada hora havia várias interações com ele.

Marc já tinha tentado diversas vezes limitar o uso do celular, mas descobriu que o chamado sedutor era irresistível enquanto o aparelho estivesse disponível. Ele queria especialmente estar mais presente para o filho de 2 anos, Max, e também para a esposa, que ficava insatisfeita com o uso constante do telefone.

As mudanças que Marc fez começaram ao reconhecer as histórias mentais que o mantinham preso ao celular. Ele acreditava que coisas ruins aconteceriam se deixasse o aparelho em casa por uma hora enquanto levava Max ao parque: *"Minha chefe vai ficar brava porque não consegue falar comigo." "Vou perder a ligação de um cliente ou um e-mail importante."* Talvez essas histórias fossem verdadeiras, mas ele começou a considerar desfechos alternativos. Na realidade, quase nunca recebia ligações urgentes no parque e, mesmo quando perdia uma ligação importante durante uma reunião de trabalho, não havia problema em retornar quando estivesse disponível. Em um nível mais profundo, Marc percebeu que estava disposto a assumir pequenos riscos se isso significasse mais conexão com Max.

Marc também desfez a crença de que poderia levar o celular no bolso e simplesmente não usar. Ele percebeu que uma história mais realista era: *"Se eu levar, eu vou olhar."* Trabalhar esses pensamentos e crenças foi parte essencial do que o ajudou a encontrar mais equilíbrio e mudar seu comportamento.

Mudar nossa relação com a tecnologia pode ser realmente difícil — mesmo quando sentimos os custos do tempo excessivo de tela e desejamos mais conexão com o mundo e com as pessoas ao nosso redor. Algumas das mudanças mais eficazes que podemos fazer são comportamentais; nossa mente e nosso coração podem dizer "sim" a estar presente, mas são nossas mãos que conduzem o leme.

Agir: Amarre-se ao Mastro

A ideia de se separar do smartphone provocou em Marc mais ansiedade do que ele esperava, já que sua mente criava histórias sobre coisas ruins que aconteceriam. Ficar sem o celular seria, para ele, um tipo de **terapia de exposição** — encarar deliberadamente o medo em nome de algo mais importante. Marc descobriu a resposta para as objeções temerosas da mente quando começou a deixar o celular em casa durante passeios em família e nas idas ao parquinho com Max.

Por meio desses **experimentos comportamentais**, ele percebeu que era perfeitamente possível ficar indisponível por um tempo e que quase tudo poderia esperar por uma hora ou mais. O desconforto inicial que sentiu na primeira vez sem o celular veio misturado com um certo entusiasmo. Que liberdade era aquela, de não ter nada desviando sua atenção a cada poucos minutos! Ele havia tomado **uma única decisão** que eliminou inúmeras decisões futuras sobre olhar ou não o telefone.

Com essa presença ampliada, Marc achou muito mais fácil se conectar com Max e com a esposa. **Os insights cognitivos levaram à ação**, e ele se desprendeu das correntes invisíveis do celular. Sem a atenção sugada por aplicativos, experimentou mais consciência e presença no momento.

CONTROLAR A DISPONIBILIDADE

Quando comecei meu próprio programa de TCC autodirigido, percebi que minha simples resolução de passar menos tempo no celular não funcionaria enquanto o aparelho — e todos os aplicativos — permanecesse facilmente acessível. Antes, eu já havia tentado abordagens de "cabeça e coração", como quando decidi guardar o telefone durante a semana de férias da família no verão. Meu plano era consultá-lo apenas pela manhã, antes de todo mundo acordar, e pronto. Sem exceções! Exceto que, claro, não foi bem assim. Eu acabava usando o aparelho para outras coisas — como traçar a rota até o zoológico ou colocar música enquanto cozinhava o jantar. Cada interação era uma brecha para quebrar minhas próprias regras ("Vou só dar uma olhadinha no e-mail...").

No ano seguinte, tomei uma decisão mais radical: deixei celular e computador em casa durante a semana na praia. Achei que sentiria falta, mas o resultado foi o oposto. Eu tinha esquecido como era bom não ter nada entre mim e o mundo. Quando voltamos, removi todos os aplicativos que eu sabia que usava de forma compulsiva. Às vezes, seria mais prático tê-los à mão, mas os benefícios superaram, de longe, os custos. Na imensa maioria do tempo, sinto apenas a liberdade de não ter essa opção.

Cada um de nós tem necessidades e desejos diferentes, e por isso vai traçar limites próprios — e muito pessoais — para o uso da tecnologia. Nenhum deles será totalmente à prova de falhas, e, como já percebi inúmeras vezes, somos especialistas em encontrar brechas. Ainda assim, criar um pouco de distância entre nós e a gratificação instantânea que a tecnologia oferece já nos devolve mais liberdade de escolha sobre como queremos gastar o nosso tempo.

As estratégias mais eficazes para mudar hábitos costumam ser de natureza prática, e Homero captou isso muito bem em sua epopeia *A Odisseia* (afinal, resistir à tentação é um problema bem antigo). O protagonista, Odisseu, queria ouvir o canto das sereias, mas sabia que não seria capaz de resistir e acabaria conduzindo o navio para os rochedos. Então, mandou que sua tripulação tapasse os próprios ouvidos e o amarrasse firmemente ao mastro antes de se aproximarem delas. Assim, ele poderia ouvir a canção sem ter a possibilidade de agir conforme o impulso incontrolável de seguir em direção a elas.

Esse é um princípio extremamente poderoso: nossa motivação para mudar um comportamento costuma estar no ponto mais baixo justamente quando mais precisamos dela. Odisseu tinha plena disposição para não destruir seu navio quando ainda estava longe das sereias, mas sabia que ficaria impotente diante delas quando começasse a ouvir o canto. Da mesma forma, é fácil decidirmos beber menos, evitar a sobremesa ou acordar às 5h30 para treinar quando não estamos diante da taça de vinho, do pote de sorvete de creme com nozes ou do despertador pronto para ser adiado para as 7h.

Pense em uma mudança que você gostaria de fazer na sua relação com a tecnologia. O que seria, para você, "amarrar-se ao mastro"? Boas opções incluem qualquer ação que torne o novo comportamento mais fácil e/ou o antigo comportamento mais difícil.

Ao criar compromissos difíceis de desfazer, conseguimos levar a alta motivação que temos no momento para aqueles instantes futuros em que sabemos que ela estará mais fraca. Eu, por exemplo, sei que, quando sentir vontade de checar meus e-mails no celular, vou ignorar a vozinha que pergunta: *"Você realmente precisa fazer isso agora?"* Por isso, me amarrei ao mastro aplicando o princípio de agir de forma a dificultar o que não quero fazer: desinstalei o aplicativo. Não vou perder tempo reinstalando-o toda vez que a vontade bater. Simplesmente não vale o esforço.

LIMITAR NOTIFICAÇÕES

Estabelecer horários fixos para as refeições impede que a comida se espalhe por todos os momentos do nosso dia. Agora imagine se a cozinha vivesse mandando notificações: *"Tá com fome agora?"*, *"Quer umas batatinhas?"*, *"Que tal uma maçã?"*, *"Já se passaram dez minutos. Quem sabe um punhado de castanhas?"* Com o celular acontece algo parecido. Por isso, muitas pessoas acham útil desligar as notificações não essenciais — assim, o aparelho para de chamar nossa atenção o tempo todo.

ENCONTRE FACILIDADE

Mudar nossa relação com a tecnologia não precisa ser uma luta tensa e exaustiva. Podemos tornar o processo mais leve usando a força do **Pensar. Agir. Ser**. Ao estar no presente e dizer *sim* à experiência, nos apaixonamos pela vida sem filtros. Simplesmente deixamos de querer uma tela entre nós e o que amamos.

Com a mente consciente, entendemos melhor nossa relação com a tecnologia e traçamos planos para viver no mundo real. Por meio de nossas ações, fazemos compromissos eficazes para experimentar mais o **ser**.

Reduzir a superexposição à tecnologia nunca está fora de alcance. Basta abaixar a tela, erguer o olhar e perceber que existe um mundo inteiro lá fora — o meu e o seu — em **três dimensões** completas: o céu acima, o chão sob nossos pés. Esse mundo, com definição máxima e infinitas tonalidades, está sempre presente, estendendo-se em todas as direções. Ao estar nele, nos conectamos conosco em todas as nossas dimensões e abrimos o caminho para a atenção plena.

Estar mais disponível para a vida não significa que sempre teremos momentos profundos de alegria ou gratidão — assim como plantar um jardim em um espaço ensolarado não garante que o sol vai brilhar. Se criarmos expectativas de paz ou transcendência só porque guardamos o celular, vamos nos decepcionar. Às vezes as coisas são entediantes, frustrantes ou irritantes — e tudo bem.

Mas possibilidades infinitas se abrem para nós quando nos tornamos disponíveis para viver mais da vida. Mudanças sutis em nosso comportamento podem levar a transformações profundas em nossa existência, mesmo que pareçam insignificantes — qual é o grande problema de ler as notícias enquanto estamos na sala de emergência, ou levar o celular ao parque? Mas, como vimos, essas escolhas do dia a dia são como microajustes no volante; com o tempo, mantêm-nos na estrada. Qualquer coisa que façamos será enriquecida ao trazer mais consciência para ela. Nossa mente agradecerá pela pausa mental. Nossas mãos apreciarão a oportunidade de serem úteis. Nosso coração desfrutará da ressonância com a realidade, como sentir plenamente o calor do sol.

Não há espaço, nessa abordagem, para a sensação de privação. Pelo contrário, a resposta predominante a esse tipo de engajamento é a gratidão. Sentir-se tomado de agradecimento em situações comuns — ou até mesmo desafiadoras — é um dos primeiros frutos do mindfulness. No próximo capítulo, veremos como as práticas de **Pense. Aja. Seja** cultivam a gratidão.

7

OFEREÇA AGRADECIMENTO

Você provavelmente sabe que ser grato faz bem, mas muitas vezes é difícil se conectar com a gratidão. Neste capítulo, você verá que não é preciso se forçar a sentir gratidão; em vez disso, ela surge naturalmente quando abrimos nossa consciência para os presentes que nos cercam. Você também conhecerá os padrões de pensamento que impedem a gratidão, bem como ações específicas que podem treinar sua atenção para perceber as coisas boas em sua vida. A gratidão, por sua vez, nos torna mais dispostos a aceitar a vida como ela é, o que sustenta nossa atenção plena.

Tenho lembranças muito vívidas de cantar, inúmeras vezes, o vibrante hino "Count Your Blessings" nas igrejas da minha infância. Mesmo quando criança, esse refrão alegre em tom de cantiga, conclamando à gratidão, me parecia uma resposta excessivamente otimista diante das dificuldades. Eu duvidava que o autor da música tivesse real noção de quão desafiadoras eram suas exortações.

Você já se sentiu sobrecarregado por um fardo de preocupações?
A cruz que lhe foi confiada parece pesada demais para carregar?
Conte suas muitas bênçãos e toda dúvida se dissipará,
e você continuará cantando à medida que os dias passarem.

E, no entanto, pelo que descobri sobre o prolífico hinista Johnson Oatman Jr., talvez ele estivesse escrevendo para si mesmo. Dizem que, em 1893 — quatro anos antes de compor essa canção —, Oatman estava com a saúde debilitada.[1] Acho reconfortante saber que ele não estava apenas incentivando dos bastidores do sofrimento; ele conhecia, pessoalmente, a sua parcela de dor. Talvez não fosse um convite superficial à gratidão, mas uma postura de desafio: "Que se danem as circunstâncias, eu vou agradecer assim mesmo."

Aqui não há negação da dor. Estamos "sobrecarregados por um fardo de preocupações". Nossa cruz é pesada. Como diz outro verso, estamos "desanimados, achando que tudo está perdido". E decidimos reconhecer que nossa dor não é toda a história e não terá a palavra final. Essa gratidão desafiadora é uma das coisas mais generosas que podemos fazer por nós mesmos — especialmente quando estamos abatidos, desmotivados e menos inclinados a agradecer.[2] Os incontáveis benefícios da gratidão incluem maior satisfação com a vida,[3] melhora do humor[4] e relações mais fortes.[5] Mas como encontrar gratidão quando nossa vida está longe de estar bem e é muito mais provável que nos sintamos amargurados do que agradecidos?

Passei pela minha cota de amargura durante a pior fase da minha doença, sempre pensando: "Isso não deveria estar acontecendo." Eu me frustrava por não conseguir voltar à vida como ela *deveria* ser. Numa noite particularmente dolorosa, recebi uma mensagem do filósofo estoico contemporâneo William Ferraiolo sobre seu mais recente livro a respeito do estoicismo. Um trecho dele era exatamente o que eu precisava ouvir: "Você já sofreu, sofrerá muito mais, e uma vida inteira de sofrimento culminará em sua morte. Quando você conseguir sentir gratidão genuína por tudo isso, terá alcançado um tipo de progresso que não é facilmente revertido."[6]

Eram palavras duras, e ainda assim encontrei grande conforto nelas. Minhas lutas não eram uma aberração estranha, algo fora dos limites da vida comum. Viver é enfrentar o sofrimento. Naquele momento, a dor era a minha realidade. Eu podia escolher recebê-la, em vez de combatê-la. Eu podia dar um passo em direção à aceitação da atenção plena.

A gratidão traz benefícios imensos, mas muitos de nós a vemos como uma obrigação carregada de culpa — "a coisa certa a fazer", "o que é bom". Ela pode começar a soar como mais uma exigência moralista que "temos" de cumprir, como comer direito ou usar fio dental. Gratidão é o que você oferece em troca de um presente; se não responde com agradecimento, é como se tivesse saído da loja sem pagar pela compra. Ela encerra a transação.

Mas tratar a gratidão como obrigação destrói seu propósito, como forçar uma criança a murmurar um "obrigado" que não soa nada grato. Não precisamos fabricar sentimentos de gratidão, como se tentássemos espremer o último resquício de pasta de dentes de um tubo vazio. Ela está disponível, aconteça o que acontecer em nossa vida, e podemos cultivá-la por meio das práticas simples de **Pense. Aja. Seja**. Ser grato começa com prestar atenção.

Seja: Mude o foco da atenção

Talvez você já tenha visto um vídeo[7] engraçado de Natal que circulou há alguns anos. Um homem aparece deitado na cama, coberto por papel de presente. Quando desembrulha a cabeça, exclama: "Eu estou vivo!", como se fosse o melhor presente que já abriu na vida. O vídeo acompanha sua manhã enquanto ele acende as luzes — "Amor, a energia elétrica está funcionando!" — e descobre que há água limpa saindo da torneira. Os presentes continuam: um banho, sapatos, café da manhã, pasta de trabalho, café... até um carro! Não há, no entusiasmo grato daquele homem, qualquer senso de obrigação — apenas puro encantamento.

O vídeo é engraçado justamente por ser tão diferente de como normalmente começamos o dia. Muitas vezes, deixamos de sentir gratidão porque fomos programados, pela evolução, para perceber o que está errado em nossas vidas, como repórteres à caça de más notícias. Perceber problemas é uma habilidade valiosa e necessária para resolvê-los. Precisamos saber quando estamos doentes, se há um problema no trabalho ou em um relacionamento. Mas a pequena parte da vida que não é perfeita costuma abafar tudo o que há de bom, como se o noticiário da noite fosse preenchido apenas com histórias angustiantes, uma atrás da outra. Posso sair para caminhar num dia lindo, em meu bairro seguro, e ainda assim ignorar as coisas boas ao meu redor para focar apenas o problema que ocupa minha mente. É fácil ter a impressão de que nada no meu mundo está dando certo.

Essa impressão é reforçada pela tendência que temos de apertar o "reset" na balança da vida, zerando tudo de bom que já temos. Mas só o fato de acordar pela manhã está longe de ser "nada" — temos mais um dia! E estamos deitados em uma cama quente, não na rua. Estamos em uma casa. Temos um corpo. A gravidade nos mantém colados ao chão quando nos levantamos. Caminhamos até o banheiro — que fica *dentro* da nossa casa! — e encontramos comida esperando por nós na cozinha. Um verdadeiro "reset" começaria com a balança completamente vazia e pesaria, em toda a sua medida, a soma desses presentes.

Quando eu era criança, meus irmãos e eu recebíamos a "conversa sobre gratidão" a cada poucos meses. Estávamos vivendo nossas vidas de criança, achando que tudo ia bem, até ouvirmos meu pai dizer: "Meninos, preciso conversar com vocês sobre uma coisa." Ah, não... A conversa normalmente começava com: "Não tenho visto muita gratidão por aqui ultimamente." "Droga", eu pensava. "Eu queria ter lembrado de ser grato depois da última bronca!"

Na época, eu sentia muita culpa, mas minha dificuldade em ser grato não era uma falha moral. Eu simplesmente tinha parado de prestar atenção. Eu não estava enxergando tudo o que meus pais faziam por mim e o que a vida me oferecia de graça. Demorei muito para perceber que gratidão não é uma emoção que precisamos forçar. Como qualquer coisa que devolvemos à vida, ela é um presente que damos a nós mesmos (então não se esqueça de agradecer a si mesmo!) — e começa com prestar atenção.

Experimente esta meditação simples de gratidão, centrada na respiração. A cada respiração, traga à mente uma coisa boa que você tem. Inspire, expire: "uma casa aconchegante." Inspire, expire: "uvas-passas no meu cereal." Você pode incluir coisas que vivencia todos os dias, como uma geladeira ou meias quentinhas, ou eventos únicos, como encontrar um amigo no supermercado.[8] Você pode usar essa prática quando estiver com dificuldade para adormecer. Em vez de lamentar estar acordado, aproveite para se lembrar do que há de bom — como estar desperto em uma cama quentinha ou não viver em uma zona de guerra. (Só tome cuidado para não transformar isso em uma ferramenta para tentar dormir, pois isso muitas vezes produz o efeito contrário.)

Ao praticarmos a atenção plena, podemos ampliar nosso foco para além da parte da vida que consideramos problemática e perceber tudo o que está funcionando. Em vez de ficarmos sobrecarregados pelo que está errado, podemos nos deixar inundar por tudo o que está certo. Esse tipo de atenção é especialmente útil quando estamos focados em todos que parecem mais afortunados do que nós.

MUDE SUAS COMPARAÇÕES

Depois de ficar doente por muito tempo, eu me perguntava, com amargura, por que eu estava doente enquanto todos ao meu redor pareciam saudáveis. "Olhe só para todos aqueles pais ativos brincando com seus filhos", reclamava comigo mesmo. Focar a saúde e a vitalidade aparentes deles só aumentava minha sensação de não estar recebendo o que merecia, e comecei a achar que estava levando uma grande desvantagem.

Muitas vezes, caímos nessas comparações "para cima", concentrando-nos na aparente sorte dos outros, o que fixa ainda mais nossa atenção em nossos problemas e privações. Mas nossos incômodos diários — e até mesmo nossos problemas maiores — podem parecer insignificantes quando lembramos o quanto as coisas poderiam estar piores.

Raramente precisamos ir muito longe para encontrar pessoas que trocariam de bom grado a situação delas pela nossa. Percebi que estava ignorando tudo o que ainda estava dando certo, mesmo nos pontos mais baixos da minha doença, e como minha vida poderia ter sido incomparavelmente pior. Muitas vezes, saí da autopiedade ao ouvir histórias sobre as desgraças de outras pessoas — como um AVC que tirou de alguém a capacidade de andar ou falar, ou pais que perderam um filho.

Isso não significa negar nossas próprias lutas, muito menos impedir que os outros falem sobre as deles. A maioria de nós não gosta de ouvir: "Seja grato — poderia ser muito pior." Mas mudar nossas comparações pode nos ajudar a manter nossos problemas em perspectiva. Não importa o que estejamos vivendo, há inúmeras calamidades potenciais que *não* estamos enfrentando neste momento.

Podemos até fazer comparações "para baixo" com nós mesmos, lembrando de épocas em que as coisas estavam piores. Ontem, por exemplo, passei a maior parte do dia com náusea. Quando, já no meio do dia de hoje, percebi de repente que não estava nem um pouco enjoado, levantei os dois punhos no ar e soltei um triunfante "Yes!", como se tivesse acabado de bater um *home run* decisivo. Objetivamente, eu me sentia exatamente igual a um instante antes, mas o contraste mental com o estado de náusea fez minha condição atual parecer uma grande vitória.

Todos nós já vivenciamos esses efeitos de contraste — nos recuperamos de uma virose estomacal e nos sentir normais parece maravilhoso; entramos em casa depois de tremer de frio e o ambiente aquecido parece celestial; até acolhemos o som dos filhos discutindo depois de uma semana estranhamente silenciosa, quando um deles estava muito debilitado por um vírus. Nosso mecanismo mental se habitua rapidamente às circunstâncias e percebe com muito mais facilidade as mudanças relativas do que o estado constante.

Reserve alguns momentos para refletir sobre o que está dando certo para você agora. Por exemplo: a maior parte do seu corpo está funcionando bem? Você sabe onde encontrará sua próxima refeição? Também pode pensar em todas as coisas que poderiam estar dando errado, mas que não estão acontecendo neste momento — como estar com uma gripe forte ou preso em uma briga com seu parceiro. Não tente forçar nenhum sentimento; apenas direcione sua atenção com a mente aberta.[9]

Não precisamos esperar nos recuperar de uma doença ou voltar do frio para experimentar um contraste favorável. Na maior parte do tempo, quando estamos nos sentindo neutros ou levemente negativos, podemos encontrar um pouco de gratidão lembrando o quanto as coisas já foram piores. Quando me recordo do pior período da minha doença, balanço a cabeça, surpreso, ao perceber como me sinto muito melhor na maioria dos dias agora.

ENCONTRE O QUE HÁ DE BOM

Quando minha esposa e eu estávamos na França, no nosso terceiro ano de faculdade, precisávamos carregar as compras de supermercado até o dormitório, já que não tínhamos carro. Eu costumava me irritar quando as alças das sacolas plásticas pesadas cortavam minhas mãos durante o trajeto. Mas, embora a dor fosse incômoda, ela também apontava para algo muito bom: nós tínhamos comida em abundância.

Um caminho para a gratidão muitas vezes está escondido justamente nas nossas decepções ou frustrações cotidianas. É irritante quando nosso voo para um destino divertido atrasa — e, ainda assim, posso reconhecer o privilégio de poder sair de férias. Não gosto quando a lava-louças quebra e precisa ser substituída — e agradeço a Deus por podermos comprar uma nova. Ter que parar para abastecer é chato quando estou com pressa — e, no entanto, tenho dinheiro para o combustível e ainda posso pagar direto na bomba. Um surto de norovírus em toda a família é realmente horrível — e, mesmo assim, reforça que não estou sozinho.

Anos atrás, uma paciente minha viveu uma experiência marcante desse tipo de gratidão. Poucos meses após o nascimento de sua segunda filha, Julie foi levada ao hospital com falta de ar. Os médicos descobriram que a gravidez havia desencadeado uma grave condição cardíaca que exigia cirurgia imediata para salvar sua vida. Julie me contou que seu relacionamento com a vida mudou profundamente depois da operação bem-sucedida. Ela passou a sentir gratidão por tudo — até mesmo pelos procedimentos médicos dolorosos no período de recuperação. Sentir dor significava que ela ainda estava viva e tinha mais tempo para passar com o marido e as duas filhas pequenas. Todas as manhãs, ao acordar, ela se lembrava de que abrir os olhos era um presente.

Pense em um desafio recente que você enfrentou. Sem negar a dificuldade, essa situação apontava para algo positivo? Por exemplo: um trabalho estressante mostra que você tem um emprego para pagar as contas; ir ao pronto-socorro significa que você tem acesso a atendimento médico 24 horas. Esteja atento a outras dificuldades que possam revelar o que há de bom na sua vida.

O monge beneditino David Steindl-Rast observou que podemos ser gratos pela oportunidade de lidar com os problemas da nossa vida — a doença de um filho, a devastação ambiental, um telhado com goteira, um relacionamento rompido. "Não podemos nos alegrar com essas coisas em si mesmas", ele escreveu, "mas podemos ser gratos pela oportunidade de fazer algo a respeito".[10]

Assim como nas comparações "para baixo", é importante ter cuidado para não usar essa prática como forma de invalidar a dificuldade ou o desconforto que você — ou outra pessoa — esteja vivendo. A atenção plena não afasta nada; ela amplia os limites da nossa percepção para mudar a maneira como nos relacionamos com nossos problemas. Gratidão diante do sofrimento não é negação, mas transcendência.

Ao praticarmos a ampliação do nosso foco e ao notarmos mais o que está certo, podemos receber até mesmo nossos desafios com gratidão pelo que eles nos ensinam e pelo modo como nos impulsionam a crescer.

DESCUBRA PRESENTES

Hoje em dia, quando me pego chorando no chuveiro ou no sofá, é mais frequentemente por gratidão do que por pena de mim mesmo. Sinto um enorme alívio por estar com a saúde mental e física muito melhor do que no meu pior momento. Ainda assim, não posso negar que minha longa doença foi, de muitas maneiras, um presente. Demorei para reconhecer esses presentes — por anos, vi meus problemas de saúde apenas como uma maldição que precisava desfazer. Mas, com o tempo, passei a enxergar o bem que eles trouxeram para minha vida.

Minhas lutas me deram uma compaixão mais profunda pelos outros e me ajudaram a compreender o sofrimento alheio. Alguns dos trabalhos mais significativos que realizei como terapeuta nasceram daqueles tempos sombrios. Tornei-me mais disposto a aceitar meus limites e a permitir que outros vissem minhas fragilidades. Descobri um amor ainda mais profundo vindo de minha esposa e filhos, cuja dedicação vital durante minha doença ainda me emociona às lágrimas. E, se eu não tivesse chegado ao meu próprio limite (como descrevi no Capítulo 1), não saberia o que existe do outro lado.

Muitas vezes, é difícil encontrar presentes no sofrimento. Ainda sou bom em sentir pena de mim mesmo às vezes, e o desespero ainda me alcança em dias difíceis. Mas, se tivesse a opção, não trocaria minha doença por tudo o que ela me ensinou. Já cheguei até a temer, em certos momentos, que, se me recuperasse completamente, acabaria abandonando as verdades espirituais que conheci — como aquele homem que promete dedicar sua vida a Deus se conseguir uma vaga para uma grande reunião e, quando a vaga aparece, diz: "Deixa pra lá, achei uma!"

Não estou sozinho em encontrar gratidão pelo crescimento que vem por meio das dificuldades. Muitos dos meus pacientes tiveram percepções semelhantes ao saírem de uma luta árdua. Antonis, por exemplo, descreveu um profundo sentimento de aceitação pela depressão dolorosa que havia enfrentado — de dizer "sim" àquela experiência — porque ela o moldou na pessoa que ele é hoje. Poucas coisas são mais fortalecedoras do que perceber como nossa dor nos transformou em uma nova criação que só poderia ter sido construída a partir dos pedaços quebrados da nossa vida.

Essa qualidade de consciência e de *ser* pode levar a mudanças na forma como pensamos, permitindo-nos reescrever alguns dos nossos pressupostos mais fundamentais sobre a vida e sobre o que achamos que ela nos deve.

Pense: Examine suas crenças

Há uma maneira simples de prever quanta gratidão iremos sentir: basta somar todas as coisas boas que temos na vida e, em seguida, subtrair as coisas que assumimos como direito garantido. O que sobra corresponderá, de forma bastante aproximada, ao nosso nível de gratidão.

QUESTIONE SUAS EXPECTATIVAS

Muitas vezes, não reconhecemos nossas suposições sobre o que merecemos, pois elas refletem crenças centrais inconscientes que temos sobre o mundo: a vida deveria ser indolor. Não deveríamos ficar doentes. Nosso conforto físico deveria ser ininterrupto. As pessoas deveriam ser gentis. Essas expectativas nos predispõem a sentir que fomos enganados ou prejudicados diante das inevitáveis decepções. Se a vida não atende às nossas expectativas, então certamente houve algum erro.

Quando eu era criança, meu pai costumava responder às nossas reclamações com frases como: "Quer justiça? Justiça é uma tigela de arroz por dia." Na época, eu não entendia. Continuava acreditando que o mundo deveria se ajustar às minhas expectativas sobre o que me era devido. Mas uma das percepções mais libertadoras que já tive foi compreender que a vida não me deve nada. Nem a expectativa média de vida. Nem conforto físico ou dias sem estresse. Nem boa saúde. Nem elogios e reconhecimento por tudo o que faço.

Fiquei chocado quando percebi que esse era o acordo. "Mas, com certeza, a vida me deve... alguma coisa — certo?", perguntei a mim mesmo. Um número mínimo de anos? Viver para ver meus filhos chegarem à vida adulta? Evitar certos tipos de dor? Mas não. Sério, meu amigo — nada. Nem mesmo um único dia livre de problemas.

Tive que reaprender essa lição durante minha doença. Na minha mente, só havia uma resposta aceitável para minhas orações por alívio: a remoção do meu sofrimento. Interpretei minhas dificuldades contínuas como uma resposta indiferente. Foram muitos meses até que eu reconhecesse os presentes que me sustentaram durante a enfermidade e a depressão. Eu estava cercado pelo apoio amoroso da minha família e recebia, vez após vez, forças para enfrentar cada desafio.

Pode ser paradoxalmente reconfortante perceber que nossos problemas indesejados não são resultado de uma falha no universo. Tudo o que temos — incluindo a própria vida — é um presente. "A vida nos é dada; cada momento nos é dado", escreveu David Steindl-Rast em *Music of Silence*. Pode parecer algo óbvio, mas a maioria de nós esquece disso na maior parte do tempo. "A única resposta adequada", continuou Steindl-Rast, "é a gratidão".[11]

QUESTIONE A HISTÓRIA

Um dos enredos mentais mais comuns que bloqueia a gratidão é o "isso não deveria estar acontecendo comigo", como se os fardos da vida estivessem sempre mal direcionados quando recaem sobre nossos ombros. Doença? Não comigo. Inconveniência? Definitivamente não comigo. Decepção? Certamente houve algum engano. Carregar um peso que acreditamos não nos pertencer é como ter que recolher do chão a roupa suja de outra pessoa. *Esse não deveria ser o meu problema!*, protestamos.

Por anos, eu tinha certeza de que minha doença havia sido enviada para o endereço errado. Eu cuidava da minha saúde, me alimentava bem, fazia exercícios, passava tempo com amigos e familiares. Não fazia sentido ter me tornado aquela pessoa cansada, silenciosa e abatida. Mas minha insistência em acreditar que *isso não deveria estar acontecendo comigo* só piorava as coisas. Meu fardo ficou muito mais leve quando aceitei que ele era meu para carregar.

Podemos usar técnicas cognitivas para examinar pensamentos que sufocam a gratidão, como o raciocínio "tudo ou nada" que me fazia pensar que "nada estava dando certo" durante o período da minha doença. Eu estava focado de forma estreita no que não ia bem e ignorando tudo o que estava, como um visitante do Louvre que só nota o vaso sanitário entupido. Quando me perguntei se minha crença era mesmo verdadeira, percebi que nada poderia estar mais longe da realidade. Eu podia respirar! Isso não era pouca coisa. Eu podia ficar de pé. Eu podia andar, mesmo com a fadiga. Minha dificuldade na voz tornava difícil expressar verbalmente meu amor aos meus filhos, mas eu ainda podia abraçá-los.

Simplesmente focar a respiração, sem trazer mais nada à mente, já pode ser uma prática de gratidão. Afinal, é a sua respiração que o mantém vivo. Sustente essa consciência, sem palavras, enquanto oferece agradecimento por essa respiração... e por essa... e por essa...

Existem muitas maneiras de nos lembrarmos do que temos — desde o ar que enche nossos pulmões até as pessoas que preenchem nossa vida. Com prática, podemos treinar nossa mente para reconhecer o presente da vida em todas as suas manifestações, para além da estreita faixa das nossas expectativas. Podemos escolher direcionar nossa atenção para os 95% da nossa vida que estão bem, em vez de para 5% que são imperfeitos.

Aja: Pratique a gratidão

Embora a gratidão não possa ser forçada, **Pense. Aja. Seja** oferece muitas práticas que abrem a porta para essa experiência.

REGISTRE EM UM DIÁRIO

Durante minha depressão, a sensação predominante ao final de cada dia era: *foi difícil*. Minha atenção, previsivelmente, se voltava mais para o negativo do que para o positivo. Mas, mesmo nos dias que pareciam pura luta, ainda havia muitas coisas boas que tinham acontecido. Eu havia tomado um banho quente. Tinha apreciado boa comida em todas as refeições. Minha família ainda me amava.

Anotar, ao final do dia, as coisas que deram certo é uma forma muito eficaz de direcionar a atenção para o que há de bom em nossa vida. Muitos estudos mostram que essa prática simples pode despertar a gratidão.[12] O registro diário também nos ajuda a prestar mais atenção, ao longo do dia, no que está funcionando — o antídoto para a crença de que "nada está dando certo para mim".

Como parte da minha própria terapia cognitivo-comportamental, comecei a manter um caderno ao lado da cama e a escrever, todas as noites, pelo menos três coisas boas do dia, logo antes de dormir. Se você quiser tentar essa prática, é melhor ser específico do que genérico; por exemplo, em vez de escrever "meus filhos", eu escreveria "jogar bola com meus filhos depois do jantar". Só tenha cuidado para não cair na repetição mecânica, do tipo: "Ar. Água. Comida. Pronto, boa noite."

Recomendo usar um caderno novo para essa prática. Eu já havia feito isso no passado em pedaços soltos de papel ou post-its, mas escrever em algo dedicado especialmente para esse fim me pareceu mais adequado. Ver as páginas se enchendo pode se tornar um lembrete poderoso de tudo o que há de bom na vida. Como em qualquer prática de gratidão, concentre-se apenas nas coisas que está listando, sem tentar forçar um sentimento de gratidão. Ficar avaliando se está "funcionando" provavelmente vai tirá-lo da experiência.

DIGA "OBRIGADO"

Uma das formas mais eficazes de praticar a gratidão também é uma das mais óbvias: simplesmente dizer "obrigado" a alguém. Estar atento às oportunidades de expressar nossa gratidão nos prepara para perceber coisas boas que, de outra forma, poderiam passar despercebidas. Pesquisas mostram que até mesmo escrever sobre as pessoas pelas quais somos gratos aumenta nosso bem-estar, mas o maior benefício vem de expressar diretamente nossa gratidão à própria pessoa.[13]

Podemos praticar em casa, onde as pessoas com quem convivemos tendem a ser "zeradas" junto com o resto das nossas experiências diárias; ser notado e valorizado é algo extremamente benéfico para os relacionamentos próximos. Também podemos levar essa prática para além do lar e agradecer por serviços que muitas vezes passam despercebidos, como o cuidado do peixeiro ao selecionar nosso pescado ou o trabalho do carteiro que entrega a correspondência, faça chuva ou faça sol.

De modo geral, quanto mais específica for a demonstração de apreço, melhor. Frases genéricas como "Obrigado por tudo o que você faz" podem soar sem graça e mecânicas. Normalmente, preferimos ouvir algo como "Adoro o cuidado que você tem ao arrumar as frutas na torta", em vez de "Obrigado por fazer a sobremesa". Ser preciso demonstra um nível maior de atenção às ações da outra pessoa.

A gratidão não depende das particularidades da nossa situação, mas da nossa disposição interna de encontrar alegria. Não importa onde estejamos — ricos ou pobres, com saúde ou doentes —, podemos encontrar gratidão simplesmente decidindo permanecer presentes em nossa experiência.

ABRA-SE PARA A VIDA

Existem muitas formas de convidar a gratidão, e todas elas compartilham um elemento essencial: estar presente. Em sua essência, a disposição de se abrir para a própria vida é, por si só, a essência da gratidão. Com abertura, dizemos "sim" a tudo o que a vida oferece — dos momentos mais luminosos aos mais sombrios. Recebemos a criação exatamente como ela é.

Essa disposição essencial é uma prática espiritual — um ato de adoração. Abrir-se a toda a realidade nos conecta à constância do nosso espírito, à testemunha imutável e sempre presente da experiência. Nosso espírito não está preso a julgamentos binários sobre nossa situação: bom/ruim, a favor/contra, amo/odeio. Essa sintonia espiritual cultiva a gratidão, que, por sua vez, nutre nosso espírito.

A gratidão está implícita na nossa disposição de permanecer no mundo real. Foi gratidão o que descobri naquela noite, na sala de emergência com minha filha, quando resisti ao meu hábito de me desligar no celular. A experiência de "não fazer nada" enquanto esperávamos, com Ada dormindo, transformou-se em uma experiência de "tudo" apenas pelo fato de eu estar consciente de que estava ali — e de que, felizmente, tudo estava bem.

A gratidão gera mais gratidão à medida que a reconhecemos como um presente. Somos gratos por nos sentirmos gratos. "Quando somos gratos por tudo o que nos é dado, não importa o quão difícil seja," escreveu David Steindl-Rast, "não importa o quão indesejado possa ser, a própria gratidão nos torna felizes".[14] Sob essa perspectiva, não há culpa em não se sentir grato, já que estamos privando, antes de tudo, a nós mesmos. O ato de agradecer está entre as incontáveis bênçãos da vida.

Existe uma satisfação mais profunda que as circunstâncias. Como o apóstolo Paulo escreveu aos filipenses: "Aprendi o segredo de estar contente em qualquer situação, seja bem alimentado ou com fome, vivendo na abundância ou na necessidade."[15] A gratidão é a chave. Em outro momento, Paulo disse: "Deem graças em todas as circunstâncias".[16] Tiago foi ainda mais longe: "Meus irmãos, considerem motivo de grande alegria o fato de passarem por diversas provações, pois vocês sabem que a prova da sua fé produz perseverança."[17]

Talvez haja momentos ou dias em que digamos: "Que se dane a gratidão — isso é difícil demais." Às vezes, as coisas são simplesmente difíceis e não conseguimos "agradecer" para sair delas. Às vezes, queremos chorar diante da injustiça de tudo — e podemos estar nessa experiência também. É aí que estamos. Ser grato não significa nunca sentir pena de si mesmo ou nunca desejar alívio para o sofrimento; gratidão e autocompaixão são perfeitamente compatíveis. Não há como encurtar o caminho em volta das nossas provações, usando a gratidão como um "cartão de sair da dor de graça". Algumas vezes, precisamos nos perder no sofrimento antes de poder ser encontrados.

Talvez parte da gratidão que encontramos venha do fato de sabermos que o universo tem espaço até mesmo para nossas frustrações e acessos de autopiedade. Ele acolhe nossas orações egoístas e nossa sinceridade amarga — provavelmente muito mais do que aquela gratidão forçada, dita entre os dentes.

Eu certamente tenho meus dias em que a gratidão parece distante. Sei que ser grato é uma opção, mas escolho resmungar e suspirar pelo que está dando errado. Estou aprendendo a não me sentir culpado por esses episódios. Há até um forte precedente para eles nos textos sagrados. O mesmo livro da Bíblia que proclama "Cantarei para sempre o amor do Senhor".[18] também clama: "Até quando, Senhor? Esquecer-te-ás de mim para sempre? Até quando esconderás de mim o teu rosto?"[19]

Portanto, se você está se sentindo "sobrecarregado por um fardo de preocupações",[20] como escreveu Johnson Oatman Jr., não se preocupe em tentar se forçar a sentir gratidão. Comece por receber esse fardo como seu. A gratidão começa quando dizemos "sim". Permaneça na experiência. Simplesmente perceba o que você tem: a dor, a luta, os recursos para responder e crescer.

Quando entramos de forma voluntária em cada situação que vivemos, podemos descobrir uma alegria e uma satisfação que transcendem nossas circunstâncias. A gratidão fundamentada em *ser um praticante da atenção plena* transformará profundamente a maneira como pensamos sobre a vida. Ela nos guiará a agir de formas que promovam mais atenção plena e gratidão. E está intimamente ligada a encontrar o descanso de que precisamos para o corpo e a mente — como veremos a seguir.

8

ENCONTRE DESCANSO

O descanso é fundamental para voltarmos para nós mesmos e encontrarmos paz e conexão. Neste capítulo, você verá por que a atenção plena é essencial para descansar e como ela pode trazer mais leveza mesmo enquanto você trabalha. Também descobrirá os tipos de pensamentos que costumam dificultar o verdadeiro descanso e como neutralizá-los. E, como verá, é possível descansar até mesmo do desejo de que a vida seja diferente do que é — o que abre caminho para uma aceitação consciente cada vez maior e para uma conexão mais profunda com a própria experiência.

Nos primeiros anos do meu consultório particular, eu apenas fazia de conta que levava a sério a importância do autocuidado e do gerenciamento do estresse — sempre com um asterisco mental (*se houvesse tempo). Era um período intenso na minha vida: três filhos pequenos, um cargo de professor em tempo integral em uma faculdade local e um consultório particular em expansão. Mesmo ajudando meus pacientes a lidar com níveis esmagadores de estresse, raramente me permitia o tempo de que eu mesmo precisava para lidar com o meu.

Quando meus horários regulares ficaram lotados, comecei a atender pacientes aos sábados e, à noite, por videoconferência de casa. Resistia a tirar folga, mesmo quando estava doente. Suspeitava que talvez estivesse trabalhando demais, mas achava quase impossível reduzir as horas. Não suportava a ideia de recusar ajuda a pessoas que precisavam exatamente do tipo de tratamento que eu oferecia. Também temia pela segurança financeira da minha família, já que meu contrato temporário como professor estava prestes a acabar. "E se eu não tiver horas suficientes no consultório?", eu me preocupava. "Como pagaremos a hipoteca e o seguro de saúde?"

Logo, as longas jornadas e o estresse constante começaram a me cobrar um preço alto. Eu estava mais irritado em casa, a ponto de meu filho, então com 5 anos, me chamar com frequência de "Papai Bravo". Os compromissos familiares passaram a ser incômodas interrupções, tirando tempo do trabalho que eu achava que não podia perder. Passei a beber mais para relaxar no fim do dia. Já não sentia o entusiasmo que, anos antes, me levara a ser terapeuta, e o alívio que eu sentia quando chegava o fim de semana era ofuscado pelo peso de saber que a segunda-feira estava logo ali. Mesmo uma semana de férias parecia muito curta. E, ainda assim, eu persistia. "Eu *deveria* conseguir dar conta disso", eu insistia em silêncio. "Só preciso aprender a lidar melhor com o estresse." Mas esse "deveria" não mudava a realidade do meu esgotamento.

Foi preciso um encontro de perto com a morte para que eu abrisse os olhos para o preço alto do estresse sem controle. Certa noite, enquanto pedalava por um cruzamento a caminho de casa, olhei para a direita e vi que um carro iria avançar um sinal vermelho — ele passou com tudo. Freei bruscamente, por instinto, e o carro passou voando na minha frente. Senti-me tonto ao perceber que poderia ter morrido. Um segundo depois, pensei: "Pelo menos tudo isso teria acabado." Esse pensamento assustador me fez perceber que uma parte de mim daria boas-vindas à morte, só para se livrar de tanta pressão.

Como podemos reduzir o estresse e encontrar formas eficazes de descansar em meio às nossas vidas corridas? Essa pergunta guiou as grandes mudanças que fiz nos anos seguintes — e acabou me levando a descobrir a plenitude de descanso que está disponível para todos nós.

Reconheça o Estresse

Quando percebi, pelo canto do olho, que aquele carro não iria parar, meu sistema nervoso simpático preparou meu corpo para agir e evitar o perigo. Minhas glândulas suprarrenais liberaram adrenalina na corrente sanguínea, meu coração acelerou, minha respiração ficou mais rápida e várias outras mudanças me ajudaram a escapar da frente do carro.

Momentos depois, meu corpo também ativou o eixo hipotálamo-hipófise-adrenal (HPA), que faz as glândulas suprarrenais liberarem outro conjunto de hormônios, como o cortisol, que mantém o corpo em estado de ativação. Você provavelmente conhece bem a sensação de cortisol elevado durante períodos de muito estresse — como na semana de provas finais ou numa fase difícil no trabalho. É muito difícil relaxar quando estamos "vibrando" nessa frequência mais alta.

Enquanto pedalava para casa, eu ainda sentia os efeitos da adrenalina: o coração batendo forte, as pernas trêmulas. Eu estava mais vigilante que o normal, redobrando a atenção nos cruzamentos para ter certeza de que o caminho estava livre antes de seguir. Quando cheguei em casa, meu sistema nervoso parassimpático já havia assumido o controle com a chamada resposta de *descanso e digestão*, que neutraliza os efeitos do sistema simpático. A tensão extra foi saindo do corpo e da mente, e logo me senti relativamente calmo de novo.

Nossos sistemas nervosos são projetados de forma incrível para lidar com períodos curtos de estresse. Diante de uma ameaça, o cérebro aciona uma resposta de corpo inteiro para nos manter seguros, preparando-nos para lutar, fugir ou congelar. Ter uma reação de estresse robusta em situações de risco de vida é algo muito positivo: ela é ativada para nos proteger de uma ameaça aguda e se acalma assim que o perigo passa.

Mas, para muitos de nós, o estresse não é uma experiência rara e passageira; em vez disso, vivemos constantemente tensos, como se estivéssemos em uma eterna semana de provas finais. Muitas vezes, os perigos que tememos nem são reais; sentimos o peso de coisas assustadoras que imaginamos, como perder o trem ou o emprego. Correr de um compromisso para o outro só aumenta o estresse, alimentando uma sensação incessante de urgência. Essa pressão contínua e a percepção constante de ameaça mantêm o sistema nervoso simpático e o eixo HPA permanentemente ativados. Com o tempo, o fluxo constante de hormônios do estresse cobra um preço alto da mente e do corpo — mesmo quando nossa vida cheia de compromissos parece, paradoxalmente, vazia.

Qualquer coisa que exija uma resposta de você pode ser fonte de estresse. Quais são as principais fontes de estresse na sua vida? Reflita sobre como ele está afetando seu corpo,

sua mente e talvez até sua saúde. Você precisa de maneiras mais eficazes de gerenciar o estresse?

Os efeitos do meu próprio estresse sem controle continuaram a me impactar por anos e contribuíram para minha eventual doença crônica. A dificuldade para dormir que passei a ter foi um dos primeiros sinais de que eu estava afogado em estresse. Outros indícios incluem tensão física, ansiedade, irritabilidade, problemas digestivos, abuso de álcool e depressão — todos sintomas que experimentei enquanto o estresse persistia. Muitas vezes, a doença física vem em seguida, como aconteceu comigo.

Ainda assim, levei muito tempo para reconhecer o papel que o estresse desempenhava na minha saúde física. No auge da minha doença, eu frequentemente sentia como se todo o meu corpo estivesse vibrando, como um alarme que alguém havia esquecido de desligar. Eu me percebia constantemente levantando os ombros, meio encolhido, como se estivesse me preparando para um impacto. Essa tensão física alimentava uma sensação constante de desconforto. Eu estava sempre no limite, me assustava com qualquer coisa, e até os gritos de alegria dos meus filhos soavam como choques no meu sistema nervoso.

Quando percebi o quanto estava estressado, recorri aos métodos habituais para aliviar a pressão — massagens mensais, férias com a família, meditação diária —, mas o alívio era passageiro. Às vezes, essas próprias atividades acabavam alimentando meu estresse. Durante uma semana na praia, por exemplo, eu estava constantemente monitorando meu nível de tensão: "Agora estou relaxado? E agora?" Cada vez que me checava, sentia um pequeno pico de ansiedade, pois aquelas férias pareciam minha grande e única "chance de relaxar" antes de voltar à pressão incessante que me aguardava. Eu havia trocado o estresse do trabalho pela preocupação com o estresse.

O descanso em relação ao estresse pode nos escapar mesmo quando corpo, mente e espírito estão desesperados por ele. Técnicas comuns de manejo do estresse, como exercícios de relaxamento, podem ser úteis, mas muitos de nós descobrimos que não são suficientes. O tempo de pausa também é parte crucial do alívio do estresse — como veremos mais adiante neste capítulo — e a maioria de nós se beneficiaria de mais dele. Mas, como constatei com meus pacientes e comigo mesmo, podemos ficar estressados independentemente do que estejamos fazendo. O verdadeiro descanso está menos ligado a fazer ou deixar de fazer, e mais ligado ao *ser*.

Seja: Deixe o Peso

Anos atrás, trabalhei para um chefe difícil que exigia constantemente que os funcionários provassem seu valor. Foram dias exaustivos — é difícil se sentir em descanso quando você está sempre ouvindo que não está fazendo o suficiente. Que alívio foi deixar aquele emprego e o estresse diário que ele trazia. Mas acabei percebendo que eu era perfeitamente capaz de gerar meu próprio estresse por dentro.

A maioria de nós carrega o peso constante do medo de não estar à altura, mesmo sem um chefe autoritário. Com uma voz sutil, que muitas vezes nem percebemos, estamos criticando quase tudo o que fazemos: "Está bom o suficiente?" Já flagrei meu próprio pensamento sussurrando críticas mesmo enquanto faço coisas que adoro, como cozinhar: "Tem certeza de que está espremendo água suficiente das batatas raladas?", ele cochicha enquanto preparo *latkes*. Cada tarefa pode parecer um teste de valor pessoal e uma oportunidade para fracassar e decepcionar alguém — nosso chefe, nossos filhos, nossos pais, nosso cônjuge, Deus, nosso eu mais elevado. É um peso e tanto. Não é de admirar que nos estejamos estressados o tempo todo.

Pense em quaisquer sentimentos de inadequação que você possa estar carregando. Com que frequência sente que não está à altura? Que pensamentos autocríticos costuma ter? Reflita sobre como esses padrões mentais contribuem para o seu estresse diário.

Não importa quanto tempo de folga tiremos se não deixarmos de lado nossos medos de "não ser o suficiente". Já levei meu estresse para as férias, preocupando-me que tudo desmoronaria enquanto eu estivesse fora e temendo a pilha de coisas que teria para fazer ao voltar. Não confiava que poderia simplesmente me desligar, com medo de receber um telefonema avisando que um paciente estava em crise. Eu tinha certeza de que as coisas dariam errado sem a minha atenção e envolvimento emocional constantes. Não havia pausa na tentativa incessante de garantir que tudo funcionasse.

Até mesmo minha prática de meditação oferecia pouco descanso quando eu a encarava como mais um item da minha lista de afazeres e mais uma prova que eu poderia passar ou reprovar. Por fim, percebi que a confiança consciente é o coração do descanso. Passei a confiar que poderia parar de me esforçar para evitar fracassos ou para ser algo mais — e que eu tinha permissão para descansar sendo quem eu já era. Essa foi a peça-chave que me faltava enquanto o estresse minava minhas forças.

Minha paciente Alex também encontrou essa forma mais profunda de descanso. Como tantos pais que trabalham, ela sentia que estava falhando tanto no trabalho quanto em casa — e que todos estavam decepcionados com ela. Desenvolvera insônia crônica e carregava aquele olhar de "exausta e acelerada" que já vi em muitos pacientes. Alex falava com nostalgia de sua fantasia de abandonar as longas horas de um trabalho altamente exigente para viver de forma simples, compartilhando mais tempo com o parceiro e os dois filhos pequenos. Ela ansiava pelo descanso de que corpo e mente precisavam e tinha esperança de que o mindfulness pudesse ajudar.

Trabalhamos juntas por várias semanas na prática da presença e da aceitação consciente, tanto na meditação quanto nas atividades do dia a dia. Ela aprendeu a se concentrar no que estava fazendo quando a mente era puxada para um futuro incerto, e a aceitar a si mesma e sua situação — incluindo suas limitações tão humanas.

Fiquei impressionado com as mudanças que vi em Alex quando a encontrei alguns anos depois da nossa última sessão. Ela havia mantido a meditação e a atenção plena no cotidiano que começamos a cultivar juntos, e irradiava uma leveza que eu não percebera nem no fim do nosso trabalho. Ela chegou a coordenar um treinamento de mindfulness no local de trabalho e também estava compartilhando as práticas com a esposa. Juntas, estavam encontrando mais harmonia no casamento. Alex ainda enfrentava o estresse de um trabalho exigente, mas já não vivia obcecada com a possibilidade de fracassar.

Os elementos fundamentais do mindfulness que exploramos podem facilitar o descanso.

Quando focamos o que está bem diante de nós, deixamos de lado as ameaças futuras que nossa mente cria.

Quando abraçamos a realidade, abrimos mão da exaustiva luta para fazer as coisas acontecerem do nosso jeito.

A partir desse lugar de enraizamento, conseguimos nos descentralizar de pensamentos e emoções difíceis, observando-os à distância. Podemos até nos descentralizar do próprio estresse e reconhecer que, embora estejamos passando por ele, existe dentro de nós um observador que permanece perfeitamente em paz.

Senti a mesma leveza que Alex quando finalmente depositei no chão o peso mental e emocional que vinha carregando. Ele estava comigo havia tanto tempo que eu pensava que fazia parte de quem eu era. Percebi que não precisava ser tão duro comigo mesmo e que meu valor não dependia da minha produtividade ou do meu sucesso. O alívio que encontrei estava mais perto do que eu imaginava. Não dependia de férias nem de uma técnica especial de respiração. Está disponível em qualquer momento — mesmo quando estamos em plena atividade.

TRABALHE COM LEVEZA

Minha extraordinária professora de voz, Diane Gaary, costuma me incentivar a me perguntar se posso "fazer menos". Ela não quer dizer tirar uma folga, mas sim encontrar mais leveza em qualquer coisa que eu esteja fazendo — seja falar, caminhar, escrever ou qualquer outra atividade. Com presença consciente, essa leveza está sempre disponível. Podemos aprender a empregar apenas o esforço necessário para o que estamos realizando, sem tensão adicional.

Ver essa leveza em ação pode ser hipnotizante — o pulso relaxado de um violinista solista, a forma fluida de um nadador olímpico, o fluxo tranquilo de um riacho cristalino. O esforço está completamente focado no que se faz, e não em tentar forçar um resultado desejado. O gavião que, anos atrás, vi circulando do lado de fora da janela do meu consultório me cativou porque encarnava a leveza que me faltava. O melhor desse tipo de descanso é que podemos encontrá-lo em qualquer circunstância — no trabalho, nas férias, nas pausas das atividades. Enquanto escrevo estas linhas, já estou fazendo menos do que estava há um instante, só por perceber que podia.

Talvez, até neste momento, enquanto você lê, seja possível fazer um pouco menos. Libere algo de que não precisa: uma tensão física desnecessária, esforço em excesso, uma preocupação de fundo, a suposição constante de fracasso. Permita que surja a sensação de leveza que vem quando você já não está se esforçando tanto.

Estabelecer a consciência consciente e a leveza é essencial para encontrar um descanso pleno e de todo o coração. Sem uma base no *ser*, nossos esforços para relaxar podem acabar com muito esforço e pouco relaxamento, como se o gerenciamento do estresse fosse apenas mais uma meta a cumprir. O mindfulness nos ajuda a liberar a orientação para tarefas e simplesmente sintonizar com este momento. Com essa maior atenção ao presente, conseguimos reconhecer a "assinatura" do estresse — pensamentos frenéticos, estômago contraído, mandíbula tensa, a qualidade da energia circulando pelo corpo. E então podemos escolher pensamentos e ações que nos permitam liberar o estresse e encontrar descanso.

Pense: Deixe a mente apoiar o descanso

As histórias que contamos a nós mesmos frequentemente nos impedem de permitir o próprio descanso. Muitas dessas histórias vêm de crenças centrais implícitas, tão familiares que parecem verdades fundamentais. Um fio condutor comum nesses pensamentos é a ideia de que, de alguma forma, precisamos compensar um déficit.

IDENTIFIQUE A HISTÓRIA

A história de Alex era: "Tenho que dar conta de tudo"; descansar parecia irresponsável quando havia tanto a fazer. A minha história era: "Não me é permitido parar de me esforçar." Eu vivia com o pé no acelerador, movido por pensamentos temerosos sobre o tempo acabando — de que chegaria ao fim do dia, do mês ou da vida e perceberia, com arrependimento, que não tinha feito o suficiente.

Se você está tendo dificuldade para conseguir o descanso de que precisa, comece a ouvir a história que está contando a si mesmo. As mais comuns incluem:

Descansar é para os fracos (preguiçosos, mimados).
Preciso de permissão para descansar.
Mais descanso significa menos produtividade.
Não mereço fazer uma pausa.

Não estou fazendo o suficiente.
Se não estou estressado, é porque não estou trabalhando duro o bastante.
Tenho que deixar todo mundo feliz.

Escolha um ponto de partida diferente — a suposição de que você já é suficiente, confiando que terá tudo de que precisa — para transformar sua relação com o descanso. Essa mudança mental também pode aliviar a pressão de sentir que você não tem tempo suficiente.

FAÇA AS PAZES COM O TEMPO

Nossa relação com o tempo é central para nossas experiências de estresse. Anos atrás, minha esposa e eu trabalhamos em um acampamento de verão onde a equipe se revezava para lavar a louça de dezenas de campistas. Alguns funcionários pareciam desesperados para terminar a tarefa quando chegava sua vez, jogando coisas de um lado para o outro e gritando para que todos fossem mais rápidos enquanto esfregavam panelas e carregavam a lava-louças. A mensagem implícita de "isso está demorando demais" criava um clima frenético de estresse na cozinha.

A sensação constante de que tudo está demorando demais sempre foi meu calcanhar de Aquiles. Era exaustivo sentir que eu estava sempre correndo contra o relógio, não importava o que estivesse fazendo — lavar roupa, cozinhar, me exercitar, escrever. Até programar o forno costumava ser um tormento, já que cada toque no botão aumentava a temperatura em cinco graus. Se eu precisava chegar a 230 °C, parecia que ficava ali uma eternidade. Até que, um dia, me perguntei: *Quanto tempo realmente demora para chegar a 230 °C?* (Rufem os tambores...) Sete segundos. Tive que rir. Era por isso que eu estava me atormentando? Será que meu bem-estar não valia mais do que sete segundos?

Muitos de nós sentimos uma pressão constante para ir mais rápido, como se o tempo fosse nosso inimigo. Tudo parece demorar demais quando estamos apressando o que fazemos para chegar logo à próxima coisa. Quando insistimos que algo está levando tempo demais, estamos lutando contra o tempo — e essa é uma batalha que nunca vencemos. Querer que as coisas terminem mais rápido não fará com que elas acelerem, e ainda vai drenar o prazer de qualquer atividade.

Permita que, hoje, uma atividade leve exatamente o tempo de que ela precisar. Abra mão da pressa de terminá-la para passar logo à próxima. Lembre-se, quantas vezes for necessário, de que o relógio não é seu inimigo e simplesmente permaneça na tarefa pelo tempo que ela levar.

Também vale estar atento a um erro muito comum: acreditar que podemos encaixar "só mais uma coisa" em um intervalo de tempo muito curto, como colocar uma máquina de roupa para lavar antes de sair para um compromisso. O estresse extra causado por esse acréscimo quase nunca compensa o pequeno ganho de produtividade.

Quando contamos a nós mesmos histórias melhores, ficamos mais preparados para planejar comportamentos que nos permitam descansar.

Aja: Descanse do Fazer

O estresse muitas vezes se autoalimenta. A sensação de ameaça dispara um reflexo de fazer mais, mesmo quando o que realmente precisamos é de uma pausa. É como um termostato com defeito: em vez de desligar o aquecedor quando o ambiente esquenta, ele aumenta ainda mais a temperatura. O resultado é um ciclo descontrolado de ocupação e estresse.

Quando eu estava sobrecarregado de trabalho e outros compromissos, nenhuma prática de relaxamento ou pensamento saudável conseguia neutralizar o excesso de estresse que eu mesmo assumia. Eu continuava tentando "abrir janelas" para refrescar as coisas, quando o que eu precisava mesmo era "diminuir o aquecedor". Embora seja verdade que podemos estar presentes e encontrar leveza em qualquer coisa que façamos, chega um ponto em que o simples volume de atividades é tão grande que impede qualquer possibilidade de descanso.

Não somos máquinas capazes de trabalhar sem parar sem perder o equilíbrio. "Nossas atividades criam algo como uma força centrífuga", escreveu David Steindl-Rast em *Gratefulness, the Heart of Prayer*. "Elas tendem a nos afastar do centro e a nos levar para preocupações periféricas. E quanto mais rápido gira a roda das nossas atividades diárias, mais forte é essa força."[1] É muito mais fácil estar presente quando não estamos girando sem parar.

Uma parte crucial da minha recuperação do estresse excessivo foram os períodos de *não fazer*, que permitiram que minha mente e meu corpo relaxassem, dando descanso ao meu sistema nervoso sobrecarregado. Assim como o estresse exigia que eu fizesse mais, o descanso leva a mais descanso. Nessas pausas, encontro o espaço mental e emocional que me reconduz ao meu centro e me ajuda a enxergar com clareza minhas suposições sobre a necessidade de fazer mais.

SAIA DE CENA

Uma das formas mais óbvias de fazer uma pausa é tirar férias. Pesquisas confirmam os muitos benefícios das férias para nossa saúde e nosso bem-estar: mais energia, melhor humor, sensação de mais saúde, além de menos tensão e fadiga.[2] No entanto, esses benefícios tendem a ser de curta duração — como você provavelmente sabe por experiência própria —, e praticamente todo o ganho físico e emocional desaparece em uma ou duas semanas após o retorno.[3]

Isso não significa que os benefícios das férias sejam desprezíveis. Uma das melhores partes de se afastar é ter o espaço necessário para encontrar uma nova perspectiva sobre a vida, como quando conseguimos ver uma montanha com mais clareza à distância. Podemos perceber que o modo como estamos vivendo não está funcionando e decidir fazer mudanças ao voltar, mudanças que durem muito mais do que os efeitos diretos da pausa. Por exemplo, foi apenas durante as férias que percebi as mudanças que queria fazer no meu uso de telas, como descrevi no Capítulo 6.

Ainda assim, não podemos depositar nossa paz de espírito em algumas semanas de férias por ano. Mesmo quatro semanas anuais — mais do que a maioria de nós tira — deixam outras 48 semanas para nos sentirmos sobrecarregados e estressados. Sei que, para mim, uma semana de férias a cada verão não bastava para conter a maré crescente de esgotamento e doença. As próprias férias podem ser cansativas, e muitas vezes voltamos com uma pilha de trabalho acumulado para colocar em dia. Está claro que precisamos de formas de lidar com o estresse que não dependam de férias esporádicas.

DESCANSE TODOS OS DIAS

Por muito tempo, fiquei impressionado com o quão pouco tempo livre eu tinha a cada dia. Não era como se eu planejasse deliberadamente estar ocupado.

Mas, mesmo quando queria trabalhar menos, minha agenda parecia sempre se encher. Finalmente percebi que só *querer* descansar não era suficiente. Eu precisava reservar horários específicos para o *não fazer* — caso contrário, meus dias se enchiam de atividades como tiririca se espalhando por um canteiro de jardim.

Por fim, aceitei que precisava planejar para estar menos ocupado — assim como planejo manter as ervas daninhas longe do meu jardim — e assumir um compromisso de proteger minha agenda. Meu próprio plano **Pense. Aja. Seja** incluía separar um tempo diário para o autocuidado: ler um livro por prazer, sentar no jardim, conversar com meus filhos, não fazer nada. Esses períodos de calma e relaxamento convidavam a uma qualidade de presença que, por si só, reduzia o estresse.

> **Comece a planejar seu dia como se se importasse com a pessoa para quem está planejando. Examine com atenção sua agenda de amanhã e perceba se há algum estresse opcional embutido nela. Por exemplo, você aceitou fazer algo de que poderia abrir mão? Veja também se reservou intervalos entre as atividades e tempo para coisas essenciais como dormir e se exercitar. Você não precisa revolucionar sua agenda de um dia para o outro; basta buscar uma melhoria para amanhã que o deixe mais animado com o dia que virá.**[4]

A partir de um lugar mais calmo e centrado, podemos nos reconectar com a parte espiritual de nós mesmos, que facilmente é deixada de lado quando o estresse está alto. A abordagem mais eficaz é tornar atividades restauradoras parte da nossa rotina, como caminhar todas as manhãs ou almoçar com um amigo às sextas-feiras. Assim, não precisamos decidir a cada vez se vamos ou não as realizar. Parte da minha própria recuperação incluiu sessões curtas de ioga que moldam meu dia — uma antes do café da manhã e outra antes de dormir.

As pausas restauradoras podem ser breves; dedicar apenas quinze minutos na hora do almoço para caminhar ou fazer exercícios de relaxamento reduz significativamente o estresse e a fadiga — não apenas no momento, mas também no fim do expediente.[5] Muitas vezes, encontrei um "reset" mental no horário do almoço apenas caminhando por cinco minutos do lado de fora e conferindo minha caixa de correio. Ao fazer um pequeno investimento no nosso bem-estar no meio do dia, conseguimos terminar a jornada com mais energia e relaxamento. Importante: os benefícios dessas pausas de almoço não vêm apenas de interromper o trabalho, mas de fazer coisas que realmente nos nutrem.

DESCANSE EM ALINHAMENTO

Muitas pessoas com quem trabalhei tiveram dificuldade em encontrar um tempo de descanso realmente restaurador. David, por exemplo, chegava em casa exausto do trabalho e da faculdade e passava a maior parte da noite assistindo a vídeos no YouTube. De certa forma, ele estava relaxando, mas se sentia tão vazio na hora de dormir quanto quando havia chegado. Com o tempo, David percebeu que o que lhe faltava era conexão humana.

Experimente esta abordagem quando estiver se sentindo sobrecarregado por tudo o que precisa fazer. *Seja*: faça uma pausa e volte para si mesmo, usando uma respiração lenta para encontrar seu centro. *Pense*: pergunte-se qual é a história que está contando, como "Não vou conseguir fazer tudo" ou "Não posso me dar ao luxo de parar um pouco". Seus pensamentos são totalmente verdadeiros ou existe uma alternativa mais realista? *Aja*: veja que forma de descanso pode oferecer a si mesmo — como uma caminhada de cinco minutos pelo quarteirão ou um banho relaxante. Se não puder descansar imediatamente, pode planejar fazer isso em breve, tendo algo para esperar com prazer?

O verdadeiro descanso está em oferecer à mente, ao corpo e ao espírito aquilo de que eles realmente precisam. Às vezes, precisamos descansar ficando deitados e lendo o fim de semana inteiro ou tirando um cochilo. Em outros momentos, precisamos sair e movimentar um corpo carente de exercício. Há ocasiões em que descansar significa ficar sozinho; para David, porém, descansar da solidão significou encontrar-se com amigos depois do trabalho — algo que ele achou muito mais satisfatório do que sua antiga rotina. A atenção plena o ajudou a perceber do que realmente precisava nas noites e a responder de acordo.

Cuidar dos nossos pensamentos e das nossas ações pode ser um grande passo para reduzir o estresse e favorecer experiências cada vez mais profundas de descanso — até mesmo do desejo de ter mais.

DESCANSE DO QUERER

Somos fortemente condicionados a buscar maneiras de melhorar nossa situação, seja encontrando um pouco de prazer ou eliminando o desconforto: instintivamente pegando algo para comer, trocando de canal na TV, rolando o feed das redes sociais — qualquer coisa para afastar aquela vaga sensação de insatisfação que sentimos tantas vezes. Mas o desejo constante de que as coisas sejam melhores nos coloca em conflito com a realidade e impede a paz. Até mesmo o impulso de "se livrar do estresse" pode ser um estado de não descanso, criando um estresse próprio.

Muitas vezes, não percebemos que essa dinâmica gera estresse porque ela é extremamente habitual. Um exemplo óbvio na minha vida foi a relação com o álcool, no qual confiei por anos para "melhorar" meu dias: relaxar, tornar a socialização mais fácil, intensificar a experiência de assistir a esportes. Mas a busca incessante pelo sentimento fugidio de *"no ponto"* trazia, inevitavelmente, uma dose de estresse.

O descanso que tanto desejamos não depende de melhorar o que está acontecendo. Ele está em descansar da crença de que precisamos de algo além do que já temos. O monge trapista Thomas Merton descreveu esse descanso como "além de todo desejo, uma plenitude cujos limites se estendem ao infinito".[6] Podemos parar de buscar aquilo a que estamos apegados, encontrando descanso neste exato momento e liberando qualquer expectativa de que as coisas precisem ser diferentes ou melhores. O descanso está nessa aceitação.

Foi a aceitação consciente que ajudou minha paciente Alex a deixar seu fardo no chão. Com o tempo, ela percebeu que estava em guerra consigo mesma. Por meio da atenção plena, aprendeu a fazer as pazes com quem era e com a bagunça incerta de sua vida diária. Esse era o lar que ela tanto buscava — um lar onde se sentia verdadeiramente acolhida, em paz e reconectada ao seu núcleo espiritual. Ao voltar para si mesma, Alex encontrou descanso na vida que já estava vivendo.

Nosso espírito habita, única e exclusivamente, na absoluta simplicidade do momento presente. Encontrar conexão espiritual nos ajuda a equilibrar o fazer e o *não fazer*, além de questionar os pensamentos que alimentam nosso estresse. O que poderia nos levar a buscar constantemente mais quando já não precisamos fugir dos nossos medos ou provar nosso valor? Encontramos descanso ao perceber que já temos tudo de que precisamos.

O descanso é a pedra angular do nosso bem-estar e do nosso autocuidado. Ele nos permite nos conectar com nós mesmos exatamente como somos e nos sentir em casa em cada momento da nossa vida. E, como veremos no próximo capítulo, ele é parte essencial para cultivar uma relação amorosa com o nosso corpo.

9

AME SEU CORPO

Sua relação com o corpo é uma parte fundamental da conexão consigo mesmo. Todos sabemos que cuidar do corpo é uma boa ideia, mas, ainda assim, muitas vezes temos dificuldade em dormir o suficiente, manter uma rotina consistente de exercícios e seguir uma alimentação saudável. Este capítulo mostra como a abordagem **Pense. Aja. Seja** oferece a alavanca necessária para cumprir suas intenções nessas áreas. Ao oferecer ao corpo cuidado amoroso e conexão, você pode se sentir mais à vontade em sua "casa física".

Minha saúde começou a se deteriorar quando me aproximei dos 40 anos. Primeiro, foi uma laringite recorrente e esforço vocal, que tratei com dez a quinze pastilhas para a garganta por dia. Presumi que meu corpo estava sendo desnecessariamente desagradável e nunca considerei a possibilidade de que ele estivesse tentando me dizer algo importante.

A mensagem logo se tornou mais alta e insistente. "Eu preciso de uma ajudinha aqui", meu corpo avisou quando percebi que já não tinha a resistência que sempre me sustentara nas corridas matinais. Atribuí isso a estar chegando aos 40 e ao declínio inevitável da idade. E então, de repente, ele começou a gritar: "Temos um problema!" Meu sono se desfez. Minha memória falhava. Eu me sentia confuso. Não conseguia completar mais do que um ou dois minutos de treino antes que uma fadiga esmagadora me dominasse. Antes, eu subia as escadas do metrô de dois em dois degraus; agora, subia devagar, um por um, com um peso dolorido nas coxas, parando no topo para recuperar o fôlego. E, enquanto isso, falar tornava-se cada vez mais difícil.

Na época, eu não entendia o que estava acontecendo. Meu corpo tinha feito tudo o que eu lhe pedira nas primeiras décadas da minha vida — de correr e pedalar a encarar longos dias de trabalho e noites maldormidas. Eu só lhe dava atenção quando surgia algum problema temporário, como uma gripe ou uma distensão nas costas. À medida que minha doença se intensificou ao longo dos quatro anos seguintes, passei a amaldiçoar meu corpo, sentindo que ele havia me traído.

Com o tempo, percebi que quem o havia traído era eu — tratando-o como um detalhe distante e assumindo que ele sempre atenderia às minhas necessidades. Eu exigia que cuidasse de mim, mesmo enquanto eu o negligenciava, como se amaldiçoasse um jardim maltratado que eu nunca regava.

Minha doença me ensinou que tudo o que valorizamos — do trabalho às experiências sensoriais mais sutis, das conexões mais simples aos relacionamentos mais profundos — depende de cuidarmos do corpo que nos foi confiado. Então, como tratar o corpo como algo digno de cuidado?

A presença consciente é essencial para cuidar do corpo. Quando nossa mente está no passado ou no futuro, perdemos a conexão com nosso eu físico, que só existe aqui e agora. A pressa para chegar ao "próximo" lugar nos coloca em oposição ao corpo; se acreditamos que precisamos estar lá, então o corpo que está aqui se torna um problema. Em contrapartida, estar presente nos ancora na realidade física e nos permite cultivar uma relação íntima e afetuosa com o corpo. Cuidar dele fortalece nossa consciência plena, aprofundando a conexão com o presente (ver Figura 5).

Figura 5

Vamos explorar três maneiras principais de cuidar e se conectar com o corpo: dormir, se mover e se alimentar.

Durma Bem

O sono é o primeiro pilar do autocuidado. Por muito tempo, eu subestimei a necessidade que meu corpo tinha de dormir, como se aquelas horas aparentemente vazias fossem um desperdício. Mas, embora o sono seja um estado de "não fazer", está longe de ser tempo perdido.

Aprendi o real valor do sono durante vários anos de insônia crônica. Adormecer era fácil, mas permanecer dormindo não. Eu acordava às duas ou três da manhã e, muitas vezes, preferia levantar e começar o dia a ficar rolando na cama. Era uma existência solitária, estar acordado e ativo enquanto o mundo ao meu redor dormia. Passei por inúmeros dias envolto numa névoa de desconexão, ansiando por voltar para a cama, mas temendo outra noite em claro.

Poucas coisas são mais importantes para o nosso bem-estar do que uma boa noite de sono. Incontáveis processos dependem dele — memória, concentração, nível de energia, função imunológica, reparo de tecidos, regulação hormonal. Dormir bem ajuda a prevenir ansiedade, depressão e problemas com álcool,[1] além de tornar você um trabalhador mais produtivo, um motorista mais seguro[2] e um parceiro melhor.[3] Problemas crônicos de sono são frustrantes e desanimadores e podem nos fazer sentir como uma sombra do que realmente somos.

Mas como ter um sono que não apenas seja profundo, mas também nutra o espírito? Os princípios do **Pense. Aja. Seja**, que fundamentam a terapia cognitivo-comportamental (TCC) para insônia, oferecem exatamente aquilo de que precisamos para entrar nesse espaço sagrado do sono. E o primeiro passo para isso é... **não fazer**.

SEJA: SOLTE

O sono é um convite diário à presença consciente, situado entre o dia que você acabou de viver e o dia que ainda vai começar — entre a memória e a fantasia. Por algumas horas, não há nada a fazer e nenhum lugar para estar, além de exatamente onde você está. O sono exige apenas uma coisa — embora "não fazer" seja mais preciso, já que é uma das raras atividades em que mais esforço produz piores resultados.

Em vez de tentar dormir — o que sugere que o sono está sob nosso controle deliberado —, precisamos nos entregar a ele. Nossa única tarefa é **render-se**. Adormecer é um ato de entrega e também de fé. Como escreveu o padre franciscano Richard Rohr, citando Angeles Arrien: "Todas as noites, praticamos o ato de soltar quando nos entregamos ao sono e ao misterioso lugar dos sonhos, confiando que voltaremos."[4] A confiança é essencial para dormir, já que a sensação de ameaça certamente nos manterá acordados. Também é confiar que podemos fazer uma pausa no pensar e no fazer, e descansar num estado de ser.

Pesquisas mostram que poucas coisas são mais valiosas do que a **aceitação consciente** para evitar a frustração quando nosso sono é interrompido pela insônia.[5] Parte dessa aceitação é abraçar a incerteza, confiando que o sono virá, eventualmente, quando oferecemos à mente e ao corpo as condições adequadas. Não surpreende que eu tenha começado a dormir melhor desde que levei a atenção plena para a cama comigo. Quando aceito o que quer que aconteça a cada noite, posso deixar de lado as exigências e expectativas que afastam o bom sono.

É mais fácil aceitar a incerteza sobre o nosso sono quando levamos para ele uma **"mente de principiante"**, aproximando-nos do ato de dormir como se fosse a primeira vez (como descrevi no *Exercício da Uva-Passa*, no Capítulo 5). Em vez de presumir que sabemos exatamente como será a noite, podemos nos abrir para o que ela realmente é. Algumas vezes, dormiremos mal; em outras, o sono virá fácil e profundo.

PENSE: CONSAGRE SUA MENTE

No início do tratamento para insônia, Janine lamentou comigo que gostaria de ter um botão de *desligar* para a mente. Durante o dia, já era difícil deixar de lado pensamentos angustiantes sobre problemas reais ou possíveis; à noite, sem distrações para interromper seus medos, parar de girar as engrenagens da preocupação era ainda mais complicado.

Com frequência, os pensamentos difíceis que passavam pela mente de Janine diziam respeito ao próprio sono, contando histórias sobre como a noite seria horrível e como ela sofreria no dia seguinte. *"O máximo que vou conseguir dormir agora são quatro horas!"*, pensava. *"Amanhã vou estar um caco."*

Se tentasse discutir com esses pensamentos assustadores ou fazê-los parar, eles apenas ficavam mais altos. Durante o tratamento, ela aprendeu a **descentralizar-se** deles — vendo-os como um simples ruído mental, e não como fatos. Com o tempo, conseguiu observar essas histórias à distância, sem se perder dentro delas. *"Talvez sejam verdade, mas talvez não sejam"*, dizia a si mesma. Percebeu, por exemplo, que, embora uma noite maldormida fosse muito frustrante, o dia seguinte nunca era o desastre que ela temia que fosse.

Pratique questionar as histórias que sua mente conta à noite. Comece percebendo que você está tendo pensamentos que talvez não sejam verdadeiros. Depois, veja se existe alguma alternativa que pareça mais provável ou precisa. Não tente se forçar a acreditar nessas alternativas; em vez disso, procure dar menos peso ao falatório mental da sua mente.

Quando minha insônia começou a melhorar, eu ainda costumava ter pensamentos intrusivos ao acordar de madrugada: *"E se eu ficar acordado o resto da noite?"* Em vez de lutar contra essa possibilidade, passou a me ajudar abrir-me a ela: *"Pode ser que sim — e vou lidar com isso se acontecer."* Aceitar o desconhecido torna mais fácil dormir mais, já que não estamos tentando forçar a entrada na inconsciência.

AJA: CONSAGRE TEMPO E ESPAÇO

Princípios comportamentais nos ajudam a alinhar nossas ações com os dois principais impulsos do corpo para o sono: nosso relógio interno e nossa fome de dormir.

Processos ligados ao sono, como a liberação de hormônios e a regulação da temperatura, seguem um ciclo de aproximadamente 24 horas, conhecido como **ritmo circadiano**. Por exemplo, os níveis de melatonina — hormônio que sinaliza ao corpo que é hora de dormir — aumentam pouco depois do pôr do sol e diminuem conforme a manhã se aproxima. Dormimos melhor durante a fase do ciclo que o corpo associa ao sono.

O outro fator crucial — **fome de sono** — é como o apetite por comida: quanto mais tempo ficamos sem dormir, mais ansiamos por isso. Um sono reparador é mais provável quando cultivamos um bom "apetite" para dormir, o que nos ajuda a aproveitar uma "refeição" completa e satisfatória de descanso. Você dormirá melhor quando a sua fome de sono e o seu ritmo circadiano estiverem alinhados — ou seja, quando você tiver ficado acordado o suficiente para estar pronto para dormir **e** o seu relógio interno indicar que é hora de se deitar.

ESTABELEÇA UM HORÁRIO PARA FICAR NA CAMA

O principal princípio para alinhar seus dois impulsos de sono é seguir um horário que corresponda às necessidades do seu corpo. Uma rotina consistente é essencial para fortalecer o ritmo circadiano, de modo que o tempo na cama esteja sincronizado com os processos fisiológicos do sono. Também é importante passar **a quantidade certa de tempo** na cama.

Antes de desenvolver insônia, eu costumava privar meu corpo de sono — como muitos de nós fazemos — confiando na cafeína para vencer o cansaço durante o dia. Hoje, costumo ficar na cama por cerca de sete horas — das 10 da noite às 5 da manhã —, porque meu padrão é dormir de seis horas e meia a sete horas por noite.

Vale lembrar que **tempo demais na cama** pode ser tão prejudicial quanto tempo de menos. Se permanecemos deitados por mais tempo do que conseguimos dormir, acumulamos períodos frustrantes de vigília, que podem transformar a cama em um lugar de ansiedade, em vez de descanso. Busque o ponto ideal em que você se sinta suficientemente descansado e esteja dormindo na maior parte do tempo em que está na cama.

PREPARE O CORPO E O QUARTO

Uma boa noite de sono, na verdade, começa com o que fazemos durante o dia. Podemos preparar o corpo para dormir praticando exercícios físicos — pesquisas mostram que tanto atividades aeróbicas[6] quanto musculação[7] podem melhorar o sono noturno. Algumas pessoas sentem que se exercitar à noite atrapalha, mas estudos indicam que treinar mais próximo da hora de dormir pode até ser mais benéfico.[8] Como sempre, o ideal é observar o que o próprio corpo comunica.

Também dormimos melhor quando evitamos usar o álcool como "atalho" para pegar no sono — ele prejudica a qualidade do descanso e nos faz acordar mais vezes. Refeições pesadas logo antes de deitar podem interferir no sono, assim como a cafeína. Para algumas pessoas, até o café ou chá consumidos pela manhã podem afetar o descanso noturno.

Vale, ainda, preparar o quarto para favorecer o sono: mantê-lo escuro, silencioso e fresco; ter um colchão e travesseiros confortáveis; e escolher lençóis e cobertores agradáveis.[9] Sempre que possível, reserve o ambiente apenas para atividades relacionadas ao sono, mantendo trabalho e dispositivos eletrônicos fora dali — assim, o cérebro passa a associar o quarto exclusivamente ao ato de dormir.

DESACELERE

Eu costumava verificar meus e-mails de trabalho logo antes de dormir — e muitas vezes acabava enchendo a mente com pensamentos ansiosos sobre possíveis problemas. Notícias políticas, filmes intensos ou livros muito envolventes podem ter o mesmo efeito, acelerando o cérebro justamente quando queremos desacelerar. Dormimos melhor quando nossas atividades noturnas estão alinhadas com a preparação natural do corpo para o sono, que começa bem antes de encostarmos a cabeça no travesseiro. Atividades de menor intensidade ajudam a reduzir o ritmo das ondas cerebrais, aproximando-as dos padrões mais tranquilos que favorecem o adormecer.

Criar uma rotina de desaceleração à noite foi essencial para aliviar minha insônia. Na hora que antecede o sono, hoje costumo fazer atividades deliberadamente relaxantes, como tomar um banho morno, ler algo que me dá prazer e praticar alguns minutos de yoga para dormir. Esses rituais preparam meu corpo e minha mente para descansar e criam uma transição suave do fazer para o simplesmente ser.

Reflita sobre como você costuma passar os trinta minutos a uma hora antes de dormir. As atividades que você realiza nesse período tendem a deixá-lo(a) mais agitado(a) ou a ajudá-lo(a) a se preparar para o sono?

Embora uma rotina de desaceleração possa ser muito benéfica, muitas vezes é difícil liberar todo o estresse acumulado ao longo do dia apenas na última hora antes de deitar. No meu caso, o acúmulo de tensão geralmente começava já pela manhã, com o impacto físico da minha doença e as preocupações constantes sobre como o dia iria se desenrolar. Com frequência, eu ainda estava em um estado de hiperexcitação quando ia para a cama, não importava quanto yoga ou exercícios respiratórios eu fizesse à noite. Como escreveu Saundra Dalton-Smith em *Sacred Rest*: "Um sono de boa qualidade é fruto de uma vida bem descansada."[10] Quando aprendemos a reconhecer o estresse que permanece retido na mente e no corpo (ver Capítulo 8), podemos praticar o desapego da tensão ao longo do dia, tornando mais fácil dormir bem à noite.

Como a maioria das pessoas que me procuraram para tratamento da insônia, Janine encontrou alívio por meio dos princípios simples de **Pense. Aja. Seja**. Logo, ela passou a adormecer mais rápido e a dormir de forma mais profunda. Acabou dormindo mais, embora passasse menos tempo na cama; com menos tempo desperta, sua cama deixou de ser um lugar de frustração para se tornar um espaço de descanso. Quando o sono de Janine melhorou, tudo mudou. Ela se sentia não apenas menos exausta, mas também mais otimista. Sua ansiedade diminuiu e ela recuperou o senso de humor.

Por muitos anos, tive uma visão unidimensional do sono — como se fosse apenas bom ou ruim —, e meu único foco, ao lidar com ele, era tentar torná-lo melhor. Mas levei mais tempo para reconhecer que o sono não é apenas um meio de descanso físico e mental: ele é um ritual diário de purificação e renovação, e a base para estarmos presentes durante a vida desperta. Ao prepararmos nossa mente, corpo e espírito, podemos descobrir os aspectos mais belos e misteriosos do nosso mergulho noturno na inconsciência. Com atenção plena, o sono se torna uma profunda prática espiritual.[11]

SONO DIVINO

Em *The Varieties of Religious Experience*, William James citou a experiência de sono de Madame Guyon:[12] "Meu sono às vezes é interrompido — uma espécie de meio-sono; mas minha alma parece estar desperta o suficiente para conhecer a Deus, quando mal é capaz de conhecer qualquer outra coisa." Para Madame Guyon, o sono parecia abrir um portal para o divino.

O sono ocupa um lugar de destaque em muitas tradições espirituais. As escrituras hebraicas apresentam vários relatos de sonhos divinamente inspirados, como quando José previu sete anos de fartura e sete anos de fome com base nos sonhos do faraó.[13] Escritos cristãos primitivos também mencionam orientações divinas recebidas durante o sono, como quando os magos foram advertidos a não voltar ao rei Herodes depois de presentear Jesus.[14] Nos Salmos, o sono é descrito como um presente de Deus: "Inútil levantar cedo e dormir tarde, trabalhando arduamente por alimento — pois Ele concede sono àqueles a quem ama."[15]

O hinduísmo também aborda o sono: "A felicidade do sono profundo é maior do que todas as outras formas de felicidade ou prazer nascidos do contato com os sentidos", escreveu Swami Krishnananda.[16] Visões semelhantes sobre o sono aparecem em escritos do sufismo,[17] uma forma de misticismo islâmico. Buda associou o sono à iluminação, afirmando que "o iluminado [...] sempre dorme feliz";[18] outros textos budistas ensinam que alguns sonhos podem ser proféticos.[19]

Há descrições, nas tradições místicas judaicas da alma deixando o corpo durante o sono e recebendo "revelações que não podem acontecer [...] quando a pessoa está acordada".[20] Muitos de nós já experimentamos um sono revelador, como quando despertamos com a solução para um problema que não conseguimos resolver durante o dia. Senti que meu sonho de morte, no qual encontrava o amor perfeito entre as estrelas, revelava algo verdadeiro sobre a natureza da realidade. É desconcertante perceber que nosso "eu adormecido" pode saber coisas que nosso "eu desperto" desconhece.

O sono nos oferece, a cada noite, a oportunidade de entrar no campo da consciência espiritual. Ao cuidarmos dele, estamos alimentando nossa conexão com as partes mais profundas de nós mesmos. Essa conexão não apenas nos ajuda a desfrutar de todos os presentes que o sono oferece, mas também pode enriquecer nossa vida desperta.

Crie um ritual que marque o início do seu período de sono, assim como artistas marciais se curvam sempre que cruzam o limiar de seu espaço de prática. Por exemplo, respire lentamente três vezes ao se acomodar na cama e libere tudo o que não diz respeito ao dormir. Ao retornar ao mundo desperto pela manhã, reserve um minuto para ancorar sua atenção no corpo e iniciar o dia a partir de um estado de presença centrada.

Um sono reparador prepara o terreno para a ação do nosso dia — incluindo a prática regular de exercícios físicos, nosso próximo passo no cuidado com o corpo.

Mova-se Como Você Foi Feito para Se Mover

Charles chegou ao meu consultório de terapia exausto e abatido, após anos de estresse e longas horas de trabalho. Parte da ativação comportamental que planejamos juntos incluía retomar a corrida que ele tanto amava, mas havia abandonado por causa da rotina profissional. Alguns meses depois da nossa última sessão, Charles me enviou uma carta dizendo que ainda estava bem. Embora fizesse questão de reconhecer que meu trabalho havia sido útil, ele disse que a maior cura que experimentou veio de suas corridas. Vários pacientes já me disseram que a melhor terapia que tiveram foi uma atividade física, como correr, nadar ou pedalar.

O exercício físico é um antidepressivo amplamente comprovado,[21] mas para Charles, ele trouxe mais do que alívio de sintomas. Correr o fazia sentir-se fiel à sua própria natureza, como um ser físico com um corpo que anseia por movimento. Ele voltou a se sentir ele mesmo ao se reconectar não apenas com o corpo, mas com o ser inteiro — cabeça, pés e coração. Charles redescobriu uma alegria infantil em se mover.

Crianças adoram se movimentar, mas em algum momento, esse impulso deixa de ser nossa expressão natural de alegria. A atividade física passa a ser obrigatória e regrada. Suspeito que deixei parte do meu amor pela corrida na pista de carvão, quando tive de completar a milha obrigatória na aula de educação física da sétima série. Meu corpo era apenas uma ferramenta para atingir uma meta, enquanto eu mantinha os olhos fixos no relógio durante quatro voltas sem alegria.

E, ainda assim, fomos feitos para nos mover. Nossos ancestrais não tinham como evitar a atividade física, já que sua sobrevivência dependia de caçar e coletar alimento. Hoje, é comum passarmos a maior parte das horas em que estamos acordados sentados. Talvez nem percebamos o quanto somos sedentários. Antes da minha doença, eu acreditava levar um estilo de vida ativo por fazer um breve treino pela manhã e pedalar cinco minutos até o trabalho e de volta — ignorando as dez horas que passava sentado(a) no escritório e as horas sentado(a) em casa.

Ficar sentado(a) tornou-se um hábito tão enraizado para mim que eu nem queria me levantar para encher meu copo d'água ou pegar um livro na estante. Conforme meu corpo ficava fraco e rígido pelo desuso, mover-se deixava de ser agradável, e eu ficava mais propenso(a) a lesões. Meus quadris viviam constantemente tensos, de modo que caminhar era desconfortável, e minha lombar frequentemente travava quando eu me levantava após ficar sentado(a) por algum tempo. Eu me sentia muito mais velho(a) do que meus 40 anos. Essas dores e incômodos drenavam ainda mais minha motivação para me mover, alimentando um estilo de vida perigosamente sedentário.

Abandonei meus exercícios matinais nos primeiros estágios da doença, à medida que o cansaço se instalava, e, aos poucos, deixei também de pedalar e de levantar peso. A falta de movimento intensificou minha depressão e minha frustração com o próprio corpo. Para ser sincero(a), eu sentia inveja das corridas de Charles. Os benefícios físicos do exercício não são segredo, e ele também pode reduzir a ansiedade[22] e aliviar a depressão.[23] A atividade física ainda apoia outros aspectos de um estilo de vida saudável, como uma alimentação melhor[24] e um sono mais reparador.[25]

E, no entanto, muitas vezes lutamos para mover nosso corpo. Como podemos redescobrir a alegria de movimentar o corpo todos os dias? Os princípios de **Pense. Aja. Seja** podem ajudar. Começamos pelo *ser*, conectando-nos com o corpo no momento presente; essa conexão nos torna mais inclinados a fazer o trabalho de cuidar desses templos da mente e do espírito.

SER: CONECTE-SE COM O CORPO EM MOVIMENTO

No passado, meus treinos eram como açoitar um cavalo para que corresse em volta da pista; meu corpo estava ali para me servir, sem qualquer senso de parceria. O exercício que passaria a integrar meu tratamento autoguiado precisaria se basear em uma colaboração estreita com o corpo.

Sintonizar-me com ele me ajudou a perceber do que realmente precisava. Não era uma hora de treinos intervalados de alta intensidade ou de aulas de spinning. Fiz da caminhada e do yoga minhas principais formas de exercício, complementadas por sessões curtas de treino de força. Depois de uma noite particularmente ruim de sono, eu reduzia a intensidade do treino para acompanhar meu nível de energia, em vez de exigir que meu corpo desempenhasse como se estivesse plenamente descansado.

Nesse período, descobri a alegria do movimento consciente, especialmente por meio do yoga. Eu nunca tinha imaginado o quanto poderia ser prazeroso sentir o corpo enquanto ele se move e respira. Qualquer conexão consciente com o corpo em movimento pode ser surpreendente — desde os movimentos involuntários da respiração até a destreza das mãos que se abrem e se fecham. (Experimente agora, se quiser.) Há também alegria em observar o movimento alheio. Muitas vezes, em sessões de terapia, fiquei hipnotizado(a) pelos gestos das mãos de um paciente enquanto ele falava. O movimento humano é, por natureza, poético.

A partir dessa base de presença e consciência plenas, podemos nos voltar para os pensamentos que podem interferir na prática de exercícios.

PENSAR: ELIMINE OS BLOQUEIOS MENTAIS

O obstáculo para o movimento muitas vezes está na nossa mente. Quando passei por períodos de inatividade, percebi minha mente recorrendo a vários erros clássicos de pensamento. O maior deles é a falácia do "vou fazer mais tarde". Eu sabia muito bem que, se não me exercitasse pela manhã, havia 99% de chance de não o fazer naquele dia. Mas, se estivesse com pressa para começar a trabalhar, conseguia me enganar acreditando que teria tempo e disposição mais tarde.

Também não é muito eficaz tentar nos "obrigar" a nos mover. O *dever* pode, na verdade, diminuir a motivação, pois desperta resistência. Quando alguém —

inclusive nós mesmos — diz que *devemos* fazer algo, uma parte de nós tende a se rebelar contra o que parece uma obrigação pesada. É mais útil focar o porquê de querermos nos mover,[26] como a alegria que podemos sentir durante a atividade.

Muitas vezes também me deixei enganar pelo raciocínio emocional. Se eu não estava com vontade de me mover, tendia a concluir que não deveria fazê-lo. Mas nossos sentimentos geralmente seguem nossas ações, de modo que, uma vez que começamos a nos movimentar, a motivação costuma vir em seguida. Esse raciocínio emocional frequentemente se soma à "adivinhação do futuro", quando digo a mim mesmo que vou me sentir miserável durante o treino. Essa previsão normalmente se baseia em como me sinto no início, como quando penso que vou sentir frio o tempo todo na piscina. Na realidade, o choque inicial da água fria logo dá lugar ao prazer de deslizar pela água.

Também é preciso tomar cuidado com o pensamento do tipo "tudo ou nada", que diz que, se você não pode fazer o treino completo, é melhor não fazer nada. No caso do exercício, *quase sempre algo é melhor do que nada*.

Quando for difícil se movimentar, verifique se as histórias que sua mente conta não estão atrapalhando. Seus pensamentos estão drenando sua motivação para se exercitar? Comece a substituir ideias pouco úteis por outras mais realistas; por exemplo, combata o pensamento "tudo ou nada" lembrando-se de que qualquer movimento é benéfico.

Ao desafiar esses pensamentos prejudiciais, você estará abrindo caminho para a ação.

AGIR: TORNE DIVERTIDO E FÁCIL

Ainda me lembro do melhor treino que tive no verão de 1999 — duas horas de dança folclórica enquanto trabalhava em um acampamento de verão no Maine. Foi tão divertido que nem percebi o quanto estava sendo exigente fisicamente. Infelizmente, muitas vezes vivemos a experiência oposta com o exercício: sentimos toda a dor e nenhuma alegria. É muito difícil manter mudanças duradouras quando elas parecem punição.

O movimento prazeroso, por outro lado, pode se parecer mais com dançar do que com se exercitar. Ao construir um estilo de vida mais ativo, podemos nos perguntar: que tipo de movimento colocaria um sorriso no meu rosto e me faria sentir vivo(a)? Exercício faz tão bem à saúde quando não é punitivo — e você tem muito mais chance de mantê-lo na rotina.

Procure atividades que tragam uma recompensa relativamente imediata, em vez de promessas como "uma vida mais longa" ou "um coração mais forte". Recompensas distantes têm muito menos apelo quando estão além do nosso horizonte mental. Benefícios imediatos podem incluir se exercitar com outras pessoas ou escolher movimentos que combinem com seu corpo. Eu sempre detestei correr, mas raramente precisava me convencer a subir na minha bicicleta.

Mudanças graduais nas rotinas de movimento funcionam melhor. É natural nos sentirmos atraídos por desafios de trinta dias ou reviravoltas radicais na rotina de exercícios, mas essas abordagens raramente se sustentam. Basta faltar um dia para cair no efeito "ah, quer saber?" e abandonar tudo. Em vez de planejar se exercitar sete dias por semana, por exemplo, podemos começar com duas vezes por semana. Essa abordagem também é melhor para o corpo, que precisa de tempo para se adaptar às novas exigências e evitar lesões.

Parte de construir esse hábito de forma gradual pode incluir dividir nossos planos de exercício e assumir o compromisso de um pequeno passo de cada vez. Se vamos correr pela manhã, por exemplo, podemos deixar tênis e shorts separados na noite anterior. Assim, não gastamos nossa motivação matinal tentando encontrar o equipamento. Além de reduzir o "custo" de colocar o corpo em movimento, também podemos aumentar o "custo" de desistir do treino elevando nosso nível de responsabilidade. Sei que teria faltado a muitas corridas se não tivesse me amarrado ao "mastro" ao combinar com um parceiro de treino que me esperava.

APAIXONE-SE NOVAMENTE

Seu corpo quer se mover de todas as formas possíveis — seja alongando, caminhando, agachando ou levantando peso. É muito mais fácil se movimentar quando você se apaixona pela atividade física e começa a procurar oportunidades para se mexer, em vez de procurar desculpas para evitar o movimento.

Encontre pequenas formas de usar o corpo ao longo do dia, fora do contexto do exercício, como levantar-se mais vezes

para encher sua garrafa de água. Resgate o movimento como seu estado natural — não porque ele faz bem ao corpo, previne a demência, melhora o humor ou o sono. Mova-se pelo simples prazer de se mover, permitindo que seu corpo faça aquilo para o qual foi criado.

Se perceber que está tendo dificuldade para se exercitar, volte à conexão com o corpo. Cuide primeiro desse relacionamento essencial. Quando ancoramos nossa atenção no corpo, o movimento se torna meditação em ação. Descobrimos gratidão — até mesmo reverência — pela matéria inspirada que compõe nosso eu físico. Cada movimento passa a ser um ato de louvor.

Sente-se confortavelmente, deixando as mãos repousarem no colo. Ao inspirar, estenda os braços para os lados, com as palmas voltadas para baixo. Preste muita atenção às sensações do movimento. Expire e una as palmas diante do coração. Inspire e estenda novamente os braços; depois, ao expirar, descanse as mãos no colo. Repita três vezes, continuando a sintonizar-se com seu corpo e sua respiração.[27]

Movimento e alimentação estão intimamente ligados, já que o que comemos se transforma em energia e ação. Cada dia nos oferece inúmeras oportunidades de amar nosso corpo por meio daquilo que colocamos em nossa boca.

Coma para Viver

Quando eu trabalhava em clínica em tempo integral, raramente fazia uma pausa adequada para o almoço. Eu me ressentia pelo tempo que gastava comendo, como se fosse uma intromissão no que *deveria* estar fazendo. Na maioria dos dias, almoçava na mesa, enquanto escrevia meus prontuários ou colocava os e-mails em dia. Se estivesse especialmente apertado(a) entre as sessões, tinha de escolher entre fazer um lanche rápido ou ir ao banheiro. Ou será que não...? Minha solução, muitas vezes, era enfiar um punhado de castanhas na boca e mastigá-las durante o trajeto até o banheiro. Além de demonstrar falta de respeito por mim mesmo(a), isso é simplesmente nojento.

Comer parecia algo puramente utilitário, sem qualquer conexão com o alimento que estava animando minha experiência. Muitas vezes, tratamos a alimentação como uma atividade descartável, quase sem perceber o que estamos colocando na boca. Muitos de nós também enfrentam dificuldades por comer demais ou consumir muitos alimentos pouco saudáveis. Podemos até nos sentir insatisfeitos com nossos hábitos alimentares, mas ainda assim ter dificuldade para promover mudanças duradouras.

Como podemos comer de uma forma que nutra mente, corpo e espírito? Quando estamos plenamente presentes às nossas refeições, comer pode se transformar em um exercício de alegria em uma celebração do simples fato de estarmos vivos.

SER: ALIMENTE A CONEXÃO

Alface normalmente não me deixa emocionado, então fui pego de surpresa quando uma única folha me trouxe lágrimas aos olhos, anos atrás, durante um jantar. Eu já tinha comido milhares de saladas na vida, mas nenhuma como aquelas folhas jovens que a anfitriã havia acabado de colher da horta. Ela me ofereceu uma amostra antes do jantar, e foi como se eu estivesse provando a própria vida.

Nosso alimento não precisa ser colhido na hora, direto do jardim, para que possamos nos conectar com ele; qualquer refeição pode ser um convite para celebrar nossa existência por meio da própria substância que nos mantém vivos. Não é preciso muito para restabelecer a conexão com nosso corpo e com nossa experiência. Podemos fazer isso simplesmente respirando devagar uma ou duas vezes antes de comer e reconhecendo que estamos prestes a nutrir o nosso corpo.

Ao se sentar para uma refeição, faça três respirações lentas e tranquilizadoras. Na primeira, traga a mente de volta ao corpo, percebendo as sensações que notar. Na segunda, abra sua atenção para o ambiente ao redor, incluindo as pessoas com quem está comendo. Na terceira, observe o alimento diante de você, reparando nas cores, texturas e aromas.

Fica mais fácil estar presente quando nos sentamos à mesa para comer, guardamos outras atividades e, se possível, compartilhamos a refeição com outras pessoas. Partilhar o alimento nos conecta a outros seres humanos; afinal, a palavra "companheiro" vem das raízes latinas para "com" e "pão". Partilhar o pão reforça nossa humanidade comum. Estar presente e relaxado também favorece uma boa digestão, razão pela qual o sistema nervoso parassimpático, que acalma o corpo, é chamado de sistema "descansar e digerir".

Com presença atenta, passamos a perceber melhor como nossas escolhas alimentares influenciam o que sentimos. Anos atrás, comi o melhor sanduíche italiano que já havia provado. Cerca de uma hora depois, enquanto tentava trabalhar, senti como se estivesse dopado(a). Mal conseguia manter os olhos abertos. Já tinha vivido experiências semelhantes muitas vezes depois de comer bagels enormes ou montes de massa, mas foi a primeira vez que relacionei aquilo à grande quantidade de carboidratos refinados que havia ingerido. Em teoria, não seria difícil perceber a ligação entre certos carboidratos e minha letargia pós-refeição, mas só fui reconhecer isso já na casa dos 30 anos.

A área da saúde mental também demorou a reconhecer a nutrição como um fator essencial para o nosso bem-estar. Eu mesmo(a) nunca perguntava sobre a alimentação dos meus pacientes até alguns anos atrás, pois assumia que teria pouca relevância para as questões que iríamos trabalhar. Mas um número crescente de estudos vem mostrando que nosso bem-estar mental e emocional está intimamente ligado aos alimentos que consumimos.[28]

Não faltam opções de dieta para escolher — e tampouco existe um consenso claro sobre do que o corpo humano realmente precisa. No entanto, a maioria concorda em um ponto básico: as opções mais nutritivas se assemelham à sua forma original, como vegetais, frutas, castanhas, leguminosas e peixes. Quase todas as dietas também concordam que alimentos altamente refinados, como açúcar e farinha branca, não oferecem ao corpo aquilo de que ele precisa.

Minha crise de saúde me obrigou a melhorar minha alimentação, o que se tornou uma parte importante do meu processo de cura. Percebi que meu relacionamento com a comida estava carregado de ansiedade e que eu comia em excesso de forma recorrente, tentando satisfazer um desejo persistente de *mais*. O que defini para mim — e que recomendo aos meus pacientes quando falamos sobre alimentação — é: ouça seu corpo e aumente a consciência sobre como os alimentos e bebidas afetam você.

PENSAR: CUIDE DA SUA RELAÇÃO COM A COMIDA

Nossa mente muitas vezes nos leva a comer coisas que tentamos evitar, mas também pode ser uma aliada poderosa para melhorar nossa alimentação. Jim descobriu, em nosso trabalho juntos, que pensamentos que "davam permissão" estavam impulsionando seus lanches noturnos. "Você se comportou bem o dia todo", sua mente lhe dizia. "Você merece se dar um presente!" Quando Jim identificou esses pensamentos, percebeu que eram apenas histórias movidas pelo desejo por alimentos que não lhe faziam bem. Ele passou a achar útil dizer a si mesmo: "Eu mereço me sentir bem depois das refeições."

Também podemos flagrar nossos pensamentos nos dizendo para comer mais do que precisamos. Eu acreditava, como muitas pessoas, que comer o suficiente significava ficar completamente cheio(a). Mas essa mentalidade muitas vezes me levava a sentir um desconforto intenso logo após a refeição. Uma pergunta mais útil é: "Ainda estou com fome?".[29] Essa simples mudança de perspectiva me ajudou a ouvir melhor as necessidades do meu corpo e evitar comer até o ponto de incômodo.

AGIR: COOPERE COM VOCÊ MESMO(A)

Princípios comportamentais também podem nos ajudar a comer melhor. Há alguns anos, eu costumava comer uma ou duas tigelas de cereal pouco antes de dormir, o que levava à indigestão e prejudicava meu sono. Quando decidi quebrar o hábito de comer tarde da noite, encontrei um truque simples: escovar e passar fio dental logo após o jantar. Eu não queria ter que repetir a rotina de higiene bucal mais tarde, caso comesse de novo — o que, na prática, tirava o lanche da meia-noite de cogitação.

Esse pequeno hábito se baseia em um grande princípio da ação: torne mais difícil fazer aquilo que você não quer fazer. Por outro lado, também podemos reduzir o tempo e o esforço para acessar os alimentos que queremos comer mais, como preparar lanches saudáveis com antecedência. Outra estratégia é buscar formas mais saborosas de preparar esses alimentos. Por exemplo, eu mal tolerava couve-de-bruxelas nos meus primeiros 35 anos de vida. Até que, um dia, eu as comi assados com alho[30] — e minha vida nunca mais foi a mesma.

Assim como acontece com o exercício, tendemos a fazer mudanças radicais e "tudo ou nada" na alimentação. Mas é fácil passar do "tudo" para o "nada" quando quebramos nossas próprias regras, como quando tomamos um sorvete "proibido" e pensamos que, já que começamos, é melhor acabar com o pote inteiro. Alterações drásticas também aumentam as chances de sentirmos falta dos alimentos que cortamos, ofuscando o prazer que poderíamos encontrar naqueles que estamos comendo. Como vimos antes com o exemplo do meu amigo que não corria, é quase impossível apreciar uma atividade definida pelo que *não* estamos fazendo.

Em vez disso, busque mudanças graduais se quiser melhorar sua alimentação. Você pode começar tornando uma refeição por semana um pouco mais saudável — talvez acrescentando mais do seu vegetal favorito ao almoço das quartas-feiras, por exemplo. Melhorias graduais também ajudam você a sentir os benefícios do que está acrescentando ao prato, sem ser dominado(a) pela sensação de perda do que foi retirado.

Pratique o cuidado com seu corpo tornando seu próximo almoço um pouco melhor do que o habitual. Imagine que está preparando a refeição para alguém que você ama. Procure incluir toques especiais, como um guardanapo de pano de verdade e talheres de metal. Reserve tempo suficiente para comer sem pressa e saboreie a experiência de uma refeição feita por alguém que se importa com você.[31]

Tendemos a encarar a comida de forma diferente quando partimos de uma relação atenta e cuidadosa com o corpo — como se estivéssemos alimentando uma criança que amamos. Reconhecemos que não estamos apenas enchendo o estômago, mas também abastecendo os pensamentos e as ações que nos tornam quem somos. Essa conexão do coração orienta nossa mente e nossas mãos a práticas de **pensar** e **agir** que são essenciais para alinhar nossas ações às nossas intenções. As escolhas alimentares que resultam disso irão, de fato, satisfazer mente, corpo e espírito.

Um Abraço Completo

Conectar-se com o próprio corpo é como voltar para casa e reencontrar um velho amigo. Uma única respiração, feita com atenção ao corpo, já nos convida de volta ao fluxo contínuo da consciência plena. Essa conexão simples pode nos levar a algo mais profundo do que imaginamos. Unir mente e corpo no momento presente abre a porta para a conexão espiritual.

À medida que dedicamos tempo para desenvolver nossa relação com o corpo, torna-se mais fácil amá-lo — não apenas cuidar dele, mas abraçá-lo exatamente como ele é. Amar o próprio corpo dessa forma pode ser uma ideia estranha; talvez você nunca tenha gostado da sua aparência ou esteja tendo dificuldade para aceitar as mudanças que vêm com o envelhecimento. Eu certamente não tenho mais o corpo — nem o cabelo — que tinha aos 17 anos. Talvez você esteja frustrado com as limitações do seu corpo, como eu estive durante minha doença.

Mas é justamente quando está em dificuldade que nosso corpo mais precisa de nosso cuidado e nossa aceitação. Não podemos nos obrigar a sentir amor por ele; assim como em qualquer relacionamento, o amor surge de passar tempo juntos e prestar atenção. Receber e trabalhar com o corpo que temos é uma disciplina diária de mindfulness.

Passe alguns instantes sentindo a vitalidade no seu corpo — a força e a energia que percorrem você, mesmo que sua saúde esteja comprometida. Perceba tudo o que seu corpo faz por você todos os dias, começando com cada respiração. Considere também os desafios que ele já superou e talvez ainda esteja enfrentando.

Eu não percebia o quanto meu corpo tinha sido um amigo querido por toda a minha vida, dando-me tudo o que tinha. Até mesmo os sinais de alerta que ele emitia eram para o meu bem — como um detector de fumaça disparando no meio da noite. Meu corpo e eu estávamos juntos nessa, e comecei a me sentir grato(a) por ele ter me acordado.

Continuo enfrentando muitas incertezas em relação à minha saúde. No momento em que escrevo estas linhas, ainda lido com desafios na maioria dos dias, mas minha condição melhorou muito desde que me comprometi a amar o corpo que tenho. Aos poucos, recuperei força e resistência, o que me permite acompanhar minha esposa e meus filhos nas caminhadas em família. Meu sono está muito melhor. Recuperei meu senso de humor — do meu jeito. Ao longo da minha recuperação, passei a ter uma apreciação pelo meu corpo que nunca tive antes, nem mesmo quando tinha cabelo, abdômen definido e energia sem fim.

Nosso corpo nos convida a um relacionamento e retribui nosso amor quando cuidamos bem dele. Atender às necessidades do corpo também nos ajuda a dar o nosso melhor em tudo o que importa para nós — incluindo nossos relacionamentos, tema do próximo capítulo.

10

AME OS OUTROS

Ter relacionamentos fortes e saudáveis é parte essencial para sentir-se em casa no mundo. Neste capítulo, você vai aprender como a atenção plena facilita a conexão não apenas com você mesmo(a), mas também com outras pessoas; como mudar formas comuns de pensar que podem atrapalhar essa conexão; e ações cotidianas que fortalecem os vínculos. Você também vai descobrir como permanecer em paz consigo mesmo(a) mesmo quando seus relacionamentos estão em tensão.

Tina ficou surpresa com o quanto se abalou ao ver o pai segurando a sobrinha recém-nascida. Eu já vinha trabalhando com Tina havia algumas semanas, principalmente em relação à ansiedade que ela enfrentava desde os 18 anos.

"O que foi difícil em ver seu pai com o bebê?", perguntei.

"É que eu sei que ele nunca me segurou assim", respondeu.

A dor em suas palavras me atingiu em cheio. O pai de Tina estivera ausente durante a maior parte da infância dela, e ela não guardava nenhuma lembrança de ter sentido seu afeto. A experiência dolorosa de vê-lo expressar o amor que ela tanto desejara abriu dentro dela uma porta cuja existência desconhecia. Do outro lado, havia um enorme vazio de perda, e ela, compreensivelmente, recuou. Era como se a profundidade daquela tristeza pudesse engoli-la inteira.

Mesmo sendo um terapeuta relativamente novo, eu sabia que minha responsabilidade era acompanhar Tina nesses lugares escuros e dolorosos — caminhar com ela até os cômodos que haviam sido trancados por tanto tempo. Ao validar seu profundo sentimento de perda, Tina se dispôs a entrar nesse espaço assustador e sentir a tristeza não reconhecida que carregava havia tanto tempo. Em nossas conversas seguintes, ela descobriu que grande parte de sua ansiedade vinha de uma crença central de que era "não digna de amor". Essa percepção ajudou Tina a começar a questionar os medos de abandono que alimentavam sua ansiedade e prejudicavam seus relacionamentos.

A qualidade dos nossos relacionamentos é o maior fator determinante do nosso bem-estar mental e emocional — para o bem ou para o mal. De uma forma ou de outra, relacionamentos foram uma questão central para todas as pessoas com quem trabalhei em terapia. Algumas vinham especificamente para lidar com o casamento ou com relações no trabalho. Outras ainda estavam se recuperando de uma infância abusiva ou de um divórcio doloroso. Não era raro que alguém procurasse terapia quando a ansiedade ou a depressão começava a atrapalhar seus relacionamentos — por exemplo, contribuindo para conflitos com o parceiro.

O Melhor e o Pior

Como terapeuta, testemunhei o pior que podemos fazer uns aos outros. Atendi um homem cuja mãe, em crises de raiva, quebrou os dois braços dele quando ele tinha apenas 2 anos. Trabalhei com homens e mulheres que se sentiam mais solitários ao lado do parceiro do que quando estavam realmente sozinhos. Vi pacientes que, enquanto enfrentavam problemas de saúde — assim como eu —, recebiam mais raiva do que compreensão de seus entes mais próximos. Atendi pessoas como Tina, marcadas pela ausência de um dos pais. Cada um de nós é moldado por nossas conexões mais íntimas.

Ao mesmo tempo, também presenciei o melhor que podemos oferecer uns aos outros. Muitos dos que tratei e que tiveram pensamentos suicidas disseram que um relacionamento próximo ajudou a mantê-los vivos. Eu mesmo(a) fui trazido(a) de volta à vida repetidas vezes pela conexão com minha esposa. Quando eu não conseguia enxergar nada de bom que estivesse trazendo para nossa família, Marcia me lembrava de que eu ainda trabalhava e cuidava dos filhos o melhor que podia, e que eles sentiam o meu amor. Quando me sentia um caso perdido, ela me assegurava que eu não era um fracasso. Eu não acreditava em muito do que ela me dizia, mas sabia que ela acreditava — e isso bastava.

Não consigo imaginar como teria sido ir para a cama sozinho(a) todas as noites, carregando meu medo, minha dor e minha confusão. É fácil imaginar-me afundando cada vez mais na depressão e me perdendo em suas profundezas. Naquela época, não precisei de muito esforço para entender como o meu avô havia tirado a própria vida quando tinha pouco mais da idade que eu tinha então. Sem a força sustentadora dos relacionamentos amorosos, o desespero pode nos arrastar de forma irreversível. Sustentar a esperança por alguém que já a perdeu pode salvar essa vida.

O mesmo relacionamento pode ser, muitas vezes, fonte tanto de profundo conforto quanto de intensa dor. Os relacionamentos são inevitavelmente complexos; duas pessoas que trazem consigo todas as suas feridas, preconceitos e defesas precisam, de algum modo, encontrar conexão e compreensão. Como, então, experimentar mais harmonia e intimidade em nossos relacionamentos? O caminho para o melhor que eles podem oferecer será familiar, pois se baseia em tudo o que você já aprendeu até aqui com a abordagem **Pense. Aja. Seja**. O coração de relações fortes é simples e óbvio: estar presente com outra pessoa.

Ser: Compartilhe Presença

Estar plenamente presente é o solo sobre o qual crescem nossos relacionamentos, como a terra que acolhe uma semente. Mais do que qualquer palavra ou ação específica, uma presença aberta e acolhedora constrói conexão — e enriquece as práticas de **pensar** e **agir** que exploraremos mais adiante. Comunicamos que estamos inteiramente presentes simplesmente ao prestar atenção.

OFEREÇA ATENÇÃO

Vejo meus filhos muitas vezes ao longo do dia, mas recentemente tive a experiência de realmente vê-los. Percebi as variações de cor em seus olhos, o jeito característico como cada um se move, as particularidades que fazem deles quem são. O calor e o amor que senti por eles naquele momento partiram meu coração.

Todos nós conhecemos a diferença entre estar no mesmo cômodo com alguém e realmente *estar* com essa pessoa. Quando estamos plenamente presentes, existe um reconhecimento silencioso de que estamos aqui juntos — de que nos vemos mutuamente. A conexão mais profunda está sempre disponível quando escolhemos, de forma deliberada, entrar na experiência de presença.

Acolhemos a conexão com nossos filhos oferecendo-lhes nossa atenção total, mesmo que apenas por alguns instantes. Podemos encontrá-la com amigos quando nos voltamos totalmente para eles e enxergamos além do nosso olhar habitual — quando olhamos, e depois olhamos de novo, com a mente de principiante. Podemos até encontrá-la com pessoas que acabamos de conhecer, quando dedicamos um momento para realmente vê-las. Já senti isso na fila do caixa do supermercado, por exemplo, quando perguntei à pessoa à minha frente o que faria com tantos tomates. De repente, estávamos no mundo um do outro, compartilhando um entendimento que desfazia a ilusão de "estranhos".

Não precisamos acrescentar nada extra ou ostensivamente "espiritual" para encontrar uma conexão profunda com outra pessoa. O espírito se manifesta nos relacionamentos por meio de nossas palavras e ações cotidianas, quando nossa atenção está no presente. Vamos além de mente e corpo ao estarmos plenamente presentes com nossa própria mente e nosso próprio corpo. Quando habitamos por completo o *aqui e agora* compartilhado deste mundo, encontramos uma conexão que transcende o próprio tempo e espaço.

PRATIQUE A ACEITAÇÃO

Estar plenamente presente com outra pessoa inclui aceitá-la como ela é. É fácil aceitar nossas partes favoritas de alguém, é claro — e muito mais difícil acolher os aspectos que nos desafiam. Não tenho problema algum em aceitar a obediência alegre dos meus filhos, mas me esforço para aceitar seus ocasionais atos de desafio. Não é apenas uma questão de preferir quando eles são cooperativos; às vezes, chega a parecer que os momentos difíceis simplesmente "não deveriam" acontecer.

Por mais simples que pareça aceitar os outros como eles são, muitas vezes, tropeçamos nesse ponto. Eu mesmo(a) passei muito tempo lutando para aceitar que um chefe com quem trabalhei tinha uma personalidade difícil. Sabia disso intelectualmente, pois todos que já haviam trabalhado para ele me haviam alertado. Ainda assim, uma parte de mim continuava acreditando que eu poderia dizer ou fazer a coisa certa para que essa pessoa deixasse de ser desafiadora.

Cheguei quase ao meu limite certo dia, repetindo mentalmente: "Por que ele está sendo tão difícil?" Até que, finalmente, me ocorreu: porque ele *tem* uma personalidade difícil. A longa lista de funcionários que haviam deixado sua organização era prova disso. Senti um grande alívio ao aceitar essa realidade. Eu não precisava mais lutar contra os fatos ou tentar encontrar a resposta perfeita que transformaria meu chefe em uma pessoa razoável.

É especialmente importante deixar claro o que queremos dizer com "aceitação" no contexto dos relacionamentos. Aqui, significa reconhecer que uma pessoa é como é. Não quer dizer permitir que ela nos maltrate ou abrir espaço para comportamentos tóxicos em nossa vida. Pelo contrário, aceitar que meu chefe era difícil fez parte do que me levou a buscar outro emprego. A verdadeira aceitação conduz a ações adequadas e nos ajuda a nos libertar de relações prejudiciais.

Você já se viu lutando para aceitar um relacionamento difícil na sua vida? Imagine como seria aceitar que a pessoa simplesmente é difícil de lidar, sem acreditar que ela deveria ou vai mudar. Como esse tipo de reconhecimento poderia influenciar a forma como você interage com ela?

Não importa o que estejamos vivendo com outra pessoa, enfatizar a aceitação levará a resultados melhores. Aceitar os outros nos poupa de irritações desnecessárias, pois não precisamos mais "bater a cabeça na parede" tentando forçá-los a mudar. Ser verdadeiramente aceito(a) é igualmente profundo — é ser conhecido(a), com todas as falhas, e acolhido(a) exatamente como se é. Na maioria das vezes, recebemos apenas metade disso: somos aceitos, mas não realmente conhecidos, como acontece com colegas de trabalho; ou conhecidos, mas não realmente aceitos, como com um pai ausente ou um parceiro crítico. Ser ao mesmo tempo conhecido(a) e aceito(a) pode nos ajudar a baixar as defesas e a abraçar a nós mesmos com mais plenitude.

Também podemos praticar a aceitação nas interações momento a momento. A chave é simplesmente dizer "sim" ao que está acontecendo a cada instante. Isso não significa ceder a todos os pedidos nem baixar a guarda de forma imprudente. Mas significa perceber quando estamos tentando dobrar a realidade à nossa vontade. Em vez de tentar fazer uma conversa difícil desaparecer ou forçar alguém a enxergar as coisas do nosso ponto de vista, escolhemos permanecer abertos.

Essa forma de aceitação exige que deixemos de lado o apego aos nossos objetivos para uma interação. Ter um objetivo fixa nossa mente em um modo de avaliação, no qual comparamos a fantasia do que gostaríamos que acontecesse com a experiência real. Não podemos estar plenamente presentes no fluxo de troca de um relacionamento se estivermos presos ao resultado que desejamos.

É difícil praticar a aceitação quando esperamos que as pessoas sigam nossas solicitações. Muitas vezes, apressei-me em insistir para que um de meus filhos obedecesse às regras, por exemplo, sem perguntar por que não queria fazê-lo. Frequentemente havia uma boa razão — como quando nossa filha mais nova, Faye, não foi dormir no horário porque estava terminando um cartão para o meu aniversário. Estar aberto(a) a essas reviravoltas inesperadas leva a menos rupturas nos relacionamentos.

Encontrar aceitação pode ser extremamente difícil quando nosso ego entra em choque com o de outra pessoa. A boa notícia é que teremos oportunidades infinitas para praticar aceitar que as pessoas nem sempre vão concordar conosco e que, às vezes, seremos mal interpretados. Podemos aceitar que, em certos momentos, seremos tratados(as) de forma injusta e que as pessoas podem acreditar em coisas que, para nós, não fazem sentido.

Podemos até aceitar que nossos relacionamentos nem sempre serão como gostaríamos, ao permitir que o apego sinta proximidade e conexão ou a ter uma conversa significativa. Com atenção plena, podemos nos afastar um pouco e observar nossas reações diante de um relacionamento tenso, em vez de deixar que o conflito determine totalmente nossos pensamentos e nossas emoções. Com aceitação, desfrutaremos relações melhores, com menos atrito interno e externo.

A simplicidade da conexão consciente é um ponto de partida sólido para lidar com os muitos obstáculos que dificultam compartilhar presença. O pensamento e a ação conscientes podem oferecer apoio adicional para remover esses obstáculos e nos ajudar a reencontrar o caminho até o outro.

Pensar: Verifique Suas Presunções

Sou grato(a) por ter descoberto a terapia cognitivo-comportamental (TCC) relativamente cedo no meu casamento, há mais de vinte anos, quando ainda estava no mestrado. Uma das primeiras coisas que me atraíram foi perceber como meus pensamentos a respeito de Marcia podiam afetar nosso relacionamento.

Certa noite, não muito tempo depois de ter aprendido os fundamentos da terapia cognitiva, estávamos discutindo enquanto eu preparava uma pizza congelada para o jantar (e, curiosamente, não me lembro do motivo do conflito). No meio da briga, percebi que estava tratando minhas suposições sobre as intenções de Marcia como se fossem fatos. A forma como eu a via e o que sentia em relação a ela se baseavam inteiramente nas minhas crenças — que talvez não fossem verdadeiras.

Naquele instante, caiu a ficha: essa pessoa podia parecer completamente diferente para mim dependendo do que eu pensava sobre ela. Pensamentos negativos me faziam vê-la da pior maneira possível: sem amor, irracional, injusta. Quando meus pensamentos eram mais positivos, ela me parecia generosa, calorosa e gentil. O filtro dos meus pensamentos influenciava meus sentimentos em relação a Marcia, e esses pensamentos e sentimentos coloriam a qualidade das nossas interações. Pensamentos positivos levavam a bons sentimentos e interações harmoniosas; pensamentos negativos, a sentimentos ruins e conflitos. Ambos podiam gerar um espiral — rumo à conexão e intimidade ou à raiva e ao ressentimento.

Quando alguém que estou atendendo está com dificuldades em um relacionamento próximo, muitas vezes examinamos juntos as presunções dessa pessoa. Houve a vez, por exemplo, em que uma paciente de 14 anos afirmou que sua mãe, dona de casa e mãe de cinco filhos, "não fazia nada o dia todo"; não foi difícil descobrir que, na realidade, ela trabalhava mais horas que qualquer outra pessoa da família. Outra vez, questionei a crença de um homem de que sua parceira, ao deixar objetos no chão, esperava que ele os recolhesse. Na verdade, ela simplesmente não percebia sua própria bagunça.

Da próxima vez que você se sentir magoado com um amigo ou familiar, anote seus pensamentos sobre essa pessoa. Em seguida, examine cada um deles mais de perto. É 100% verdade? Conta a história completa? Perceba como esses pensamentos afetam seus sentimentos em relação a essa pessoa querida. Por fim, pense em pelo menos uma outra forma de encarar a situação que possa ser mais precisa.

As suposições que fazemos nos relacionamentos muitas vezes são uma forma de distorção cognitiva — ou erro de pensamento. Com a *supergeneralização*, por exemplo, podemos acreditar que nosso parceiro é "sempre" crítico ou "nunca" gosta dos presentes que damos. As ações e emoções que surgem a partir disso se baseiam em uma forma equivocada de ver as coisas, já que a verdade normalmente tem muito mais nuances.

Com a *catastrofização*, podemos pensar que um amigo jamais nos perdoará por um simples erro — algo que, se os papéis estivessem invertidos, nós facilmente relevaríamos.

Com a *personalização*, presumimos que um motorista agressivo quis nos provocar, quando, na verdade, ele pode simplesmente estar com pressa. O *raciocínio emocional* pode nos levar a interpretar o mundo pelo filtro do ciúme e acreditar, sem fundamento, que nosso cônjuge está sendo infiel. Como percebi naquela noite em que preparava pizza com Marcia, minhas emoções muitas vezes coloriam minhas crenças sobre ela de maneiras que não eram necessariamente verdadeiras.

Com um *falso senso de responsabilidade*, podemos pensar que a felicidade dos nossos filhos depende inteiramente de nós. O *Pensar* nos ajuda a perceber e questionar cada uma dessas suposições equivocadas.

Uma das falsidades mais comuns da mente é lançar "deverias" sobre pessoas que não estão fazendo o que queremos que façam.

CUIDADO COM O "DEVERIAM"

Eles deveriam ser mais gentis comigo.
Eles deveriam me respeitar.
Eles deveriam admitir que estou certo.

Lembro-me de ter me flagrado lançando meus "deveriam" às pessoas no metrô de Washington, D.C., anos atrás. Eu não tinha paciência para o passo lento dos turistas quando estava correndo para pegar o trem para o trabalho ou para a aula. "Eles *deveriam* sair da minha frente", eu pensava, cerrando os dentes. Quando não estava com pressa, eu "deveriava" mentalmente aqueles que passavam apressados por mim: eles *deveriam* relaxar; qual a pressa? Qual o incêndio para apagar? Qualquer que fosse o meu ritmo naquele momento, ele se tornava o padrão — e o resto do mundo precisava obedecer aos meus desejos.

Na TCC, tratamos o "deveriam" como um erro de pensamento, porque ele não está alinhado com a realidade. Quando dizemos "deveria" ou "deveriam", é como se estivéssemos sugerindo que temos acesso à Lei do Universo e que alguém a está violando. Mas como minha preferência poderia ditar o que as pessoas ao meu redor *devem* fazer? O que era verdadeiro era o meu desejo: eu queria que os turistas andassem mais rápido ou ficassem à direita na escada rolante. Eu queria que os apressados não me fizessem sentir que eu estava atrapalhando. Eu poderia aliviar muita tensão desnecessária simplesmente aceitando que meus desejos nem sempre seriam atendidos e que ninguém estava quebrando nenhuma regra.

Além disso, os "deveriam" não são muito eficazes para levar os outros a mudar de comportamento. O tom moralista de um "deveria" desperta as defesas e a resistência das pessoas, tornando-as menos propensas a colaborar. Também é fácil contestar um "deveria". "Você *deveria* levar o lixo para fora" é algo discutível — a outra pessoa pode argumentar que não, que não *deveria*. Já dizer "Seria muito importante para mim se você levasse o lixo para fora" é mais difícil de refutar. A pessoa ainda pode recusar o pedido, mas provavelmente não vai insistir que isso não teria importância para você.

Preste atenção aos momentos em que você lança um "deveria" sobre alguém na sua vida. Como esse "deveria" afeta seus sentimentos e suas ações em relação a essa pessoa? Existe uma maneira mais útil de reformular essa afirmação?

Também podemos questionar nossos "deveriam" a respeito das dificuldades nos relacionamentos. Algumas das piores brigas são justamente aquelas que achamos que *não deveriam* estar acontecendo. Na realidade, os relacionamentos às vezes são desafiadores, e é inevitável que enfrentemos decepções e conflitos — mesmo que pareça absurdo estarmos discutindo por algo tão pequeno. Em vez de resistir ao fato de que esses atritos existem, podemos direcionar nossa energia para aceitar que, sim, às vezes temos discussões banais, e então atravessá-las com o máximo de leveza e elegância possível.

QUESTIONE A LEITURA MENTAL

"Ela deve estar pensando que estou patético", pensei numa noite, enquanto acenava para Marcia pela janela da cozinha. Eu me sentia fraco e exausto ao voltar de levar o lixo até a calçada, e presumi que estivesse com a mesma aparência que o meu estado interno. Suposições automáticas como a minha são comuns nos relacionamentos — e, muitas vezes, nem percebemos que as estamos fazendo. A mente é especialista em esconder suas próprias invenções bem diante dos nossos olhos, especialmente quando elas *parecem* tão verdadeiras, como era o meu caso.

No entanto, eu havia criado o hábito de questionar minhas suposições como parte da TCC que conduzia por conta própria e, dessa vez, minha mente se deu conta: "Será que minha esposa acha que estou patético?" Eu tinha a oportunidade perfeita para testar a veracidade dessa crença: podia simplesmente perguntar se ela tinha pensado isso ao me ver pela janela.

Marcia me olhou como quem diz que eu estava sendo absurdo. "Não, Seth", respondeu. "Isso nem teria passado pela minha cabeça." Nunca podemos ter 100% de certeza de que alguém está sendo honesto conosco, mas eu acreditei nela. Minhas suposições sobre o que ela pensava não tinham nada a ver com ela — e tudo a ver com a forma como eu me via. Ao desafiar minha crença e descobrir que ela estava equivocada, me libertei do peso desnecessário de uma crítica que eu mesmo havia imaginado.

Quando achamos que estamos lendo a mente de outra pessoa, muitas vezes estamos apenas lendo a *nossa* própria mente e projetando isso sobre ela. Mesmo que não possamos perguntar diretamente o que passou pela cabeça de alguém, ainda assim podemos desafiar nossos pensamentos automáticos negativos sobre o que essa pessoa estaria pensando. Às vezes, podemos acertar — cônjuges, de fato, às vezes acham que o parceiro está sendo patético —, mas, na maioria das vezes, estaremos enganados e sofreremos à toa.

Perdi a conta de quantas vezes precisei flagrar minha mente repetindo mentiras conhecidas, capazes de me afastar de Marcia, como "Ela não se importa comigo" ou "Ela acha que sou um idiota". Há muito menos problemas no nosso relacionamento quando não parto do pressuposto sobre quais são as motivações dela, o que está pensando ou o que "deveria" estar fazendo. Assim, consigo ir além das mentiras e meias verdades da mente, que confundem meu raciocínio e turvam as águas do nosso relacionamento.

No entanto, a expressão mais completa de **Pense. Aja. Seja** não se limita a tentar nos convencer de que as pessoas são bondosas ou de que pensam coisas boas a nosso respeito. O mindfulness amplia o alcance da terapia cognitiva, como vimos nos capítulos anteriores, oferecendo equilíbrio mesmo quando nossas suposições negativas se mostram verdadeiras ou quando nossos relacionamentos não vão bem.

RECUPERE A FELICIDADE

Embora seja difícil exagerar a importância dos nossos relacionamentos, não precisamos terceirizar nossa felicidade, entregando a outras pessoas o poder absoluto sobre o nosso bem-estar.

Ninguém mais é responsável pela nossa felicidade. Não precisamos deixar que um motorista agressivo estrague nossa manhã — por que assumir o que não nos pertence? Podemos deixar que os problemas dos outros permaneçam sendo *deles*. Não é necessário permitir que crenças equivocadas que tenham a nosso respeito abalem nosso equilíbrio; o que existe na mente de outra pessoa não tem poder de mudar o que sabemos ser verdade sobre nós mesmos.

Também podemos lidar de forma mais leve com as crenças alheias quando elas diferem das nossas. Muitos dos conflitos que vivemos nascem da crença, raramente questionada, de que não podemos ficar bem se alguém pensar determinadas coisas — como quando discordam de nós sobre política ou sobre quem foi o culpado por uma briga. Mas nossa paz de espírito não precisa depender de convencer alguém a ver as coisas do nosso jeito. Com mais consciência, podemos perceber quando estamos entregando nossa felicidade a outra pessoa — e, então, escolher recuperá-la.

Experimente proteger sua paz de espírito independentemente do que os outros façam. Por exemplo, resista a sacrificar seu bem-estar quando alguém disser algo de que você não goste. Questione qualquer pensamento automático que afirme que você não pode ficar bem por causa de ações ou palavras de outra pessoa.

Os erros de pensamento não apenas distorcem a forma como vemos o outro; eles também podem impedir uma conexão amorosa e espiritual. Cuidar da nossa mente é, portanto, um trabalho espiritual, pois nos aproxima daquilo que é verdadeiro — e as sementes do amor em nossos relacionamentos florescem à luz da verdade. As habilidades cognitivas não vão eliminar todos os problemas, mesmo que relacionamentos sem atrito fossem possíveis. Mas compreender como a mente funciona, especialmente em meio a um conflito, pode ser uma graça salvadora.

É claro que não amamos os outros apenas com a cabeça. Também precisamos usar as mãos. A consciência plena e um pensamento mais hábil podem nos levar a ações que fortaleçam nossos laços com as outras pessoas.

Aja: Viva o seu amor

As chaves para a conexão não são complicadas. Basta levarmos todo o nosso ser para a interação, direcionando nossa atenção à outra pessoa com a intenção de estar plenamente presentes. A presença consciente nos une.

Por mais simples que seja comunicar nossa presença, muitas coisas podem atrapalhar. Distrações externas são mais fáceis de eliminar — como quando guardamos o celular ou o livro e olhamos diretamente para a pessoa. Mas as distrações internas ainda podem capturar nossa atenção: "O que vou fazer para o jantar?", "Ainda preciso responder aquele e-mail", "E se eu estiver ficando doente?"

A comunicação consciente é meditação em ação. Definimos a intenção de focar o que está acontecendo entre nós e a outra pessoa; nossa atenção se dispersa; percebemos que ela se perdeu e a trazemos de volta para a interação. E o ciclo se repete (veja a Figura 6).

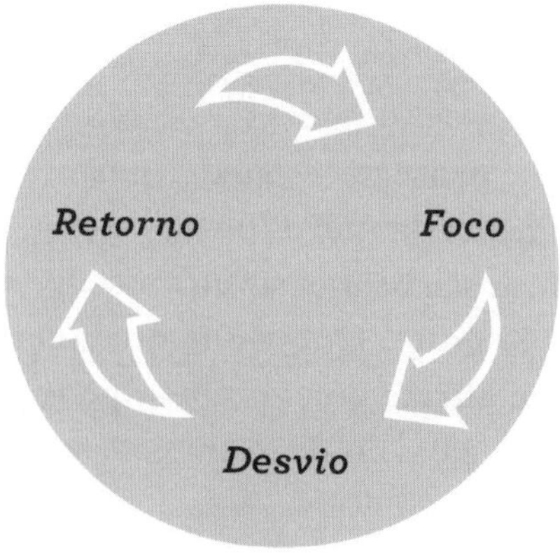

Figura 6

Em qualquer interação, podemos estar presentes tanto com o outro quanto com nós mesmos. Podemos prestar atenção ao que nosso parceiro está dizendo, por exemplo, e notar suas expressões faciais e a linguagem corporal. Ao mesmo tempo, podemos estar conscientes de nossas próprias reações emocionais à conversa — estamos nervosos? Irritados? À vontade? Como nosso corpo está respondendo? Podemos nos propor a continuar abertos ao que está acontecendo, mesmo quando surge a vontade de nos fechar.

SINTONIZE

Tive a sorte de ser atendido por muitos médicos excelentes durante minha doença. Mas uma consulta com uma endocrinologista se destacou. A Dra. Violeta Popii entrou na sala de exames, sentou-se e disse: "Conte-me a sua história." Então, ela me ouviu com atenção plena, me convidando a compartilhar o quanto eu quisesse. Mesmo que nenhum diagnóstico ou explicação clínica para meus sintomas tenha surgido do exame físico e dos exames de sangue posteriores, saí daquela consulta me sentindo melhor simplesmente por ter sido ouvido.

Ser verdadeiramente ouvido por alguém é uma experiência que cura. Ouvir e falar para compreender exige que levemos todo o nosso ser para esse momento. Levamos nossa mente, aberta para captar o que a outra pessoa está dizendo. Levamos nosso corpo — a matéria-prima da nossa comunicação. E levamos nossa presença de coração aberto.

No livro *Missing Each Other*, Edward Brodkin e Ashley Pallathra apresentam o Dalai Lama como a personificação dessa escuta verdadeira: "Em cada interação social, ele se envolve com as pessoas dando a elas sua atenção completa e total. [...] Entrar numa conversa com ele é uma experiência única, na qual você se sente completamente visto e ouvido."[1] Oferecer a outra pessoa nossa atenção total envia uma poderosa mensagem implícita, independentemente das palavras que usamos: *você importa*. Essa qualidade de presença é possível não importa quanto tempo passemos com alguém — até mesmo uma pessoa tão ocupada quanto o Dalai Lama consegue se entregar por inteiro a cada breve encontro.

Grande parte do poder da psicoterapia vem do fato de haver um tempo dedicado, livre de interrupções e distrações, para realmente sintonizar com o outro. Sinto-me profundamente imerso na experiência da outra pessoa durante as sessões mais frutíferas, como a que descrevi com Tina. Os pacientes revelam seu mundo interior para mim — com palavras e além das palavras —, e eu respondo a partir de um lugar ao qual só tenho acesso nessa conexão intensa. Estamos completamente em sintonia, num fluxo natural de troca, quase como se estivéssemos sob um encantamento. Essa mesma presença sintonizada é possível em qualquer relacionamento.

É fácil deixar de ver, de fato, as pessoas que já conhecemos bem. Da próxima vez que estiver com alguém de quem você gosta, permita-se realmente enxergá-lo. Repare nos olhos, no cabelo, na maneira como a pessoa se movimenta e fala. Você não precisa tentar sentir nada específico ou profundo. Apenas observe.[2]

Com presença consciente, podemos comunicar que não estamos apenas fisicamente junto de alguém — estamos disponíveis para essa pessoa.

ESTEJA DISPONÍVEL

Infelizmente, no início, eu costumava transmitir a mensagem oposta quando comecei a trabalhar em casa, depois de reduzir minha carga horária na clínica e fechar meu consultório. Nos primeiros meses sem o consultório, eu trabalhava principalmente nas áreas comuns da casa, quando não estava em sessão de vídeo com um paciente. Se algum membro da minha família me fazia uma pergunta, eu demonstrava indisponibilidade pela forma como respondia — geralmente sendo o mais breve possível e sem levantar os olhos. Eu estava presente, mas não disponível. Logo percebi que estar fisicamente presente, mas mental e emocionalmente ausente, aumentava a sensação de desconexão para quem estava ao meu redor.

É especialmente difícil não se sentir rejeitado quando vivemos um distanciamento presencial, mesmo que a falta de atenção não seja pessoal. A presença indisponível é um dos principais riscos no uso de nossos smartphones: ao dar atenção à tela enquanto estamos perto de outras pessoas, enviamos, sem querer, a mensagem de que elas são menos importantes do que nossos celulares. Racionalmente, elas podem saber que não as estamos ignorando de propósito, mas, em um nível inconsciente, não é nada agradável ser ignorado.

O ideal é que nossa presença física e nossa disponibilidade estejam alinhadas. Quando não queremos ser interrompidos, minimizamos as chances de isso acontecer — por exemplo, fechando a porta do espaço de trabalho. Parei de trabalhar na sala de jantar e na sala de estar para reduzir o número de vezes em que minha esposa e meus filhos percebiam diretamente minha indisponibilidade. E, quando estamos fisicamente presentes, buscamos permanecer abertos a quem está ao nosso redor. Se formos interrompidos em momentos inconvenientes — como no meio do preparo do jantar —, podemos expressar nossa indisponibilidade com o máximo possível de compaixão e conexão (ainda um trabalho em andamento para mim).

É relativamente raro experimentar a sensação de que alguém está realmente disponível, por isso, seus esforços nessa direção provavelmente serão notados e valorizados. E, como acontece com qualquer presente que oferecemos, nossa atenção é também um presente para nós mesmos. Estar plenamente presente é, por si só, recompensador — e torna-se duplamente valioso quando outra pessoa se beneficia disso.

Quando você estiver absorvido por seus próprios problemas, veja se é possível redirecionar sua atenção para alguém de quem você gosta e que esteja precisando de amor ou incentivo. Comece voltando ao seu centro com uma respiração lenta e estabilizadora. Então, pergunte a si mesmo do que essa pessoa pode precisar — um telefonema, uma massagem rápida nos pés, um pote de sopa. Por fim, ofereça o que estiver ao seu alcance para apoiá-la; isso pode até ajudá-lo a se sentir melhor também. E, mesmo que não ajude, servirá como um lembrete de que você pode ser útil, mesmo quando não está no seu melhor.[3]

Estar presente vai além do simples cuidado e da conexão. Nós amamos aquilo a que damos atenção. Estar presente é amar — e o amor é a manifestação mais verdadeira de quem somos. A plena expressão de nossos relacionamentos é mais do que um encontro de mentes ou a presença física na mesma sala. É uma comunhão de espíritos.

SEJA SEU EU MAIS VERDADEIRO

A conexão genuína é, por natureza, curadora — e significou tudo para mim nos momentos mais difíceis da minha doença. Quando médicos e outros profissionais dedicavam tempo para ouvir minhas preocupações, eu não apenas me sentia ouvida; eu me sentia amada. Independentemente de usarmos ou não a palavra "amor", é isso que buscamos nos outros, especialmente quando estamos feridos. Não queremos apenas apoio técnico; queremos acreditar que a outra pessoa realmente se importa conosco e que ficará mais feliz quando nossa vida estiver melhor.

Expressar amor não exige encontrar as palavras certas — nem sequer usar palavras. Algumas noites, quando eu me sentia sem esperança, Marcia tocava piano e eu ouvia deitado de costas no tapete da sala, sentindo as vibrações da música através do chão. As ondas sonoras carregavam uma energia que ia além do que meus ouvidos ou meu corpo podiam perceber. Eu sentia amor em cada nota, enquanto minhas lágrimas liberavam a frustração e a tristeza acumuladas.

Mesmo em meio às minhas lutas físicas e emocionais, aqueles momentos de conexão profunda pareciam absolutamente certos — e por um bom motivo. Nossa natureza mais verdadeira é compartilhar o vínculo do amor e da conexão. Os espíritos dentro de nós têm uma afinidade inata, pois nascem da mesma fonte e ressoam com os espíritos dos outros.

Quando nos reconhecemos no outro, nossas vitórias e derrotas deixam de parecer tão pessoais. Podemos perceber que todos estamos vivendo mais ou menos o mesmo drama. O amor surge inevitavelmente da conexão — não um amor romântico que anseia por apego, mas um amor espiritual que sabe que já estamos unidos. Ross Gay capturou essa base fundamental do amor e da conexão em seu *Book of Delights*: "Cuidar uns dos outros é nosso modo padrão", escreveu ele, "e é sempre uma mentira a que nos convencemos para agir ou acreditar no contrário. Sempre".[4]

Essa mentira se revela na força do ego que nos separa de alguém que discorda de nós. É difícil perceber nossa fonte e nosso sustento comuns quando estamos em conflito com outra pessoa. Provavelmente você vai notar um enrijecimento em torno das crenças que escolheu e um forte impulso de defender aquilo que considera verdadeiro. Mas, ironicamente, em nossos esforços para proteger a nossa verdade, muitas vezes nos afastamos da Verdade mais profunda de quem realmente somos — mesmo que o que estejamos dizendo seja, de fato, correto. Como Jared Byas escreveu em seu excelente *Love Matters More*: "Verdade sem amor não é verdade."[5]

Somos mais plenamente nós mesmos quando damos e recebemos amor. Vemos esse amor no cuidado constante que Ross Gay observou até mesmo entre estranhos: deixar outro motorista passar à frente, ceder o assento no ônibus para que um pai e uma criança possam se sentar juntos, ou até doar um rim para alguém que não conhecemos. Estendemos a mão, repetidas vezes, para pessoas que provavelmente nunca veremos de novo.

Nossa mais alta vocação é fortalecer nossas conexões que nutrem a alma. Poucas coisas foram mais importantes para a minha recuperação da depressão do que reconstruir meus relacionamentos. Por mais de dois anos, eu evitara as pessoas sempre que possível, por causa do cansaço e da dificuldade para falar. Quando comecei a me sentir melhor, percebi que precisava me reconectar com os outros de forma regular, então passei a encontrar amigos para almoçar e voltei a conversar ao telefone com meus pais. Passei a valorizar esses relacionamentos de um jeito que não havia valorizado antes e me vi compartilhando mais abertamente as minhas lutas. Minha doença parecia ter despido a pretensão de invulnerabilidade e me permitido conectar-me com as pessoas de maneira mais honesta.

A verdadeira conexão com nossos irmãos espirituais é algo que vicia. Somos lembrados de como é bom priorizar o amor, e a conexão que desfrutamos nos impulsiona a continuar nutrindo nossos relacionamentos. Assim como a raiva e o medo, o amor é autoperpetuante. O amor leva ao amor. E, ao contrário das emoções destrutivas, ele constrói, em vez de destruir.

Não é à toa que me apaixonei pela TCC. No fim das contas, trata-se de um conjunto de técnicas que nos ajuda a caminhar na direção do amor. Eu não sabia disso de forma explícita quando comecei a estudá-la, mas intuía. Desde os primeiros anos do meu treinamento em TCC, percebi que um tratamento eficaz levava a relacionamentos melhores e fortalecia os laços de amor. Nas décadas desde então, também testemunhei inúmeras vezes o amor que alimenta o trabalho de cada paciente — o amor pelos filhos, pelo parceiro, pelos pais.

Continuo colhendo benefícios em meus próprios relacionamentos por meio das práticas de cabeça, mãos e coração de **Pense. Aja. Seja**. Essas ferramentas nos ajudam a viver na verdade e a crescer no amor — e a expressar esse amor por meio de um trabalho com propósito, tema do próximo capítulo.

11

TRABALHE EM ALINHAMENTO

Quando eu estava doente e deprimido, em todo lugar que olhava, via coisas que precisavam da minha atenção: o portão da garagem com defeito, a cerca quebrada, a pilha de roupa suja no cesto, a vedação danificada na cozinha. "Vou fazer depois", eu dizia a mim mesmo cada vez que passava por uma tarefa inacabada. Não era bom negligenciar minhas responsabilidades, mas eu continuava adiando. A baixa energia e a falta de motivação tornavam difícil começar, e a inatividade alimentava ainda mais a minha depressão.

A vida nos apresenta um fluxo contínuo de responsabilidades: trabalhar, cuidar das tarefas domésticas, cuidar de quem amamos, fazer trabalho voluntário. Quando nossos esforços estão bem alinhados com essas demandas, o trabalho *parece certo*. Como escreveu Kahlil Gibran em *O Profeta*: "Quando você trabalha, cumpre uma parte do sonho mais distante da Terra, designada a você quando esse sonho nasceu."[1] Agir sobre o mundo de maneiras significativas satisfaz nossa necessidade fundamental de competência: usar nossas habilidades e capacidades de forma eficaz para fazer a diferença no mundo.[2] Atender a essa necessidade está associado a mais energia e entusiasmo, maior satisfação com a vida[3] e menos depressão.[4]

No entanto, muitas vezes, temos dificuldade em realizar o trabalho que está diante de nós. Podemos estar evitando tarefas em casa ou lutando para iniciar a busca por um emprego. A procrastinação se torna uma fonte própria de estresse à medida que as tarefas se acumulam. Ou talvez estejamos cuidando das coisas, mas tudo parece uma tensão constante. Como podemos fazer nosso melhor trabalho com menos esforço e mais leveza — especialmente naquilo que continuamos adiando?

Este capítulo descreve como usar a abordagem **Pense. Aja. Seja** para se alinhar ao que precisa ser feito. Não será surpresa saber que trabalhar em alinhamento começa com a atenção plena, enquanto ouvimos o que cada momento nos pede. Em seguida, vamos explorar como a sua mente pode atrapalhar a realização das tarefas e como mudar pensamentos e crenças para facilitar o cuidado com o que precisa ser feito. Na parte final do capítulo, apresentarei estratégias comportamentais poderosas que oferecem a força necessária para cumprir suas responsabilidades. Essas práticas vão ajudá-lo a abraçar suas tarefas e experimentar a paz que surge ao lidar com elas imediatamente.

Seja: envolva-se com atenção plena

Certa vez, atendi um técnico de emergência médica que queria encontrar mais tranquilidade no trabalho por meio da mindfulness. Greg, compreensivelmente, achava difícil permanecer presente durante as ocorrências difíceis que recebia em cada turno, enquanto sua mente imaginava tudo o que poderia dar errado. A ansiedade e o estresse resultantes muitas vezes levavam a explosões de raiva contra seus colegas de equipe. No início, Greg temia que a mindfulness atrapalhasse seu trabalho, como se fosse mais uma coisa para lembrar de fazer. Mas, como ele descobriu, a atenção plena aguçou seu foco e o tornou melhor em seu trabalho — não pior.

ATENTE

Em vez de ficar preso ao que poderia dar errado, Greg simplesmente se concentrava no que estava fazendo. Não importava quantas tarefas tivesse que realizar ao cuidar de seus pacientes, ele conseguia focar uma de cada vez e deixar de lado as fantasias amedrontadoras de fracasso. “Algumas noites, eu me sinto como o Neo, de *Matrix*”, ele me contou, fazendo referência a uma cena perto do fim do filme, quando Neo percebe que é “O Escolhido”. “Todas essas coisas vêm na minha direção e eu me esforço para lidar com elas, mas há uma leveza no processo.”

Trabalhar com mais presença muda a nossa relação com a tarefa que estamos executando. Podemos liberar o apego ao resultado e nos imergir no processo. As águas turbulentas correm ao nosso redor enquanto mantemos um foco firme e único. Levar nossa atenção plena ao trabalho também traz clareza, ajudando-nos a perceber o que realmente precisa ser feito. Às vezes, descobrimos que a tarefa planejada não é a que precisamos realizar. Buscar um filho doente na escola, por exemplo, não estava na lista de afazeres do dia e acabou bagunçando toda a agenda. Com a atenção no presente, podemos redirecionar nosso tempo conforme necessário, em vez de insistir rigidamente em seguir o plano.

Dar atenção total às nossas tarefas também as torna mais envolventes. Algo tão corriqueiro quanto escovar os dentes pode se tornar cativante quando você presta atenção plena. Vale tentar na próxima vez que tiver que fazer algo de que normalmente não gosta, como levar o lixo para fora ou limpar o banheiro. Basta observar o que realmente está acontecendo enquanto você faz — o que vê, os sons que ouve, a sensação do corpo em movimento. Imagine que é a primeira vez que realiza essa tarefa. É bem provável que descubra que ela não é nem de longe tão desagradável quanto esperava.

Escolha uma tarefa para realizar com atenção plena, como se vestir ou limpar a mesa de jantar. Perceba a sensação nas mãos enquanto trabalha, os sons que seus movimentos produzem e quaisquer outras experiências sensoriais. Quando perceber que sua mente se distraiu e você se perdeu em outros pensamentos, traga gentilmente a atenção de volta para a tarefa, sem criticar sua mente por fazer o que é natural para ela.[5]

Abrir-se para a realidade também nos ajuda a perceber quando é hora de mudar nosso trabalho. Nos primeiros dois anos da minha doença, continuei me arrastando por dias inteiros atendendo pacientes. A atenção plena me ajudou a tirar as vendas da negação e enxergar que eu já não tinha mais energia física e emocional para o trabalho clínico em tempo integral. Por fim, admiti para mim mesmo que não poderia continuar daquele jeito.

A percepção foi necessária, mas não suficiente para criar mudança; embora eu soubesse que não podia seguir trabalhando como antes, por muito tempo, me recusei a mudar. A atenção plena precisou se encontrar com a aceitação.

ACEITE

Tendemos a nos enrijecer quando antecipamos uma mudança difícil ou uma tarefa desagradável. Mas tratar o desconforto como inimigo pode nos impedir de fazer coisas importantes e necessárias — como quando precisei remover uma barata de quase 8 centímetros da nossa banheira, anos atrás. Minha reação inicial de repulsa foi um "não" categórico — *isso não deveria estar acontecendo e não deveria ser problema meu*. Quando aceitei que aquele inseto não iria a lugar algum sem a minha ajuda, consegui me concentrar na tarefa de colocá-lo dentro de um pote e levá-lo para fora.

A aceitação é a chave para atravessar o nojo, o tédio, o medo ou qualquer outro desconforto que possa atrapalhar nosso trabalho. Com aceitação consciente, podemos abraçar a incerteza das mudanças, como fazer a transição para a parentalidade em tempo integral ou começar um novo emprego. Eu finalmente reduzi minhas horas de atendimento clínico quando aceitei que precisava fazer isso pela minha saúde. Greg descobriu que, com mais aceitação, conseguia lidar melhor com as inevitáveis surpresas do seu trabalho. A presença consciente nos ajuda a ser flexíveis, em vez de ficarmos fixados em fazer as coisas acontecerem exatamente como imaginamos.

Estar disposto a atravessar o desconforto pode ser uma forma bem-vinda de entrega — como quando me abro para o frio ao entrar nas águas geladas da costa do Maine. Em vez de lutar contra a sensação congelante, simplesmente a percebo como uma experiência, sem rotulá-la como "boa" ou "ruim". Usei a mesma abordagem para lidar com as tarefas que vinha evitando, como colocar roupa para lavar, e aceitei que eu não teria vontade de fazê-las. Quando estamos dispostos a sentir desconforto, muito poucas coisas conseguem nos impedir.

A atenção plena ajuda a dissipar muitos dos obstáculos que nos impedem de realizar nosso trabalho, permitindo que alinhemos nossos esforços às tarefas diante de nós. Ela também pode nos ajudar a perceber quando a história que estamos contando a nós mesmos está dificultando a execução do que precisa ser feito.

Pense: envolva sua mente

"Eu só não quero que meus filhos sintam que têm que trabalhar", Daniel me disse em nossa oitava sessão. Não por coincidência, estávamos focando o estresse que vinha do próprio trabalho dele, enquanto construía uma bem-sucedida startup de publicidade na internet. Daniel estava a caminho de garantir que seus filhos tivessem todas as vantagens financeiras possíveis.

ABRACE OS COMPROMISSOS

Havia uma curiosa ironia na meta de Daniel de poupar os filhos do peso de um emprego obrigatório: ele próprio se sentia miserável quando passava longos períodos sem fazer nada. Daniel chegou a se aposentar no início dos 30 anos, com o plano de viver de forma simples usando a participação acionária que recebeu com a venda da empresa em que trabalhara. Mas, depois de seis meses fora do mercado, estava inquieto e deprimido. Pesquisas indicam que há um ponto de queda nos benefícios depois de apenas oito dias de férias.[6]

Ainda assim, o trabalho pode parecer um fardo indesejado. Muitos de nós acreditamos que não precisar trabalhar seria a configuração ideal. "Sempre vos foi dito que o trabalho é uma maldição, e o labor, uma desventura", escreveu Gibran.[7] Podemos até saber, intelectualmente, que o trabalho é recompensador — do mesmo jeito que sabemos que o exercício físico nos faz bem. Mas também imaginamos como seria agradável não ter compromisso algum e passar cada dia fazendo apenas o que quisermos.

Apesar dessas fantasias, ter tempo livre ilimitado é um problema real, como observei em muitos pacientes que atendi. A situação deles era especialmente desafiadora quando tinham exatamente o que Daniel queria para os filhos: não precisar trabalhar para se sustentar.

Meu paciente Ari se encontrou exatamente nessa situação depois de se formar na faculdade. Seus pais lhe ofereciam moradia e alimentação gratuitas, sem qualquer expectativa de que ele trabalhasse, mas, em vez de se sentir livre, ele se via sobrecarregado pelas opções e paralisado pela ansiedade. Sem a motivação das contas para pagar, não conseguia vencer a inércia que o impedia de buscar atividades significativas.

Para chegar a um lugar mais elevado, ele precisaria antes atravessar um vale de desafios, como o desconforto de mudar sua rotina de sono e o risco de fracassar (ver Figura 7). Quanto mais tempo permanecia inativo, mais entediado e inquieto ficava — e, ao mesmo tempo, o vale que teria de cruzar se tornava mais profundo, à medida que sua ansiedade aumentava e sua confiança diminuía. Era uma posição cruel, em que as recompensas de curto prazo atuavam diretamente contra o bem-estar de longo prazo de Ari. A recompensa imediata e garantida de evitar o esforço superava o potencial benefício de se inscrever em um curso de pós-graduação ou procurar um emprego. Ele acabou preso em uma espécie de limbo, sentindo-se ocioso demais para estar em paz, mas confortável demais para mudar.

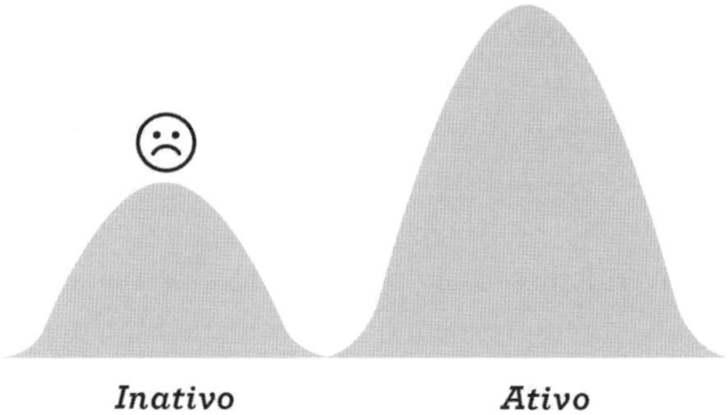

Figura 7

Para a maioria de nós, ter opções demais sobre como passar os dias não ajuda. Não é bom ter que decidir, todos os dias, se vamos cuidar de familiares, fazer trabalho voluntário ou ir para o emprego. Nossos compromissos tiram algumas escolhas da mesa e passam a fazer parte da nossa identidade, como acontece ao nos tornarmos vegetarianos — tomamos uma decisão abrangente que nos livra de ter que decidir, a cada refeição, se vamos comer carne. Os compromissos "nos amarram ao mastro" (ver Capítulo 6), tornando mais fácil manter o rumo quando poderíamos, de outra forma, nos perder em uma ociosidade vazia.

Se você já teve um período prolongado de folga, como entre empregos ou nas férias de verão, pense no que fez e em como se sentiu. Foi tão prazeroso quanto esperava? Você realizou muitas das coisas que havia planejado ou acabou se vendo definhar? Como isso se compara a períodos em que tinha mais compromissos?

A maioria de nós não tem a opção de não trabalhar — e ainda bem. Ter obrigações quase sempre é melhor do que a alternativa. Sou grato por minha doença e minha depressão não terem sido tão graves a ponto de me forçar a parar de trabalhar completamente. Por mais desafiador que o trabalho fosse, ele também me oferecia um alívio do foco excessivo em mim mesmo, da preocupação e do desespero.

Quando sua mente disser que o trabalho é uma maldição, questione essa história. Você também pode estar atento aos pensamentos que levam à procrastinação.

QUESTIONE OS PENSAMENTOS DE PROCRASTINAÇÃO

Quando eu sentia vontade de adiar tarefas que achava que seriam um tédio, como lavar roupa, minha mente frequentemente dizia: "Vou fazer isso mais tarde, quando estiver com vontade." Mas, na verdade, eu quase sempre me sentia ainda menos motivado depois. Cada vez que eu procrastinava, experimentava o alívio de evitar algo que acreditava ser desagradável. Esse alívio gerava reforço negativo — o que significava que o comportamento que causava o alívio — nesse caso, evitar a lavanderia — tinha mais chance de se repetir no futuro.

Também tendemos a subestimar a recompensa que sentiremos ao concluir uma tarefa e deixar de tê-la pendente sobre nós. Eu me surpreendia constantemente com o quanto era agradável esvaziar o desumidificador ou trocar uma lâmpada. Quando eu estava no lado "inacabado" de uma tarefa (ver Figura 8), o desconforto esperado parecia tão grande que era difícil enxergar o benefício que havia do outro lado.

Figura 8

Quando sentir vontade de adiar algo que precisa ser feito, observe os pensamentos que podem alimentar a procrastinação, como "Posso fazer isso mais tarde". Pergunte a si mesmo se existe uma forma mais útil de pensar sobre aquilo — por exemplo: "Vai ser muito bom quando isso finalmente estiver concluído."

Reconhecer as armadilhas da mente tornou mais fácil para mim cuidar das minhas responsabilidades. Ajudava lembrar que minha motivação provavelmente não aumentaria com o passar do tempo e com a evitação e que eu encontraria mais satisfação do que imaginava ao realizar algo que estava tentando evitar. Ao mudar minha forma de pensar, passei a concluir mais tarefas e a experimentar as recompensas associadas a elas.

Com aceitação consciente, podemos ir ainda mais fundo em nossas crenças sobre tarefas e emoções. Por trás do pensamento "Vou fazer quando tiver vontade" existe uma suposição mais fundamental: a de que devemos evitar o desconforto sempre que possível. Mas não precisamos ser reféns de nossas emoções. Dizer "sim" à nossa experiência inclui aceitar que podemos fazer as coisas mesmo quando não estamos com vontade. Em vez de perguntar o que temos vontade de fazer, podemos perguntar o que precisa ser feito.[8]

Isso não significa que devamos ignorar nossos sentimentos, que podem oferecer orientações valiosas. Se estamos infelizes todas as vezes que vamos trabalhar, por exemplo, talvez seja hora de buscar um novo emprego. Mas, para o trabalho que claramente é nosso e precisa ser feito agora, podemos nos libertar da armadilha da evitação baseada em emoções. Na maioria das vezes, vamos perceber que o receio era pior do que realmente executar a tarefa.

LIBERTE-SE DO MEDO

Outro grande fator que alimenta a procrastinação é o medo de que faremos um trabalho ruim. Fracassar em uma tarefa é uma experiência dolorosa — e, compreensivelmente, queremos evitá-la. Muitas das tarefas que eu evitava quando estava deprimido eram coisas que eu não sabia exatamente como fazer, como trocar a vedação da cozinha. Eu não sabia qual tipo de vedação deveria comprar nem como remover a antiga e temia estragar tudo de algum modo. Como resultado, continuava adiando.

Tomar consciência das nossas dúvidas sobre nós mesmos nos permite questionar as histórias que levam à evitação. Qual é, de fato, a probabilidade de fracassarmos? Na maioria das vezes, essas histórias assustadoras são cenários de pior caso que não se concretizam. Quando esperamos que as coisas acabem bem, fica mais fácil arriscar e começar a trabalhar — como aconteceu comigo na tarefa da vedação e em tantas outras que eu vinha evitando.

Mais uma vez, a mindfulness nos ajuda a levar a abordagem cognitiva um passo além e questionar a premissa por trás do medo. Por que precisamos evitar a possibilidade de fracassar? Talvez possamos nos abrir para a incerteza e aceitar que o resultado dos nossos esforços é desconhecido. Greg, o técnico de emergência, aprendeu a abraçar a possibilidade de cair de sua corda bamba, em vez de dizer a si mesmo: "Eu não posso cair!" Essa abertura reduziu seu estresse e sua tensão mesmo nas ocorrências mais difíceis.

A atenção plena e o pensamento útil são a base para a ação — a dimensão final de **Pense. Aja. Seja**.

Aja: cuide das coisas

Cuidar das coisas no momento, sem demora, não diz respeito apenas à produtividade ou ao gerenciamento do estresse. Cumprir nossas responsabilidades molda o nosso autoconceito.

TREINE SEU CÉREBRO

Quando eu estava muito para baixo, sentia-me condenado toda vez que via uma tarefa inacabada em casa, como a luz piscando no desumidificador do porão, sinalizando que precisava ser esvaziado. Evitar essas tarefas corroía meu senso de competência e reforçava minha visão de mim mesmo como um cara que não cuida das coisas. Essa autoimagem alimentava minha depressão e drenava ainda mais o pouco de autoestima que eu tinha.

Foi importante questionar a crença de que meu valor pessoal estava baseado na minha produtividade. No entanto, nosso cérebro está constantemente fazendo inferências sobre quem somos, observando o que fazemos. Esse é um ponto pouco valorizado e que levei muito tempo para perceber. Adiar tarefas envia ao nosso cérebro uma mensagem sutil sobre nossas capacidades. Fazer o nosso trabalho também envia uma mensagem — fortalecendo nossa identidade como alguém que consegue cuidar das próprias responsabilidades.

Com essa percepção, parei de presumir que "não era grande coisa" adiar as coisas. Parte da minha recuperação da depressão incluiu cuidar das minhas tarefas imediatamente. Como muitos dos meus pacientes haviam descoberto, simplesmente fazer o que precisava ser feito era mais recompensador do que eu imaginava. Eu não precisava de gestos grandiosos e podia trabalhar dentro das minhas limitações do momento. Até mesmo a menor conquista, como trocar o filtro do sistema de aquecimento, era uma vitória moral significativa.

À medida que me afastei da recompensa passageira de evitar essas tarefas, encontrei a recompensa mais duradoura de me ver realizá-las — o que alimentava minha motivação para continuar riscando itens da lista.

Costumamos associar autocuidado a banhos quentes e momentos de descanso, mas ele também inclui cuidar das nossas tarefas. Manter as coisas em dia eleva nosso ânimo quando estamos abatidos e nos ajuda a nos sentir eficazes quando estamos bem.

DIVIDA EM PARTES

O primeiro passo para fazer o que precisamos é perguntar a nós mesmos se a tarefa está no tamanho certo (ver Capítulo 3). Tarefas grandes demais parecem opressoras e reduzem nossa motivação; se não sabemos por onde começar ou se teremos energia para terminar, é provável que as evitemos. Em contrapartida, tarefas no tamanho certo aumentam a motivação, porque é fácil nos imaginarmos concluindo-as.

Se temos adiado lavar roupa, por exemplo, "colocar a lavanderia em dia" pode ser uma ideia grande demais e vaga demais para nos impulsionar à ação — especialmente se as roupas sujas estiverem se acumulando há algum tempo. É mais útil definir subtarefas de fácil execução, como lavar uma única carga de roupa por dia. Assim, fica absolutamente claro o que precisamos fazer e confiamos que conseguiremos.

Tarefas no tamanho certo também têm um ponto final evidente, para que possamos saber quando terminamos. Esse é um aspecto crucial de metas eficazes relacionadas a tarefas. Muitas vezes, tendemos a deixar o ponto final indefinido e dizer que faremos "o máximo que pudermos" — especialmente se estivermos procrastinando e quisermos compensar o tempo perdido. Mas é difícil se comprometer com uma tarefa aberta quando sentimos que estamos nos preparando para um trabalho sem fim. Ao estabelecer um ponto final bem definido — como "uma carga de roupa" —, mantemos a tarefa administrável e podemos descansar tranquilos depois, sabendo que atingimos nosso objetivo.

Escolha uma área da sua casa que você esteja precisando organizar e se livrar da bagunça — como um armário de depósito ou uma gaveta da cozinha. Reserve dez minutos por dia para trabalhar nela até terminar. Se quiser começar hoje, mas estiver sem motivação, lembre-se de que a motivação tende a vir depois da ação. Veja o que acontece se você simplesmente começar, mesmo sem estar totalmente com vontade.[9]

APENAS COMECE

Dividir nossas tarefas em partes facilita o princípio comportamental mais simples para realizá-las: apenas começar. Faça o que for necessário para sair do ponto de largada. Não importa se você parte correndo, andando ou rastejando — o importante é encontrar um avanço na direção certa. Qualquer passo conta. Depois que começamos, nossos esforços criam um impulso que tende a se manter por conta própria.

Usei muito essa abordagem com pacientes que estavam com dificuldade para concluir um projeto importante — como Sam, que precisava escrever um trabalho de conclusão para terminar a faculdade. O primeiro passo era enviar um e-mail para o professor confirmando o tema que havia escolhido, o que ficou como tarefa de casa após uma das nossas primeiras sessões. Quando Sam voltou na semana seguinte sem ter escrito o e-mail, incentivei-o a fazer isso imediatamente, durante a nossa reunião.

Sam ficou levemente irritado com a sugestão — a julgar pelo revirar de olhos —, o que talvez tenha soado como um excesso de controle, mas não havia nada mais útil para seu progresso do que dar aquele primeiro passo e colocar as coisas em movimento. Ao iniciar o contato com o professor, Sam superou a ansiedade de começar. Com a bola rolando, ele achou muito mais fácil seguir em frente, trocando o reforço negativo pela recompensa de concluir o trabalho.

Começar nossas tarefas nos coloca no lado certo dos custos e recompensas, como vimos anteriormente na Figura 8. Ganhamos a recompensa de concluir algo, o que aumenta nossa motivação; ao mesmo tempo, o projeto no qual estamos trabalhando vai diminuindo à medida que avançamos. Uma montanha de roupas para lavar, menos uma carga, já é uma montanha menor — e cada carga concluída torna a tarefa menos intimidadora.

Dividir as coisas em partes e simplesmente começar pode ser especialmente útil para tarefas profundamente importantes para nós, mas que não somos obrigados a fazer — como iniciar um negócio paralelo ou escrever um romance. Sem incentivos como as expectativas de um chefe ou um contracheque, muitas vezes há pouco para contrabalançar nossa inércia. Podemos minimizar o "custo de entrada" indo pelo menor caminho possível: dividindo o projeto em pedaços minúsculos — e, então, nos comprometendo com o primeiro passo. Quando começar parece quase não exigir mais nenhum, sabemos que os passos estão no tamanho certo.

Pense em um projeto que você vem evitando. Qual é o primeiro passo que você precisa dar para concluí-lo? Torne esse passo o mais viável possível, reduzindo-o ao tamanho necessário. Se for repintar um cômodo, por exemplo, o primeiro passo pode ser localizar a tinta e os pincéis. Conclua o primeiro passo hoje e planeje dar o próximo pequeno passo amanhã. Continue assim, um passo administrável de cada vez, até que a tarefa esteja concluída.[10]

Um dos compromissos que podemos assumir com nós mesmos é evitar trabalhos que não são nossos. Às vezes, dizer "sim" à vida exige dizer "não" a atividades que nos tiram do alinhamento.

DIGA NÃO

Trabalhar em alinhamento é mais do que simplesmente estar ocupado; é deixar de lado qualquer coisa que possa interferir no nosso trabalho essencial. Muitos de nós não temos problema com a atividade em si, mas sim com a *ocupação crônica*. Frequentemente, lotamos nossas vidas com mais uma tarefa que não é necessária e que desvia tempo e energia do que realmente precisa ser feito. Com atenção plena, podemos alinhar o que fazemos com o tempo e a energia que temos — e dizer "não" quando for preciso.

Pode ser especialmente difícil dizer "não" quando corremos o risco de decepcionar alguém ou de piorar a opinião que essa pessoa tem de nós. Em meus esforços para ser um "bom pai" durante minha doença, por exemplo, eu costumava dizer "sim" a atividades em família que me deixavam exausto. Mais tarde, no mesmo dia, o cansaço tornava mais difícil ser um pai presente e paciente.

O pastor Eugene H. Peterson descreveu o que acontece quando não dizemos "não": "Ao abdicar preguiçosamente do trabalho essencial de decidir e direcionar, de estabelecer valores e definir metas, outras pessoas o fazem por nós. [...] Mas, se eu encher inutilmente meu dia de atividade ostensiva ou deixar que outros o preencham com exigências imperiosas, não terei tempo para fazer meu verdadeiro trabalho, o trabalho para o qual fui chamado."[11] Thomas Merton também usou a palavra "preguiça" para falar do trabalho supérfluo: "Liberta-me da preguiça que se disfarça de atividade", escreveu ele, "quando a atividade não é exigida de mim".[12]

Dizer "não" ao que poderíamos fazer, ou ao que outros esperam de nós, mas que nos afastaria de coisas mais importantes — incluindo o descanso (ver Capítulo 8) —, dá trabalho. É essencial "alinhar nossa agenda com nossos valores", como descreveu um paciente meu, e proteger, dentro do nosso calendário, o tempo para as atividades mais importantes. A aceitação consciente nos ajuda a fazer as pazes com a possibilidade de que as pessoas fiquem insatisfeitas quando dissermos "não".

À medida que incorporamos a presença consciente, cuidamos dos nossos pensamentos e agimos com propósito, abrimos espaço para a dimensão espiritual do trabalho.

ENTRE NO FLUXO

Eu não conseguia estar plenamente presente quando dizia "não" ao meu trabalho, o que me colocava em conflito com a realidade do que precisava ser feito. Quando comecei a concluir mais tarefas, passei a expressar ativamente a aceitação ao recebê-las e dizer "sim" a elas. Essa afirmação me alinhou com meu impulso de competência e meu anseio por um envolvimento significativo.

Fazer meu trabalho também me permitiu participar do ciclo natural de dar e receber. Todos os dias, eu me beneficiava de inúmeros presentes[13] que geralmente passavam despercebidos — a cama em que durmo, a casa que me abriga, os pratos nos quais como, as roupas e os sapatos que uso. Cada uma dessas necessidades é fruto do trabalho de outra pessoa. Os esforços de outros me sustentam continuamente.

A resposta mais natural ao receber é dar, como vemos em qualquer sistema saudável. Os rios dão e recebem água. Sistemas digestivos saudáveis recebem nutrientes e eliminam resíduos. As marés do oceano empurram e puxam. Dar é essencial à vida. Se não oferecemos de volta o esforço que nos cabe, cortamos o fluxo — é como inspirar sem expirar. "Este é o nosso trabalho", escreveu a ecologista Robin Wall Kimmerer em *Braiding Sweetgrass*, "descobrir o que podemos dar... aprender a natureza dos [nossos] próprios dons e como usá-los para o bem no mundo".[14]

Sentimo-nos mais plenamente vivos quando entramos no fluxo das demandas da vida, momento a momento, e oferecemos ao mundo nossos dons. Abraçar nosso trabalho dessa forma é, por natureza, um ato espiritual. "Se devo capinar um jardim ou fazer uma mesa", escreveu Thomas Merton em *New Seeds of Contemplation*, "então estarei obedecendo a Deus se for fiel à tarefa que estou realizando".[15]

Textos sagrados também nos exortam a tratar nossas tarefas como sagradas. No *Bhagavad Gita*, Krishna diz a Arjuna: "Conheça o seu dever e cumpra-o sem hesitação... Se deseja ser verdadeiramente livre, realize todas as ações como adoração."[16] Em sua carta à igreja em Roma, Paulo diz aos seus leitores: "Rogo-vos, pois, irmãos e irmãs, pelas misericórdias de Deus, que apresenteis o vosso corpo como sacrifício vivo, santo e agradável a Deus, que é o vosso culto racional."[17] Na paráfrase de Eugene Peterson das palavras de Paulo em *The Message*, lemos: "Pegue a sua vida cotidiana — dormir, comer, ir para o trabalho e andar por aí — e apresente-a a Deus como uma oferta."[18]

As práticas de **Pense. Aja. Seja** nos ajudam a cumprir nosso dever "sem hesitação", concedendo-nos, assim, verdadeira liberdade. Com mindfulness, podemos permanecer presentes e abertos ao que precisa ser feito. As técnicas cognitivas removem as barreiras mentais à ação. As técnicas comportamentais tornam o trabalho mais focado e administrável.

"O trabalho é o amor tornado visível", escreveu Kahlil Gibran. "E quando trabalha com amor, você se vincula a si mesmo, aos outros e a Deus."[19] Envolver-se de forma consistente com o mundo é uma expressão profundamente satisfatória de amor, permitindo-nos "manter o passo com a terra e com a alma da terra. Pois estar ocioso é tornar-se um estranho às estações e sair da procissão da vida". O amor que expressamos por meio dos nossos esforços permite que a vida — e o próprio amor — continuem.

Ao usarmos mente e corpo para agir no mundo e cuidar das nossas responsabilidades, percebemos que estamos fazendo mais do que manter uma agenda, cumprir prazos ou exercer uma função. Estamos nos alinhando com a vida e com nossa natureza de seres criativos que agem de forma significativa. Esse alinhamento é parte fundamental do cumprimento do nosso propósito. Mas, como veremos no capítulo seguinte, seu propósito vai muito além do seu trabalho.

12

VIVA COM PROPÓSITO

Tudo o que abordamos nos capítulos anteriores — do encontro com o descanso ao cuidado com o corpo e os relacionamentos — nos prepara para expressar nosso propósito de vida. Como você verá, uma paz profunda surge ao saber que está vivendo exatamente para aquilo que foi criado.

"Se eu não tenho um propósito, por que estou aqui?", Michelle me perguntou. Ela havia iniciado o tratamento duas semanas depois de sobreviver a uma tentativa de suicídio. Seus planos de se tornar neurocirurgiã pediátrica haviam desmoronado quando ela mergulhou em uma depressão profunda durante o segundo ano da faculdade. Conforme suas notas despencavam, o sonho da faculdade de medicina começou a escapar de seu alcance. Agora, ela se sentia sem rumo e à deriva, sem qualquer senso de propósito para sua vida.

A pergunta de Michelle era compreensível. O propósito une os momentos da nossa vida em algo significativo, dando-nos um motivo para sair da cama pela manhã e oferecer o nosso melhor ao mundo. O propósito torna nosso sono mais doce ao descansarmos na certeza de que nossa vida importa. Sem um propósito claro, a vida pode parecer sem esperança. Eu reconhecia o desespero de Michelle em mim mesmo quando minha doença interferiu no meu trabalho como terapeuta.

Como podemos cultivar um propósito abrangente que permaneça mesmo que percamos um emprego, a saúde ou as nossas habilidades? Como descobri, eu estava procurando meu propósito nos lugares errados. Com atenção plena, nunca podemos realmente perder nosso propósito.

Perseguindo meu propósito

Eu soube que havia encontrado minha vocação quando comecei minha prática clínica. Eu podia ver a diferença que fazia na vida dos meus pacientes, tinha um consultório lindo ao qual ia a pé e adorava ser meu próprio chefe. Estava ajudando pessoas que sofriam e, ao mesmo tempo, sustentando financeiramente minha família. Eu havia encontrado o que estava destinado a fazer pelo resto dos meus anos de trabalho.

Mas não foi assim que aconteceu. À medida que minha doença piorava, eu lutava para atender às demandas de um consultório movimentado. Já não tinha a resistência de antes para trabalhar longas horas. Ainda assim, continuava me arrastando até o consultório nas primeiras horas da manhã, mesmo no auge da enfermidade, e penava para chegar ao fim de cada dia. "Esta é a minha vocação", eu insistia. "É o que fui feito para fazer!"

Quando finalmente chegava em casa à noite, estava exausto e não tinha quase nada para oferecer à minha família além de impaciência e irritação. Durante todo esse tempo, eu acreditava que logo voltaria à minha rotina normal de atender de 25 a 30 pacientes por semana. Eu entendia o desespero de Michelle — como continuar vivendo se eu perdesse minha função? Como uma faca quebrada, eu acharia que só servia para o lixo. Se não pudesse oferecer terapia e um salário, eu me sentia inútil.

Ainda assim, via inúmeros exemplos de pessoas que haviam perdido muito mais do que eu e pareciam viver com um senso profundo e constante de propósito. Talvez eu estivesse confundindo meu papel com meu propósito. Afinal, há muitas formas de oferecer terapia cognitivo-comportamental além das sessões individuais: livros, blogs, podcasts, aplicativos. O método de entrega não era tão importante quanto o objetivo de ajudar os outros a sofrer menos. Talvez eu fosse o chef, e não a faca. Mesmo que não pudesse oferecer terapia em tempo integral, ainda poderia encontrar maneiras de viver a minha vocação.

Qual você acredita ser o seu propósito? Reflita sobre como seu senso de propósito pode ter evoluído ao longo do tempo. Você já sentiu como se não conseguisse encontrá-lo?

Mais uma vez, minha relação com o meu propósito parecia frágil. Eu precisava estar saudável o suficiente para continuar trabalhando. Precisava ter sucesso. Insistia que tinha que ser capaz de fazer *esse* tipo de trabalho, ou ter *aquele* papel, ou ganhar uma determinada renda. Para atender a essas exigências, eu buscava segurança e evitava a dor. Por mais de três anos, implorei por alívio do meu sofrimento. Acreditava que cura significava que meus problemas de saúde desapareceriam e que eu poderia voltar a trabalhar como antes.

Sem perceber, eu estava cultivando um senso de propósito baseado no ego, exigindo que as coisas acontecessem do meu jeito e resistindo à possibilidade de que não fosse assim. Eu não conseguia me acomodar na busca incessante do ego, porque nada no meu trabalho era garantido. Basear meu propósito no meu trabalho gerava uma sensação de inquietação e a ameaça constante de perder o que eu tinha.

Quando manter nosso senso de propósito depende de segurar algo ou alcançar o que estamos perseguindo, estamos sendo controlados pelos apegos do ego. Frustração ou decepção são inevitáveis quando fundamentamos nosso propósito em um emprego, em ser cuidador ou em realizar um projeto criativo. Atletas enfrentarão uma crise de identidade quando não puderem mais jogar, se encontrarem seu propósito último no esporte. Se criar filhos pequenos for nosso propósito supremo, fazer isso bem provavelmente garantirá que, em algum momento, não seremos mais necessários. Se nossa carreira for o nosso propósito, sentiremos um vazio na aposentadoria.

Podemos encontrar grande significado nessas funções, mas precisamos de um propósito que não possa ser tirado de nós. Caso contrário, toda esperança se perde quando nos vemos em uma situação como a de Michelle. Ela não via caminho para seu propósito e, por isso, sua vida parecia sem sentido — até descobrir um propósito mais profundo do que nossos papéis e mais duradouro do que nossa saúde.

SEJA: ENCONTRE O PROPÓSITO NA PRESENÇA

O rei do conto "As três perguntas", de Liev Tolstói, saiu em busca de descobrir seu propósito. Ao final da história, percebeu que seu propósito estava baseado na presença no agora, "porque é o único momento em que temos algum poder".[1] Nossa missão é estar presentes para aqueles com quem estamos e "fazer o bem a essa pessoa, pois só para esse fim [fomos] enviados a esta vida". A presença consciente é o alicerce do propósito.

O irmão David Steindl-Rast chegou a uma conclusão semelhante em *Music of Silence*. Todo o fundamento do modo de vida monástico é "descrito de forma mais sucinta como um esforço para viver no agora",[2] escreveu ele, com a intenção de responder a "uma série de oportunidades, de encontros".

Paradoxalmente, meu medo de perder o propósito acabou se tornando uma profecia autorrealizável: ao me apegar ao trabalho que achava que precisava fazer, sacrifiquei o propósito que já estava disponível para mim. Eu não conseguia estar presente para quem estava ao meu redor quando estava preocupado com o que poderia perder. Meu medo e meu apego eclipsavam tudo o que realmente importava.

Nosso propósito é estar presentes. Há paz nesse simples reconhecimento. Nosso verdadeiro propósito não pode nos ser tirado. Nunca é algo que não possamos fazer. Não somos ferramentas que podem perder sua utilidade, como uma faca quebrada que é descartada. Nada fora de nós pode interferir no que fomos feitos para fazer — estar presentes, aconteça o que acontecer. Cada momento da nossa vida traz a oportunidade de cumprir esse propósito. Inclusive este exato momento.

Quando conhecemos nosso verdadeiro propósito, encontramos uma sensação de calma, como se reconhecêssemos um velho amigo: "Ah, aí está você." Não é como se tornar neurocirurgião, como Michelle percebeu, algo que depende de inúmeros fatores fora do nosso controle — notas, decisões de admissão, nossa saúde mental e física. Não precisamos fazer as coisas acontecerem de um jeito específico para poder cumprir nosso propósito. Não há ansiedade em relação a ele quando não podemos perdê-lo. Podemos descansar na certeza de que temos tudo de que precisamos, sempre. A cada respiração, estamos exatamente onde devemos estar.

Por meio da minha doença, descobri que estar inteiro não significava colocar tudo em perfeita ordem para então voltar ao propósito da minha vida. A cura se tornou um processo de alinhar-me à minha situação presente, para que eu pudesse oferecer o meu melhor — fosse ele qual fosse — a cada dia. Esse é um tipo confiável de cura, pela qual não precisamos implorar, porque o alinhamento está sempre disponível. Ele está tão próximo quanto ouvir nosso corpo e nossa mente e oferecer o que temos.

Podemos encontrar uma nova vida quando decidimos viver agora, exatamente como somos. Não importa onde estejamos, como nos sentimos ou o que esteja acontecendo, podemos estar presentes. Estar presente é estar disponível — e, quando estamos disponíveis, coisas boas acontecem. Podemos responder com flexibilidade a qualquer coisa que se apresente, a qualquer coisa que se faça presente. Quando estamos centrados no agora, podemos cuidar de nossas próprias necessidades e das necessidades dos outros. Podemos trabalhar quando é hora de trabalhar e descansar quando precisamos. Podemos dar e receber amor.

A maioria de nós tende a ouvir os outros com um ouvido e, com o outro, prestar atenção aos próprios pensamentos e preocupações. Escolha hoje uma interação na qual você trará toda a sua presença para a outra pessoa. Preste atenção plena a ela. Concentre-se intensamente nas palavras que está dizendo, em sua linguagem corporal, nos olhos e nas expressões faciais. Perceba como você se torna mais disponível para o outro quando se dedica, de forma intencional, a estar presente com ele.[3]

A presença — o *seja* em **Pense. Aja. Seja** — nos permite alinhar nossas ações às necessidades do momento. Assim que nos abrimos para a presença consciente, estamos alinhados com o nosso propósito. "Faça o que você está fazendo", escreveu David Steindl-Rast. "Essa resposta amorosa ao chamado de um determinado momento nos liberta da esteira do tempo do relógio e abre uma porta para o agora."[4]

Como sempre, o *ser* é a base para um pensamento eficaz e para uma ação direcionada.

PENSE: CONHEÇA SEU PROPÓSITO

Algumas das histórias mais enganosas da mente dizem respeito ao nosso propósito. É fácil cair no pensamento "tudo ou nada" sobre ele e insistir que precisamos alcançar um resultado específico — e que a alternativa é nada, zero. A mente de Michelle dizia que ela precisava ser neurocirurgiã ou, caso contrário, não serria nada. Ela acreditara nessa história por tanto tempo que não percebia seu caráter preto no branco: tinha que ser *isso* e nada mais. Infelizmente, levou o "nada" tão a sério que chegou a se tornar uma suicida, acreditando que suas únicas opções eram alcançar a meta ou acabar com a própria vida.

O pensamento preto no branco também nos leva a acreditar que nosso propósito não tem valor se não for algo épico. Michelle não queria apenas salvar vidas — queria mudar o mundo por meio de seu trabalho médico. Em nossas sessões, ela percebeu que estava desconsiderando o positivo, ignorando as coisas boas que trazia ao mundo — em primeiro lugar, sua presença única —, fosse ou não médica. Quando Michelle ampliou suas crenças sobre o que seu propósito poderia envolver, redescobriu seu valor próprio e deixou de sentir vontade de acabar com a vida.

A maioria de nós iguala propósito a *fazer* e desvaloriza o poder da própria presença. Esse erro de pensamento funciona como um engano coletivo, levando-nos a acreditar que nossa produtividade determina nosso valor. Eu mesmo reconheço essa crença central em mim e sei que é preciso atenção constante para enxergá-la pelo que é.

Comece a questionar a premissa de que seu propósito na vida é conquistar. Desconfie de qualquer narrativa mental que insista que você precisa fazer mais, ter mais, alcançar mais ou ser mais — e que diga que esse é o caminho para o propósito. Quem já seguiu por aí sabe que ele não leva ao que você espera encontrar.

Não há nada de errado com metas, e podemos encontrar verdadeiro significado em nosso trabalho e em nossos relacionamentos. Mas precisamos ter cuidado para não atrelar nosso bem-estar a coisas que passam. Mesmo que nossos sonhos morram, não precisamos morrer junto com eles.

A presença consciente e o pensamento correto, juntos, nos preparam para uma ação orientada pelo propósito.

AJA COM PROPÓSITO

Nosso propósito é o mesmo — estar presentes —, independentemente de como escolhemos passar o nosso tempo. No entanto, isso não significa que não importa o que fazemos — muito pelo contrário.

Ganhe Vida

Há um mundo de diferença entre o trabalho que é feito para nós e o que não é. Em *Wishful Thinking*, Frederick Buechner descreve encontrar "o lugar onde a sua profunda alegria e a profunda fome do mundo se encontram".[5] Você ganha vida quando faz "o tipo de trabalho (a) que você mais precisa fazer e (b) que o mundo mais precisa que seja feito".

Sua vocação está na interseção entre suas habilidades e seus interesses — onde o que você é capaz de fazer se alinha ao que você quer fazer —, o que infunde seus esforços com toda a força de quem você é. Trabalhar assim o trará mais plenamente para o mundo, facilitando sua presença nele. Por outro lado, estar totalmente presente é mais difícil se o seu trabalho não for adequado para você. É complicado estar disponível no momento quando a sua situação não combina com quem você é; é como vestir uma camisa apertada demais.

Eu senti o desconforto de um ajuste ruim quando passava horas mergulhado em estudos de pesquisa, sabendo, no fundo, que meu trabalho contribuía muito pouco de valor real para o mundo. Eu não encontrava alegria profunda nesse trabalho, e ele não atendia a uma necessidade genuína. Vivi outro desalinhamento quando me forçava a trabalhar mais horas de atendimento clínico do que conseguia sustentar. A incompatibilidade entre minhas tarefas e minhas capacidades era uma fonte contínua de tensão. Com atenção plena, tenho conseguido me aproximar de um trabalho que seja, ao mesmo tempo, vitalizante e sustentável.

A atenção plena nos ajuda a perceber quando nos sentimos mais presentes e vivos e a direcionar nossa energia de acordo com isso. Podemos deixar de lado o que nos esgota. Podemos escolher trabalhos que favoreçam nossa presença. Podemos parar de tentar nos encaixar à força em trabalhos que não conseguimos fazer; nossa vocação nunca estará além das nossas capacidades.

Que tipo de trabalho sempre deixa você exausto? Compare essas tarefas com aquelas que fazem você se sentir mais vivo. Há maneiras de fazer mais das coisas que se alinham às suas habilidades e interesses?

O trabalho que fazemos pode servir ao nosso propósito, mas não é, por si só, o nosso propósito supremo. Esse espaço é reservado para a presença.

Crie Espaço

Se valorizamos a presença consciente, precisamos criar oportunidades para ela em nossa rotina diária. Essas oportunidades podem incluir a meditação e outras práticas de mindfulness, mas até mesmo a meditação pode se tornar apenas mais um item a cumprir no dia. "Não adianta tentar esvaziar a mente de todas as coisas materiais no momento da meditação", escreveu Thomas Merton em *New Seeds of Contemplation*, "se você não fizer nada para reduzir a pressão do trabalho fora desse momento".[6]

Estar ocupado demais gera mais estresse e menos disponibilidade para atender às necessidades de cada momento. Encher nossos dias de atividades não deixa espaço para o *ser*, como um design gráfico sem áreas em branco ou uma partitura sem pausas. Planejar espaço e silêncio no nosso dia tornará mais fácil perceber o que é importante. Também será mais fácil agir com propósito — com intenção — quando partirmos de um centro equilibrado, em vez de atravessar o dia nos debatendo.

Sirva ao Seu Propósito

Parte do presente que é a presença é que ela abre a possibilidade de servir aos outros. A presença consciente revela o que as pessoas precisam e como podemos responder. O serviço flui naturalmente quando estamos presentes para aqueles ao nosso redor.

No entanto, muitas vezes é difícil atender às necessidades dos outros, especialmente quando estamos lutando com as nossas próprias dificuldades. Tendemos a nos voltar para dentro quando passamos por tempos difíceis, tentando cuidar de nós mesmos e poupar energia. Nos pontos mais baixos da minha doença e depressão, minha atenção estava constantemente voltada para o meu próprio sofrimento. Eu me fixava no quanto tudo estava difícil e no quanto eu só queria me sentir melhor. As necessidades dos outros se perdiam em um mar de autocentramento.

Essa experiência me mostrou como é profundamente insatisfatório — e, ironicamente, exaustivo — estar habitualmente preso às nossas próprias preocupações. Ficar remoendo nossos problemas alimenta um espiral descendente de ansiedade e foco interno, cortando-nos das oportunidades vivificantes de pensar nos outros. Como muitos dos meus pacientes, descobri que eu podia estar presente e me doar aos outros mesmo quando me sentia quebrado. Bastava oferecer o que eu tinha, mesmo que fosse um copo vazio.

Não precisamos fazer gestos grandiosos; podemos simplesmente perguntar como foi o dia de alguém ou fazer um pequeno favor que torne sua vida um pouco melhor. Podemos até usar nossas próprias lutas como sinais para pensar nos outros. Se estamos com dor, podemos nos perguntar quem mais está sofrendo e o que podemos fazer para aliviar seu sofrimento. Quando nos sentimos desencorajados, podemos pensar em alguém que precise do nosso encorajamento.

Nenhuma dessas mudanças de foco significa ignorar o nosso próprio bem-estar. Quando estamos plenamente presentes, respondemos às nossas necessidades reais; cuidar de quem está conosco, como Tolstói incentivava, inclui o autocuidado. Depois de fazermos o que está ao nosso alcance por nós mesmos, podemos liberar a ruminação e as preocupações improdutivas e direcionar nossa energia para aqueles ao nosso redor.

Quando estiver lidando com preocupação ou ansiedade, pergunte a si mesmo como pode demonstrar amor às pessoas da sua vida. Procure uma oportunidade para atender a uma necessidade de alguém, talvez de uma forma que ela não espere. Concentre-se no ato de amar, e não em esperar sentir amor. Muitas vezes, o amor é o antídoto para o medo.[7]

Cuidar dos outros é, muitas vezes, a resposta mais cuidadosa que podemos dar a nós mesmos — e pode ser essencial para a nossa própria cura. Parte da minha recuperação, por exemplo, incluiu dividir a responsabilidade de colocar nossos filhos para dormir, algo que minha esposa vinha fazendo sozinha por muitos meses, por causa dos meus frequentes colapsos no fim do dia. Assumir esse compromisso me ajudou a sair do meu autocentramento e me trouxe muitos momentos doces, lendo ou cantando para nossos filhos à noite.

Não importa onde estejamos, podemos nos alinhar à nossa natureza de seres amorosos e servidores.

Ao mesmo tempo, é importante não nos agarrarmos ao serviço como nosso único caminho para o propósito. Quando eu acreditava que meu propósito era atender meus pacientes e suprir as necessidades financeiras da minha família, eu me deparava constantemente com aparentes obstáculos — doença, férias, compromissos da minha esposa que exigiam que eu estivesse em casa. Esses tipos de coisas podem, às vezes, entrar em conflito com o nosso trabalho, mas não podem interferir no nosso propósito fundamental.

Quando estamos presentes com todo o nosso ser — mente, corpo e espírito —, tudo o que fazemos passa a fazer parte de um todo unificado.

INTEGRE

Quando eu acreditava que meu propósito era fazer avançar o campo do tratamento do trauma, ficava irritado por ter que acalmar um bebê chorando à noite, em vez de trabalhar na minha solicitação de bolsa de pesquisa. Ajudar minha filha a dormir parecia um obstáculo ao que eu "precisava" encarar. Mas, à medida que nos alinhamos com o propósito como presença, percebemos que ele está tão disponível para nós nos "obstáculos" quanto naquilo que "supostamente deveríamos estar fazendo".

Uma consciência clara do seu propósito traz coerência e integração a todas as partes da sua vida. Cada momento oferece a oportunidade de estar presente e viver seu propósito. Nossas responsabilidades no trabalho e em casa não são tanto "equilibradas" quanto integradas, porque nosso propósito único é sempre o mesmo. O verdadeiro propósito conduz à harmonia, e não à dissonância, entre os diferentes domínios da nossa vida.

Um senso integrado de propósito também fortalece nossa vida contra o imprevisível, assim como uma construção com integridade arquitetônica se mantém firme durante um terremoto. Quando nossa vida é abalada, não desmoronamos. Uma emergência familiar ou um porão inundado pode arruinar nossos planos para o dia — e ainda assim podemos saber que estamos servindo ao nosso propósito. Podemos trabalhar por anos para construir uma carreira que desmorona por razões fora do nosso controle e, mesmo assim, confiar que nossa vida não é menos significativa. Esses desafios são decepcionantes — até mesmo dolorosos —, mas, em um nível mais profundo, podemos saber que nosso propósito nunca está em dúvida.

Há beleza em um senso unitário de propósito. Cada faceta da nossa vida funciona em conjunto, como em uma horta bem cuidada; seja plantando ou regando, rastelando ou capinando, nossas atividades estão orientadas para a colheita. Da mesma forma, cada aspecto da nossa vida — sono, exercícios, relacionamentos, trabalho — está conectado aos outros como parte de um propósito maior. Cada atividade oferece a mesma oportunidade: estar presente, fazendo exatamente o que estamos fazendo.

Todas as práticas de **Pense. Aja. Seja** nos permitem, em última análise, cumprir nosso verdadeiro propósito. Estar receptivos ao presente facilita pensamentos e comportamentos saudáveis. O pensamento e a ação corretos, por sua vez, abrem espaço para a presença. Nossa cabeça, nossas mãos e nosso coração se unem em um propósito comum — e um propósito que é eterno.

PROPÓSITO SEM FIM

Perto do fim do tratamento, Michelle percebeu que seu propósito não estava fora de si mesma. "Eu não preciso ser mais do que sou", ela me disse. "Eu só preciso *ser*." Dar ênfase à presença trouxe clareza enquanto ela explorava diferentes direções para sua carreira. Ela ainda sentia bastante ansiedade em relação ao futuro, mas já não se sentia desesperada. Nada poderia tocar o núcleo de sua identidade e do seu propósito.

Nosso propósito mais profundo está enraizado em um estado de *ser*, e não no que pensamos ou fazemos. Quando despertamos para a dimensão espiritual do nosso propósito, percebemos que ele transcende o tempo. Nosso propósito mais profundo está sempre disponível porque habita o presente, e entrar no presente é entrar na eternidade.

Você pode sentir essa conexão contínua no mais íntimo de si quando habita plenamente um momento. Quando estamos presentes, "tudo tem sentido, tudo faz sentido", escreveu David Steindl-Rast em *Gratefulness, the Heart of Prayer*. "Você está se comunicando com todo o seu ser, com tudo o que existe, com Deus."[8] Todas as perguntas se dissolvem; você está fazendo o que está fazendo, e isso simplesmente parece certo.

Quando trabalhamos, nosso propósito é estar vivos para o trabalho que estamos realizando. Quando descansamos, cumprimos nosso propósito ao estar presentes na pausa. Quando nossas forças se esgotam e nos aproximamos do fim dos nossos dias, podemos estar presentes para a própria vida e para cada respiração que resta. E, quando nosso tempo na Terra terminar e dermos nosso último suspiro, estaremos presentes para o que quer que comece quando a respiração cessar.

Cumprimos nosso propósito cultivando a presença — neste momento, como em todos os outros. Ao despertar para o presente, você experimenta uma sensação completa e profunda de pertencimento, exatamente aqui e exatamente como é. No núcleo do seu ser, você sabe que está em casa. Voltar para casa em nós mesmos completa o círculo de **Pense. Aja. Seja**, e é o foco do próximo e último capítulo.

13

VOLTE PARA CASA

E quando eu pensei que estava completamente sozinho
Foi a Sua voz que ouvi me chamando de volta para casa.
—Rich Mullins, "Growing Young"[1]

Este livro começou com a escuta da voz interior que o chama. O ponto culminante de ouvir e seguir essa voz é voltar para casa em si mesmo — para o seu Eu mais verdadeiro, que é parte do divino. Neste capítulo final, você conhecerá o amor pleno que o aguarda quando você volta para casa em si mesmo, e os milagres cotidianos que se tornam evidentes quando você sabe que é profundamente amado. Ao se sentir realmente em casa em si mesmo e no seu mundo, você descobrirá uma conexão cada vez maior com sua voz interior — e o ciclo de **Pense. Aja. Seja** continua.

Uma noite, durante minha recuperação da depressão, fui atingido por uma percepção sobre a natureza do amor divino. Aconteceu enquanto eu preparava o jantar e ouvia um concerto do cantor e compositor cristão Rich Mullins. Entre as músicas, Mullins disse que era grato porque Deus é como um pai orgulhoso, que vê os rabiscos bagunçados da nossa vida como "a mais bela arte".[2]

Num instante, compreendi que o amor divino não é um amor relutante, pela metade, nem uma tolerância distante, como eu supusera por muito tempo. É um amor incondicional, pleno e inevitável, como o amor de um pai ou mãe por seu filho. Naquela noite, adormeci sentindo-me acolhido, abraçado e imerso em benevolência. Foi como se eu estivesse em casa.

Todos nós ansiamos por voltar para casa. Queremos um lugar onde possamos ser totalmente nós mesmos, deixar de lado nossas preocupações e saber que somos amados exatamente como somos. E, no entanto, essa experiência de profundo pertencimento tantas vezes nos escapa. Sentimo-nos desconfortáveis perto de outras pessoas e distantes de nós mesmos. Duvidamos do nosso próprio valor e desejamos mais do que temos. Como podemos nos sentir em casa em nossa vida e em paz com nós mesmos?

Voltar para casa é o ápice da jornada de **Pense. Aja. Seja**, como descobri naquela noite na cozinha. Toda a nossa experiência está nos chamando de volta: uns para os outros, para esta Terra, para este momento. Cada capítulo deste livro fala sobre ouvir esse chamado. É o chamado que leva alguém à terapia e o chamado que eu ouvi no sofá quando me sentia perdido e sozinho. Podemos ouvi-lo no descanso sagrado e no êxtase do movimento físico. O mesmo chamado falou comigo quando mergulhei nas águas da baía de Delaware, com as palavras de *Moana* ecoando nos meus ouvidos. Ele está numa folha de alface e no rosto das pessoas que amamos.

Com que frequência você sente um profundo senso de amor e pertencimento? Com que facilidade você consegue amar a si mesmo? Reflita sobre o que pode significar sentir-se em casa.

As experiências religiosas e espirituais específicas que descrevo aqui não são um modelo a ser seguido, porque o lar ao qual voltei não era um lugar nem um conjunto de crenças. Era estar em casa dentro de mim mesmo. Esse lar está em todos os lugares e em todo momento, como um estado de ser. Mas, embora o chamado seja constante, muitas vezes, não nos damos conta dele — como aconteceu comigo por muitos anos.

Ouça o Chamado para Casa

Fechei meus ouvidos para esse chamado no início dos meus 20 anos, quando deixei o fundamentalismo cristão em que fui criado. Eu havia me esforçado muito para acreditar nos milagres que nos eram prometidos, orando fervorosamente e jejuando com minha congregação enquanto pedia a Deus que curasse os doentes entre nós. E, no entanto, jovens e idosos morriam de câncer, minhas próprias doenças e lesões pareciam imunes à oração, e até mesmo os pastores que pregavam a cura divina dependiam de medicamentos para condições crônicas. Com o tempo, senti-me enganado quando as promessas não se concretizaram — e alienado pelo foco em um Deus irado e julgador, que parecia estar sempre pronto para me castigar.

Foi doloroso e desorientador perder meu alicerce espiritual. Por quase duas décadas, rejeitei com amargura qualquer coisa religiosa ou até mesmo espiritual. Eu zombava do cristianismo, ridicularizando de forma profana a ideia de um Deus amoroso. Dizia a mim mesmo que era um materialista estrito, tentando acreditar que toda a experiência humana podia ser reduzida a propriedades observáveis da matéria. Queria eliminar qualquer espaço para o sobrenatural e, ainda assim, não conseguia me livrar da sensação de que havia mais na vida do que eu estava disposto a admitir.

Durante os anos que se seguiram, eu tinha uma meia-consciência de muitos puxões suaves na minha manga. "Está faltando algo", dizia uma voz baixa e persistente. Embora o chamado para entrar plenamente nas nossas experiências esteja sempre presente, raramente ele nos atinge de forma direta e contundente. Eu o percebia com mais frequência em sonhos, canções, poesias, na beleza da natureza e na quietude da atenção plena.

Continuava a me comover, apesar de mim mesmo, com passagens bem conhecidas da Bíblia, como o Salmo 42:1: "Como a corça anseia por águas correntes, assim a minha alma anseia por ti, ó Deus." Eu não conseguia explicar a onda de emoção que sentia ao cantar com nosso coral em Bar Harbor, no Maine: *"Ó amor que não me deixarás / descanso minha cansada alma em Ti."* Chorei durante o filme *Junebug*, quando um trio cantou "Softly and Tenderly" no porão de uma igreja idêntica às que eu conhecera na infância: *"Venham para casa, venham para casa, vocês que estão cansados, venham para casa."*

Muitos anos antes da minha doença, ouvi um chamado claro, numa noite tarde, enquanto estava sentado à minha mesa do porão trabalhando em um artigo científico. Em um momento, parei o trabalho para ouvir, pela primeira vez, uma nova música do Mumford & Sons chamada "Awake My Soul", do seu álbum de estreia *Sigh No More*, que havia se tornado imensamente popular. Eu não esperava a poderosa onda de saudade e tristeza que senti ao ouvir a simplicidade da letra.

Quando o refrão começou, eu, de repente, comecei a chorar. Não foi uma ou duas lágrimas discretas que escorriam pelo rosto e que eu rapidamente enxugava; eu chorava com o corpo inteiro, o rosto enterrado nas mãos. Eu não entendia minhas lágrimas nem minha angústia, mas sabia que me sentia meio morto por dentro havia muito tempo. A dor da separação, enquanto chorava, era inegável — separação da realidade, dos outros, de mim mesmo. Sentia que vinha perdendo as partes mais importantes da minha vida.

Até mesmo meus sonhos, naquela época, me despertavam para uma compreensão mais profunda do que significa estar vivo. Pouco depois daquela noite no porão, tive variações do mesmo sonho três noites seguidas. Em cada um, eu dançava em êxtase e balançava junto com um grupo de pessoas que eu não conhecia, enquanto elas cantavam em um idioma que eu não entendia. Era impressionantemente semelhante aos muitos "apelos ao altar" das igrejas pentecostais da minha juventude, quando todos eram convidados a ir até a frente do templo para um momento de intensa emoção em oração e cânticos, muitas vezes incluindo o falar em línguas.

"Sinto como se algo estivesse me chamando", disse à minha esposa depois do terceiro sonho, "mas não sei como responder". O único modelo que eu tinha para uma prática espiritual era frequentar a igreja, o que não me parecia adequado. Depois dessa conversa, decidi me matricular em uma aula de yoga — e foi aí que descobri as práticas de integração corpo-mente, o poder da respiração e a paz que existe na presença.

Nesse mesmo período, tive o sonho sobre a morte que já relatei anteriormente neste livro, e que me mostrou um nível de conexão que eu não sabia que era possível: união com tudo o que existe, através do tempo, do espaço e até da morte. "Como pude abandonar isso?", perguntei a mim mesmo. Era como se, durante meus 20 e 30 anos, eu tivesse tapado os ouvidos e dito que não acreditava no som — e então, de repente, redescobri minha capacidade de ouvir: palavras, risos, música, canto de pássaros.

À medida que continuei a dizer "sim" ao chamado que sentia, descobri um pequeno livro sobre budismo secular que me abriu os olhos para o poder da atenção plena. Ele estava na minha estante havia muitos anos, mas nunca havia chamado minha atenção antes. Quase todas as páginas me impressionavam com sua descrição precisa de coisas que eu meio que percebia, mas nunca havia colocado em palavras — como a ternura, quase triste, que permeia toda a vida quando estamos realmente próximos da nossa experiência. É aquela doçura que me fazia chorar quando prestava atenção a uma uva-passa ou sentia a vida em uma folha de alface colhida na horta.

Logo, abracei o budismo secular, com sua ênfase em estar presente na experiência e acolher a vida exatamente como ela é, e comecei a praticar meditação diariamente. Por meio de textos budistas, aprendi sobre o amor abrangente, a unidade e um universo que não está à espreita, esperando uma oportunidade para nos punir. Encontrei paz e aceitação no budismo secular, que se tornou minha casa espiritual adotiva. Talvez estivesse tudo bem eu ser imperfeito. Talvez eu pudesse me aceitar exatamente como sou.

Ainda assim, eu me percebia em busca de algo que não conseguia nomear.

ENCONTRE O LAR DENTRO DE SI

A maioria de nós procura segurança e pertencimento em um lar fora de nós mesmos. Buscamos isso em relacionamentos, no trabalho, no reconhecimento ou nos bens materiais. Mas, na realidade, o lar que tanto desejamos está sempre aqui. Ele não existe em nenhum outro lugar. "Este é um país cujo centro está em toda parte", escreveu Thomas Merton em *Novas Sementes de Contemplação*. "Você não o encontra viajando, mas ficando parado."[3]

Mas isso não nos impede de procurá-lo em todo lugar, menos onde ele está — como se estivéssemos revirando a casa inteira para encontrar as chaves que estamos segurando na mão. A resposta deve estar lá fora, em algo além de nós mesmos, porque estamos convencidos de que não somos suficientes. Essa crença na nossa própria insuficiência se manifesta em nossos conceitos centrais sobre nós e o mundo, moldando nossos pensamentos e nossas ações. Essas suposições profundas geralmente falam sobre sermos inadequados ou indignos de amor: "Você foi pesado na balança e achado em falta."[4]

Onde você se percebe procurando por algo que falta — algo que supostamente iria completá-lo? Reflita sobre as crenças centrais que você tem sobre si mesmo e que podem sustentar essa sensação de precisar de algo a mais.

Grande parte do nosso sofrimento vem dessa luta para encontrar *algo mais*: mais do que eu mesmo, mais do que a pessoa sentada à minha frente, mais do que esta casa, esta mesa, esta refeição, esta colher. Mais do que este momento. Estamos sempre olhando além de nossas pequenas vidas, esperando encontrar algo melhor. A partir dessa sensação de carência, tentamos ganhar o mundo inteiro — mas corremos o risco de perder a alma.[5]

Esse tema aparece em incontáveis letras de músicas, livros e filmes — incluindo a animação da Disney *Frozen II* (sou obrigado a assistir a filmes da Disney por ser pai de crianças pequenas). Elsa está em busca de um ser que ela pressente — alguém ou algo que ela conhece desde que se lembra, mas que sempre lhe escapou. Enquanto persegue uma voz e uma luz, ela canta com insistência cada vez maior, implorando para que essa presença se revele.

Essa esperança e esse desejo vivem em todos nós — por algo que satisfaça nossa sede e nos complete. Às vezes, chegamos tão perto, como Elsa, quase lembrando a sensação de um sonho sem conseguir recordar do que ele tratava. Elsa não poupa esforços nessa busca desesperada: chega a cavalgar um cavalo mágico que quase a afoga antes de levá-la pelo mar. À medida que a perseguição se intensifica, ela ordena que aquilo que procura finalmente se revele. Está certa de que, se procurar com afinco suficiente, encontrará o que sempre esperou.

Nós fazemos a mesma exigência às coisas que perseguimos — às pessoas em nossa vida, às nossas carreiras, a todo tipo de distração que tentamos colocar no lugar do que realmente precisamos. Achamos que a solução para o vazio que sentimos está em obter algo que nos falta. Mas o que buscamos esteve conosco o tempo todo, como Elsa descobre. A música atinge o auge e, enfim, ela encontra sua resposta: ela mesma é quem esteve esperando por todo esse tempo.

O *você* que você esperava não é o "eu" do ego, que se agarra à própria separação como uma gota d'água que tenta possuir o oceano. Que decepção seria se o pequeno "eu" fosse a realização de tudo o que ansiamos! Esse *você* é a parte que integra algo muito maior — é quem você realmente é. Você não precisa compensar uma suposta deficiência nem inflar falsamente sua minúscula presença num cosmos imenso. Pode parar de tentar possuir o mundo, porque você pertence ao universo.

Existe uma verdade fundamental sobre quem você é, mais profunda do que suas crenças centrais negativas. Se, ao cavar dentro de si, você tocar o que parece ser o leito rochoso da inadequação ou da falta de amor, continue cavando. Você ainda não chegou ao seu núcleo verdadeiro. No ponto mais profundo de si existe um saber divino de que você já tem tudo de que precisa. Você sempre foi suficiente. Você está bem exatamente como é. Com essa realização, seus ombros relaxam e a respiração flui mais fácil.

"Por que abandonar quem você é?", perguntou o místico dominicano Meister Eckhart. "Por que não permanecer em si mesmo e beber do poço profundo do seu próprio bem? Pois cada um de nós guarda toda a verdade dentro de si."[6] Como descobri nas minhas próprias andanças, você nunca pode realmente deixar seu verdadeiro lar — ele faz parte de você. Voltar para casa é reconectar-se com o que sempre esteve ali. Seu retorno já está pronto para acontecer.

Não importa o quanto tenhamos nos afastado do lar verdadeiro dentro de nós, não precisamos refazer todo o caminho para voltar. O retorno pode acontecer num único instante, como acender uma luz num quarto escuro. Podemos ter ficado sentados na escuridão por muito tempo, mas, de repente, percebemos coisas que antes não conseguíamos ver. Onda após onda de percepções e implicações nos invade ao percebermos que a luz desse novo entendimento muda tudo.

Vi muitos retornos dramáticos ao verdadeiro eu no consultório, como no caso de Paul, que conhecemos no Capítulo 1. Ele nunca se sentiu bom o bastante e buscou completude no amor da mãe, no álcool e em uma sucessão de relacionamentos que nunca o satisfizeram de fato. Nesse processo, abandonou a si mesmo. Por meio da prática da terapia cognitivo-comportamental com atenção plena, Paul finalmente pôde descansar em relação a si mesmo — tanto com o menino de 5 anos que fora deixado e solitário quanto com o adulto que ainda carregava aquelas feridas antigas. Soube que ele tinha encontrado o caminho de volta para casa quando me disse que sentia amor por si mesmo; o chamado para voltar para casa é sempre um chamado para amar.

Quando enfim estamos em casa em nós mesmos, o amor surge, inevitavelmente. Nada nos confirma mais que estamos verdadeiramente em casa do que a plena consciência de que somos amáveis.

SAIBA QUE VOCÊ É AMADO

Passei a me sentir muito mais vivo em minhas experiências quando comecei a praticar meditação e outras formas de atenção plena. Percebi o quanto eu havia deixado passar no relacionamento com minha esposa e meus filhos, e até mesmo ao olhar para desconhecidos na rua, comecei a vê-los com uma espécie de reconhecimento. Eu me pegava sorrindo, sem conseguir evitar, para cada pessoa que via — e não me importava se parecesse um pouco ridículo.

O budismo até me ajudou a enxergar o cristianismo sob uma nova perspectiva e a reconhecer verdades profundas naquilo que me haviam ensinado: que a conexão espiritual é essencial, que o amor é fundamental, que o eterno habita em cada um de nós. Interpretações dogmáticas e literais dessas ideias haviam obscurecido sua mensagem central — uma mensagem que harmonizava com os insights que eu encontrara nos princípios budistas. Eu havia ficado com uma compreensão completamente diferente da religião em que cresci. Muitas palavras eram as mesmas — pecado, fé, redenção, morte, Cristo —, mas os significados haviam mudado. Eu finalmente compreendia que Deus é amor.

E, no entanto, a espiritualidade que encontrei através do budismo não alcançava o meu núcleo. Havia um descompasso entre minha crença explícita sobre a natureza de Deus e o que eu sentia ser verdade no íntimo. Era a mesma dissonância que eu tantas vezes encontrara no consultório: quando a pessoa sabia que seus pensamentos autodepreciativos não eram realistas, mas ainda assim os sentia como se fossem a verdade.

Eu ainda ansiava pelo amor e pela aprovação do meu "Deus de nascimento" distante — aquele com quem cresci e de quem fugi quando abandonei o cristianismo. Minhas convicções mais profundas ainda me diziam que Deus estava, de alguma forma, levemente irritado comigo, pronto para me castigar. Talvez Sua paciência fosse perfeita, mas eu tinha certeza de já tê-la esgotado.

A emoção que transbordou em mim ao ouvir as palavras de Rich Mullins vinha se acumulando havia décadas. Enquanto eu chorava na cozinha, as palavras do apóstolo Paulo aos romanos ganharam um novo sentido para mim: nada "em toda a criação poderá nos separar do amor de Deus".[7] Finalmente, eu estava em casa.

TESTEMUNHE MILAGRES

Quando eu era criança, acreditava que milagres eram algo fora do alcance dos acontecimentos cotidianos. Seria um milagre se um câncer terminal desaparecesse ou se um osso quebrado fosse curado de repente. Como esses sinais extraordinários não surgiram, concluí que a vida não passava de nossas experiências banais — nada de mágico, nada de divino.

Mas, quando passei a olhar mais profundamente para a minha experiência comum, descobri que havia mais do que eu imaginava — não mais do que esta vida, mas mais **nesta** vida. Meu corpo era capaz de fechar cortes e curar resfriados com um poder além da minha consciência ou controle. Eu podia oferecer as condições certas — limpar um ferimento, dormir o suficiente, comer alimentos nutritivos —, e meu corpo fazia o resto.

Ao longo do seu dia, perceba como seus pulmões possibilitam cada atividade que você realiza. Sinta como sua respiração se adapta a cada demanda: rápida e superficial quando você está ansioso, mais profunda depois de subir escadas, lenta e regular enquanto você adormece. Note também o efeito calmante automático de desacelerar deliberadamente a respiração.[8]

Nossa mente e nosso coração também podem se curar — algo que testemunhei tanto nas minhas sessões de terapia quanto na minha vida pessoal. Assim como acontece com a cura física, oferecemos as condições mentais e comportamentais certas, e nosso sistema nervoso faz o resto: enfrentamos nossos medos e eles diminuem; encontramos engajamento e a depressão se dissipa; mudamos nossos hábitos e nosso sono melhora; encontramos descanso e nosso sistema de estresse se acalma.

A cura rotineira que acontece em nossos relacionamentos também está longe de ser comum. Eu não sei como consertar uma ruptura afetiva mais do que sei como curar um osso quebrado — mas, felizmente, o perdão está inscrito em nossa natureza. Podemos tropeçar nos nossos vínculos mais próximos, decepcionar nosso parceiro, nossos pais ou nossos filhos e, ainda assim, reencontrar o caminho de volta uns para os outros. Minha esposa e meus filhos já viram o pior de mim, e eu já vi o pior deles, mas o amor que temos uns pelos outros nunca esteve em dúvida. "O amor cobre uma multidão de pecados."[9]

Até mesmo a existência misteriosa da vida — e do universo que a sustenta — está longe de ser ordinária. Eu estava perdendo muito da vida quando negava as maravilhas da experiência cotidiana. Procurava nos céus aquilo que estava bem diante de mim na Terra; era como achar os óculos "perdidos" no alto da própria cabeça.

Quando não confiamos que somos amados, deixamos de perceber as coisas boas que preenchem nossa vida — como uma criança que duvida do amor dos pais e, por isso, não enxerga os gestos de cuidado. Quando nossos olhos se abrem para o amor que nos cerca, começamos a perceber que somos cuidados de mais formas do que imaginávamos. Passamos a reconhecer que o universo está do nosso lado, oferecendo-nos tudo de que precisamos — o que reforça a crença na nossa própria amabilidade (ver Figura 9). Afinal, precisamos ser dignos de amor se estamos sendo constantemente cuidados.

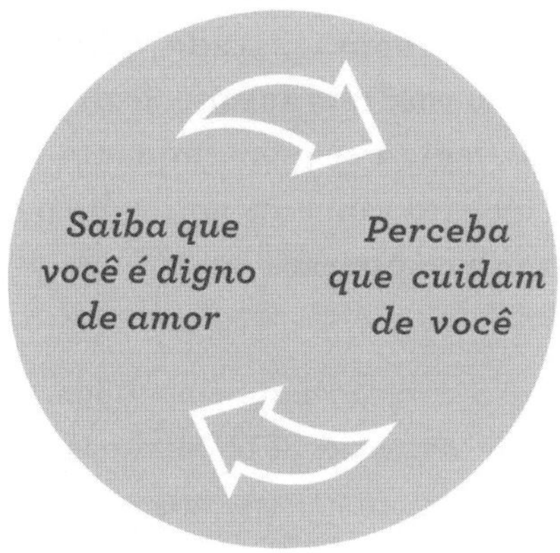

Figura 9

Tudo o que você vive é para você: o feixe de luz no canto da parede, a brisa que atravessa o ar, cada cor que alcança seus olhos. É por isso que você testemunha essas coisas — elas estão acontecendo na sua presença, no seu campo de vida. Você pode descansar nessa certeza, sabendo que a sua vida ordinária já é repleta de coisas boas. Então, volte para casa neste momento. Volte para casa no lugar onde você está sentado agora. Volte para casa para as pessoas da sua vida. Volte para casa para quem você é. A vida extraordinária que você procura está em tudo o que você já tem.

O OUTRO LADO

Alguns anos atrás, parecia que a minha vida estava chegando ao fim. Não era um avião se despedaçando no ar, como no meu sonho, mas sim a própria estrutura da minha existência que estava ruindo. Eu havia perdido minha saúde física e mental, minhas economias, meu vínculo com os amigos. Vivendo em alerta, eu me preparava para o momento do impacto, antecipando uma queda violenta que extinguiria minha vida. E, mesmo que eu não morresse de fato, não conseguia imaginar como continuar depois de tantas perdas.

Mas a morte que chegou não foi a que eu esperava. A vida não apenas seguiu — ela melhorou. Mesmo antes de minha saúde se restabelecer, eu reencontrei uma conexão espiritual há muito abandonada, e foi essa ligação que me sustentou durante os desafios. Assim como no sonho, a morte do meu velho eu revelou uma conexão eterna com tudo o que amo. Não havia mais espaço para o medo.

Muita coisa mudou desde aquela noite no sofá. Do outro lado da dor e da perda, encontrei uma paz profunda. A paz começou quando redescobri meu espírito e encontrei uma testemunha compassiva para as minhas lutas — uma presença que me ligava a um espírito maior. Percebi que eu não estava sozinho e que não havia sido esquecido. O trabalho cognitivo e comportamental que veio depois foi construído sobre esse alicerce sólido de atenção plena. Minha mente foi renovada. Minhas ações agora se alinham com um senso duradouro de propósito. Sei que estou bem exatamente como sou, e por isso não me obrigo mais, de forma impiedosa, a fazer mais e mais, nem vivo em um estado constante de tensão.

A abordagem integrada de **Pense. Aja. Seja**, que nasceu do encontro entre minhas provações e minha formação, foi descoberta por inúmeras pessoas ao longo dos milênios. Thomas Merton a expressou de forma belíssima em *New Seeds of Contemplation*: "A 'vida espiritual' é então a vida perfeitamente equilibrada, na qual o corpo, com suas paixões e instintos, a mente, com seu raciocínio e sua obediência aos princípios, e o espírito, com sua iluminação passiva pela Luz e pelo Amor de Deus, formam uma pessoa completa, que está em Deus, com Deus, de Deus e para Deus."[10]

Somos mente, corpo e espírito, e as respostas que buscamos para os problemas persistentes da vida inevitavelmente incluirão cuidar de nossos pensamentos, agir em alinhamento com nossos objetivos e estar presentes em nossa experiência.

Quer você esteja se recuperando de uma perda ou de um trauma, buscando um propósito maior ou enfrentando uma crise pessoal, comece cultivando a presença. Ouça a voz do seu espírito, que será sua companheira constante. Responda ao chamado do espírito e pratique o pensamento correto e a ação correta. Espero que você encontre uma nova vida, assim como eu encontrei, por meio das práticas da terapia cognitivo-comportamental com mindfulness.

O caminho à frente não será fácil, mas será sempre tão simples quanto três palavras: **Pense. Aja. Seja.**

Continue respirando. Cuide dos seus pensamentos. Faça o que precisa ser feito. Você já está em casa.

NOTAS

Epígrafe

1. Mark S. Burrows e Jon M. Sweeney, *Meister Eckhart's Book of Secrets: Meditations on Letting Go and Finding True Freedom* (Charlottesville, VA: Hampton Roads, 2019), p. 194.

OUÇA O CHAMADO

1. Nomes e detalhes de identificação dos pacientes foram alterados para proteger sua identidade.

CONECTE-SE COM VOCÊ MESMO

1. Adaptado de Seth J. Gillihan, *The CBT Deck for Clients and Therapists: 101 Practices to Improve Thoughts, Be in the Moment, and Take Action in Your Life* (Eau Claire, WI: PESI, 2019).

2. Ilia Delio, *The Hours of the Universe: Reflections on God, Science, and the Human Journey* (Maryknoll, NY: Orbis Books, 2021), p. xv.

3. Omid Naim, "Telling a Better Story about Health and Healing," entrevista concedida a Seth Gillihan, Pense. Aja. Seja, áudio de podcast, 20 de fevereiro de 2019, episódio 30, https://sethgillihan.com/ep-30-dr-omid-naim/.

ENCONTRE ALAVANCAGEM

1. M. Muraven e R. F. Baumeister, "Self-Regulation and Depletion of Limited Resources: Does Self-Control Resemble a Muscle?", *Psychological Bulletin* 126, nº 2 (2000): 247–259, https://doi.org/10.1037/0033-2909.126.2.247.

2. Marco Aurélio, *Meditações*, trad. Gregory Hays (Nova York: Modern Library, 2002), p. 77.

3. David Steindl-Rast e Sharon Lebell, *Music of Silence: A Sacred Journey Through the Hours of the Day* (Berkeley, CA: Ulysses Press, 1998), p. 5.

4. Entre os desenvolvedores mais notáveis da terapia cognitiva estão o psiquiatra Aaron T. Beck e o psicólogo Albert Ellis.

5. Epicteto, *O Enchiridion*, em *Discourses and Selected Writings*, ed. e trad. Robert Dobbin (Nova York: Penguin Books, 2008), p. 223.

6. Esta pesquisa foi conduzida, por exemplo, por Ivan Pavlov, Edward Thorndike e B. F. Skinner.

7. Um dos principais desenvolvedores da terapia comportamental foi o psiquiatra sul-africano Joseph Wolpe.

8. Marco Aurélio, *Meditações*, p. 119.

DIGA SIM

1. Steven C. Hayes, "You Want to Feel All of It," entrevista concedida a Seth Gillihan, *Pense, Aja, Seja*, áudio de podcast, 7 de outubro de 2020, episódio 108, https://sethgillihan.com/ep-108-dr-steven-c-hayes-you-want-to-feel-all-of-it/.

2. Epicteto, *O Enchiridion*, em *Discourses and Selected Writings*, ed. e trad. Robert Dobbin (Nova York: Penguin Books, 2008), p. 222.

PRATIQUE A CONSCIÊNCIA PLENA

1. Visite https://sethgillihan.com/guided-meditations/forsimpleguidedmeditations.

2. Letícia Ribeiro, Rachel M. Atchley e Barry S. Oken, "Adherence to Practice of Mindfulness in Novice Meditators: Practices Chosen, Amount of Time Practiced, and Long-Term Effects Following a Mindfulness-Based Intervention," *Mindfulness* 9 (2018): 401–411, https://doi.org/10.1007/s12671-017-0781-3.

3. Chögyam Trungpa, *Shambhala: The Sacred Path of the Warrior* (Boston: Shambhala, 1984).

4. O Exercício da Uva-Passa foi desenvolvido por Jon Kabat-Zinn, criador do programa de Redução de Estresse Baseada em Mindfulness (*Mindfulness-Based Stress Reduction*).

5. Sam Harris, *Waking Up: A Guide to Spirituality Without Religion* (Nova York: Simon & Schuster, 2014), pp. 6–7.

6. William James, *The Varieties of Religious Experience: A Study in Human Nature* (Mineola, NY: Dover Publications, 2018), pp. 398–400.

CONECTE-SE COM O SEU MUNDO

1. Isaías 55:2, NVI.

2. https://doi.org/10.1093/aje/kww189Holly B. Shakya e Nicholas A. Christakis, "Association of Facebook Use with Compromised Well-Being: A Longitudinal Study," *American Journal of Epidemiology* 185, nº 3 (1º de fevereiro de 2017): 103–211, https://doi.org/10.1093/aje/kww189.

3. D. Nutsford, A. L. Pearson e S. Kingham, "An Ecological Study Investigating the Association Between Access to Urban Green Space and Mental Health," *Public Health* 127, nº 11 (novembro de 2013): 1005–1011, https://doi.org/10.1016/j.puhe.2013.08.016; Hannah Cohen-Cline, Eric Turkheimer e Glen E. Duncan, "Access to Green Space, Physical Activity, and Mental Health: A Twin Study," *Journal of Epidemiology & Community Health* 69, nº 6 (junho de 2015): 523–529, https://dx.doi.org/10.1136/jech-2014-204667.

4. Agnes E. van den Berg et al., "Green Space as a Buffer Between Stressful Life Events and Health," *Social Science & Medicine* 70, nº 8 (abril de 2010): 1203–1210, https://doi.org/10.1016/j.socscimed.2010.01.002.

5. Caoimhe Twohig-Bennett e Andy Jones, "The Health Benefits of the Great Outdoors: A Systematic Review and Meta-Analysis of Greenspace Exposure and Health Outcomes," *Environmental Research* 166 (outubro de 2018): 628–637, https://doi.org/10.1016/j.envres.2018.06.030.

6. Adaptado de Seth J. Gillihan, *The CBT Deck for Anxiety, Rumination, and Worry: 108 Practices to Calm the Mind, Soothe the Nervous System, and Live Your Life to the Fullest* (Eau Claire, WI: PESI, 2020).

7. Mary Oliver, "To Begin With, the Sweet Grass," em *Devotions: The Selected Poems of Mary Oliver* (Nova York: Penguin Press, 2017), p. 77.

8. Robin Wall Kimmerer, *Braiding Sweetgrass: Indigenous Wisdom, Scientific Knowledge, and the Teachings of Plants* (Minneapolis, MN: Milkweed Editions, 2020), p. 118.

9. Lauren E. Sherman et al., "What the Brain 'Likes': Neural Correlates of Providing Feedback on Social Media," *Social Cognitive and Affective Neuroscience* 13, nº 7 (julho de 2018): 699–707, https://doi.org/10.1093/scan/nsy051.

10. Jon D. Elhai et al., "Problematic Smartphone Use: A Conceptual Overview and Systematic Review of Relations with Anxiety and Depression Psychopathology," *Journal of Affective Disorders* 207 (1º de janeiro de 2017): 251–259, https://doi.org/10.1016/j.jad.2016.08.030.

OFEREÇA AGRADECIMENTO

1. "Johnson Oatman," *Prabook*, acesso em 25/05/2022, https://prabook.com/web/johnson.oatman/3767739. Fonte da letra: https://hymnary.org/text/when_upon_lifes_billows_you_are_tempest.
2. Brenda H. O'Connell, Deirdre O'Shea e Stephen Gallagher, "Feeling Thanks and Saying Thanks: A Randomized Controlled Trial Examining If and How Socially Oriented Gratitude Journals Work," *Journal of Clinical Psychology* 73, nº 10 (outubro de 2017): 1280–1300, https://doi.org/10.1002/jclp.22469.
3. Joshua A. Rash, M. Kyle Matsuba e Kenneth M. Prkachin, "Gratitude and Well-Being: Who Benefits the Most from a Gratitude Intervention?," *Applied Psychology: Health and Well-Being* 3, nº 3 (novembro de 2011): 350–369, https://doi.org/10.1111/j.1758-0854.2011.01058.x.
4. Steven M. Toepfer, Kelly Cichy e Patti Peters, "Letters of Gratitude: Further Evidence for Author Benefits," *Journal of Happiness Studies* 13 (2012): 187–201, https://doi.org/10.1007/s10902-011-9257-7.
5. Sara B. Algoe, Jonathan Haidt e Shelly L. Gable, "Beyond Reciprocity: Gratitude and Relationships in Everyday Life," *Emotion* 8, nº 3 (2008): 425–429, https://doi.apa.org/doi/10.1037/1528-3542.8.3.425; Nathaniel M. Lambert et al., "Benefits of Expressing Gratitude: Expressing Gratitude to a Partner Changes One's View of the Relationship," *Psychological Science* 21, nº 4 (2010): 574–580, https://doi.org/10.1177/0956797610364003.
6. William Ferraiolo, *Meditations on Self-Discipline and Failure: Stoic Exercise for Mental Fitness* (Winchester, UK: O-Books, 2017), p. 163.
7. Ver https://www.youtube.com/watch?v=BSxPWpLPN7A.
8. Adaptado de Seth J. Gillihan, *The CBT Deck for Clients and Therapists: 101 Practices to Improve Thoughts, Be in the Moment, and Take Action in Your Life* (Eau Claire, WI: PESI, 2019).
9. Adaptado de Seth J. Gillihan, *The CBT Deck for Anxiety, Rumination, and Worry: 108 Practices to Calm the Mind, Soothe the Nervous System, and Live Your Life to the Fullest* (Eau Claire, WI: PESI, 2020).
10. David Steindl-Rast e Sharon Lebell, *Music of Silence: A Sacred Journey Through the Hours of the Day* (Berkeley, CA: Ulysses Press, 1998), p. 34.
11. Steindl-Rast e Lebell, *Music of Silence*, p. 31.

12. Ver, por exemplo, O'Connell, O'Shea e Gallagher, "Feeling Thanks and Saying Thanks."

13. O'Connell, O'Shea e Gallagher, "Feeling Thanks and Saying Thanks."

14. Steindl-Rast e Lebell, *Music of Silence*, p. 33.

15. Filipenses 4:12, NVI.

16. 1 Tessalonicenses 5:18, NVI.

17. Tiago 1:2–3, NVI.

18. Salmos 89:1, NVI.

19. Salmos 13:1, NVI.

20. Johnson Oatman Jr., "Count Your Blessings." Fonte da letra: https://hymnary.org/text/when_upon_lifes_billows_you_are_tempest.

ENCONTRE DESCANSO

1. David Steindl-Rast, *Gratefulness, the Heart of Prayer: An Approach to Life in Fullness* (Nova York: Paulist Press, 1984), p. 181.

2. Jessica de Bloom et al., "Effects of Vacation from Work on Health and Well-Being: Lots of Fun, Quickly Gone," *Work & Stress* 24, nº 2 (2010): 196–216, https://dx.doi.org/10.1080/02678373.2010.493385.

3. Jessica de Bloom, Sabine A. E. Geurts e Michiel A. J. Kompier, "Vacation (After-) Effects on Employee Health and Well-Being, and the Role of Vacation Activities, Experiences, and Sleep," *Journal of Happiness Studies* 14 (2013): 613–633, https://doi.org/10.1007/s10902-012-9345-3.

4. Adaptado de Seth J. Gillihan, *The CBT Deck for Clients and Therapists: 101 Practices to Improve Thoughts, Be in the Moment, and Take Action in Your Life* (Eau Claire, WI: PESI, 2019).

5. Marjaana Sianoja et al., "Enhancing Daily Well-Being at Work Through Lunchtime Park Walks and Relaxation Exercises: Recovery Experiences as Mediators," *Journal of Occupational Health Psychology* 23, nº 3 (2018): 428–442, https://doi.org/10.1037/ocp0000083.

6. Thomas Merton, *New Seeds of Contemplation* (Nova York: New Directions, 2007), p. 81.

AME SEU CORPO

1. Elisabeth Hertenstein et al., "Insomnia as a Predictor of Mental Disorders: A Systematic Review and Meta-Analysis," *Sleep Medicine Reviews* 43 (fevereiro de 2019): 96–105, https://doi.org/10.1016/j.smrv.2018.10.006.

2. M. Daley et al., "Insomnia and Its Relationship to Health-Care Utilization, Work Absenteeism, Productivity, and Accidents," *Sleep Medicine* 10, nº 4 (abril de 2009): 427–438, https://doi.org/10.1016/j.sleep.2008.04.005.

3. Wendy M. Troxel et al., "Marital Quality and the Marital Bed: Examining the Covariation Between Relationship Quality and Sleep," *Sleep Medicine Reviews* 11, nº 5 (outubro de 2007): 389–404, https://doi.org/10.1016/j.smrv.2007.05.002.

4. Richard Rohr, "Living Fully," *Center for Action and Contemplation*, 3 de abril de 2019, https://cac.org/living-fully-2019-04-03/.

5. Jason C. Ong et al., "A Randomized Controlled Trial of Mindfulness Meditation for Chronic Insomnia," *Sleep* 37, nº 9 (1º de setembro de 2014): 1553–1563, https://doi.org/10.5665/sleep.4010.

6. M. Alexandra Kredlow et al., "The Effects of Physical Activity on Sleep: A Meta-Analytic Review," *Journal of Behavioral Medicine* 38 (2015): 427–449, https://doi.org/10.1007/s10865-015-9617-6.

7. Ana Kovacevic et al., "The Effect of Resistance Exercise on Sleep: A Systematic Review of Randomized Controlled Trials," *Sleep Medicine Reviews* 39 (junho de 2018): 52–68, https://doi.org/10.1016/j.smrv.2017.07.002.

8. Kredlow et al., "Effects of Physical Activity on Sleep."

9. Eric Suni, "Sleep Hygiene: What It Is, Why It Matters, and How to Revamp Your Habits to Get Better Nightly Sleep," *Sleep Foundation*, atualizado em 29 de novembro de 2021, https://www.sleepfoundation.org/articles/sleep-hygiene.

10. Saundra Dalton-Smith, *Sacred Rest: Recover Your Life, Renew Your Energy, Restore Your Sanity* (Nova York: FaithWords, 2017), p. 8.

11. Sou grato a Rebecca Stoltzfus, presidente do Goshen College, por me ajudar a enxergar a natureza sagrada do sono.

12. William James, *The Varieties of Religious Experience: A Study in Human Nature* (Mineola, NY: Dover Publications, 2018), p. 277.

13. Gênesis 41, NVI.

14. Mateus 2:12, NVI.

15. Salmos 127:2, NVI.

16. Swami Krishnananda, "Consciousness and Sleep," em *The Māndūkya Upanishad* (Rishikesh, Índia: Divine Life Society, 1996), https://www.swami-krishnananda.org/mand/mand_5.html.

17. Hazrat Inayat Khan, "Sufi Teachings: The Mystery of Sleep," *Hazrat Inayat Khan Study Database*, http://hazrat-inayat-khan.org/php/views.php?h1=30&h2=33.

18. Bhante Shravasti Dhammika, "Sleep," *Guide to Buddhism A to Z*, https://www.buddhisma2z.com/content.php?id=385.

19. Bhante Shravasti Dhammika, "Dreams," *Guide to Buddhism A to Z*, https://www.buddhisma2z.com/content.php?id=116.

20. Nechoma Greisman, "The Philosophy of Sleep," *Chabad.org*, https://www.chabad.org/library/article_cdo/aid/97560/jewish/The-Philosophy-of-Sleep.htm.

21. Gary M. Cooney et al., "Exercise for Depression," *Cochrane Database of Systematic Reviews*, nº 9, art. CD004366 (12 de setembro de 2013), https://doi.org/10.1002/14651858.CD004366.pub6.

22. Felipe B. Schuch et al., "Physical Activity Protects from Incident Anxiety: A Meta-Analysis of Prospective Cohort Studies," *Depression & Anxiety* 36, nº 9 (setembro de 2019): 846–858, https://doi.org/10.1002/da.22915.

23. Amanda L. Rebar et al., "A Meta-Meta-Analysis of the Effect of Physical Activity on Depression and Anxiety in Non-clinical Adult Populations," *Health Psychology Review* 9, nº 3 (2015): 366–378, https://doi.org/10.1080/17437199.2015.1022901.

24. Charles B. Eaton et al., "Cross-Sectional Relationship Between Diet and Physical Activity in Two Southeastern New England Communities," *American Journal of Preventive Medicine* 11, nº 4 (julho–agosto de 1995): 238–244, https://doi.org/10.1016/S0749-3797(18)30452-5.

25. Jacobo Á. Rubio-Arias et al., "Effect of Exercise on Sleep Quality and Insomnia in Middle-Aged Women: A Systematic Review and Meta-Analysis of Randomized Controlled Trials," *Maturitas* 100 (1º de junho de 2017): 49–56, https://doi.org/10.1016/j.maturitas.2017.04.003.

26. Richard M. Ryan e Edward L. Deci, "Self-Determination Theory and the Facilitation of Intrinsic Motivation, Social Development, and Well-being," *American Psychologist* 55, nº 1 (2000): 68–78, https://doi.apa.org/doi/10.1037/0003-066X.55.1.68.

27. Adaptado de Seth J. Gillihan, *The CBT Deck for Anxiety, Rumination, and Worry: 108 Practices to Calm the Mind, Soothe the Nervous System, and Live Your Life to the Fullest* (Eau Claire, WI: PESI, 2020).

28. O estudo "SMILES" e outras pesquisas mostraram que melhorias na alimentação podem aliviar depressão e ansiedade, e que suplementos de vitaminas e minerais podem melhorar a recuperação de eventos traumáticos. Ver, por exemplo, Felice N. Jacka et al., "A Randomised Controlled Trial of Dietary Improvement for Adults with Major Depression (the 'SMILES' Trial)," *BMC Medicine* 15, nº 23 (2017): https://doi.org/10.1186/s12916-017-0791-y.

29. Meu entendimento de muitos dos temas relacionados à nutrição presentes neste capítulo foi enriquecido por conversas com minha amiga e colega psicóloga Aria Campbell-Danesh.

30. Experimente a receita de Ina Garten: https://www.foodnetwork.com/recipes/ina-garten/roasted-brussels-sprouts-recipe2-1941953.

31. Adaptado de Seth J. Gillihan, *The CBT Deck for Clients and Therapists: 101 Practices to Improve Thoughts, Be in the Moment, and Take Action in Your Life* (Eau Claire, WI: PESI, 2019).

AME OS OUTROS

1. Edward Brodkin e Ashley Pallathra, *Missing Each Other: How to Cultivate Meaningful Connections* (Nova York: PublicAffairs, 2021), p. 2.

2. Adaptado de Seth J. Gillihan, *The CBT Deck for Clients and Therapists: 101 Practices to Improve Thoughts, Be in the Moment, and Take Action in Your Life* (Eau Claire, WI: PESI, 2019).

3. Adaptado de Gillihan, *CBT Deck for Clients and Therapists*.

4. Ross Gay, *The Book of Delights* (Chapel Hill, NC: Algonquin Books of Chapel Hill, 2019), p. 97.

5. Jared Byas, *Love Matters More: How Fighting to Be Right Keeps Us from Loving Like Jesus* (Grand Rapids, MI: Zondervan, 2020), p. 69.

TRABALHE EM ALINHAMENTO

1. Kahlil Gibran, *O Profeta* (Hertfordshire, UK: Wordsworth Editions, 1997), p. 13.

2. Edward L. Deci e Richard M. Ryan, "Self-Determination Theory: A Macrotheory of Human Motivation, Development, and Health," *Canadian Psychology* 49, nº 3 (2008): 182–185, https://doi.org/10.1037/a0012801.

3. Anja Van den Broeck et al., "Capturing Autonomy, Competence, and Relatedness at Work: Construction and Initial Validation of the Work-Related Basic Need Satisfaction Scale," *Occupational and Organizational Psychology* 83, nº 4 (dezembro de 2010): 981–1002, https://doi.org/10.1348/096317909X481382.

4. Marie-Hélène Véronneau, Richard F. Koestner e John R. Z. Abela, "Intrinsic Need Satisfaction and Well-being in Children and Adolescents: An Application of the Self-Determination Theory," *Journal of Social and Clinical Psychology* 24, nº 2 (julho de 2005), https://doi.org/10.1521/jscp.24.2.280.62277; José A. Tapia Granados et al., "Cardiovascular Risk Factors, Depression, and Alcohol Consumption During Joblessness and During Recessions Among Young Adults in CARDIA," *American Journal of Epidemiology* 187, nº 11 (novembro de 2018): 2339–2345, https://doi.org/10.1093/aje/kwy127; Noortje Kloos et al., "Longitudinal Associations of Autonomy, Relatedness, and Competence with the Well-being of Nursing Home Residents," *Gerontologist* 59, nº 4 (agosto de 2019): 635–643, https://doi.org/10.1093/geront/gny005.

5. Adaptado de Seth J. Gillihan, *The CBT Deck for Clients and Therapists: 101 Practices to Improve Thoughts, Be in the Moment, and Take Action in Your Life* (Eau Claire, WI: PESI, 2019).

6. Jessica de Bloom, Sabine A. E. Geurts e Michiel A. J. Kompier, "Vacation (After-) Effects on Employee Health and Well-Being, and the Role of Vacation Activities, Experiences, and Sleep," *Journal of Happiness Studies* 14 (2013): 613–633, https://doi.org/10.1007/s10902-012-9345-3.

7. Gibran, *O Profeta*, p. 13.

8. David K. Reynolds, *A Handbook for Constructive Living* (Honolulu: University of Hawai'i Press, 2002).

9. Adaptado de Gillihan, *CBT Deck for Clients and Therapists.*

10. Adaptado de Gillihan, *CBT Deck for Clients and Therapists.*

11. Eugene H. Peterson, *The Contemplative Pastor: Returning to the Art of Spiritual Direction* (Grand Rapids, MI: William B. Eerdmans, 1993), p. 19.

12. Thomas Merton, *New Seeds of Contemplation* (Nova York: New Directions, 2007), p. 45.

13. Sou grato a Gregg Krech por estimular meu pensamento a esse respeito. Gregg Krech, *Naikan: Gratitude, Grace, and the Japanese Art of Self-Reflection* (Berkeley, CA: Stone Bridge Press, 2002).

14. Robin Wall Kimmerer, *Braiding Sweetgrass: Indigenous Wisdom, Scientific Knowledge, and the Teachings of Plants* (Minneapolis, MN: Milkweed Editions, 2020), p. 232.

15. Merton, *New Seeds of Contemplation*, p. 19.

16. Stephen Mitchell, trad., *Bhagavad Gita: A New Translation* (Nova York: Three Rivers Press, 2000), pp. 51, 63.

17. Romanos 12:1, NRSV.

18. Eugene H. Peterson, *The Message: The Bible in Contemporary Language* (Colorado Springs, CO: NavPress, 2018), p. 942.

19. Gibran, *O Profeta*, p. 14.

VIVA COM PROPÓSITO

1. "'The Three Questions' by Leo Tolstoy," *Plough Quarterly* 7 (inverno de 2016), https://www.plough.com/en/topics/culture/short-stories/the-three-questions.

2. David Steindl-Rast e Sharon Lebell, *Music of Silence: A Sacred Journey Through the Hours of the Day* (Berkeley, CA: Ulysses Press, 1998), p. 8.

3. Adaptado de Seth J. Gillihan, *The CBT Deck for Clients and Therapists: 101 Practices to Improve Thoughts, Be in the Moment, and Take Action in Your Life* (Eau Claire, WI: PESI, 2019).

4. Steindl-Rast e Lebell, *Music of Silence*, p. 10.

5. Frederick Buechner, *Wishful Thinking: A Theological ABC* (Nova York: Harper & Row, 1973), p. 95.

6. Thomas Merton, *New Seeds of Contemplation* (Nova York: New Directions, 2007), pp. 223–224.

7. Adaptado de Seth J. Gillihan, *The CBT Deck for Anxiety, Rumination, and Worry: 108 Practices to Calm the Mind, Soothe the Nervous System, and Live Your Life to the Fullest* (Eau Claire, WI: PESI, 2020).

8. David Steindl-Rast, *Gratefulness, the Heart of Prayer: An Approach to Life in Fullness* (Nova York: Paulist Press, 1984), p. 40.

VOLTE PARA CASA

1. Rich Mullins, "Growing Young," em *The World as Best as I Remember It*, vol. 2 (Reunion Records, 1991).

2. Rich Mullins, *Live from Studio B* (concerto de televisão ao vivo com A Ragamuffin Band na LeSEA Broadcasting, South Bend, IN, 14 de março de 1997), https://www.youtube.com/watch?v=jkPuHReiFeM.

3. Thomas Merton, *New Seeds of Contemplation* (Nova York: New Directions, 2007), p. 81.

4. Daniel 5:27, NRSV.

5. Marcos 8:36, KJV.

6. Mark S. Burrows e Jon M. Sweeney, *Meister Eckhart's Book of Secrets: Meditations on Letting Go and Finding True Freedom* (Charlottesville, VA: Hampton Roads, 2019), p. 77.

7. Romanos 8:39, NRSV.

8. Adaptado de Seth J. Gillihan, *The CBT Deck for Clients and Therapists: 101 Practices to Improve Thoughts, Be in the Moment, and Take Action in Your Life* (Eau Claire, WI: PESI, 2019).

9. 1 Pedro 4:8, NRSV.

10. Merton, *New Seeds of Contemplation*, p. 140.

AGRADECIMENTOS

Sou grato a tantas pessoas que influenciaram a escrita deste livro, começando por meus pais, Charles e Carolyn Gillihan. Mãe, seu exemplo de amor e cuidado com as pessoas ao seu redor me ensinou lições que só foram realmente compreendidas quando já era mais velho. Pai, pensei muito em você durante minha doença e depressão, e me perguntei como conseguiu continuar servindo à sua congregação e à sua família, mesmo enfrentando suas próprias batalhas. Obrigado a ambos por fazerem do lar uma força constante e amorosa em nossa vida, apesar das muitas mudanças de endereço. Sou grato por ter tido a chance de conhecê-los melhor nos últimos anos.

Yonder, Malachi, Timothy e Charlie, vocês são como irmãos para mim. Obrigado pela cumplicidade e pelo bom humor que ofereceram enquanto cada um de nós encontrava seu caminho no mundo. Só queria que morássemos mais perto uns dos outros! Tenho saudades de passar mais tempo com vocês. Aos meus sogros, Lance e Cynthia Leithauser, obrigado por seu amor e apoio ao longo de mais de vinte e cinco anos.

Ao meu agente, Giles Anderson, você tem o dom de captar instantaneamente o que estou tentando dizer, antes mesmo de eu ter dito de fato. Obrigado pelo entusiasmo com este livro desde a primeira descrição breve que lhe fiz na Philo Ridge Farm. Ainda é a melhor salada que já comi.

Ao meu editor, Mickey Maudlin, você me ajudou a encontrar a estrutura para unir uma série de ideias em algo coerente. Obrigado por sua paciência e por seus insights ao me guiar para escrever um livro melhor. Meu sincero agradecimento à editora assistente Chantal Tom, assim como a todo o fantástico time da HarperOne pelo excelente trabalho: Laina Adler, Louise

Braverman, Leah Carlson-Stanisic, Yvonne Chan, Ann Edwards, Pat Harris, Amy Reeve e Amy Sather.

Kim Richardson, você me ajudou a encontrar mais da minha voz como escritor durante nossos anos de colaboração na WebMD. Aria Campbell-Danesh, você é uma amiga e confidente muito querida, e inúmeras vezes fui sustentado por nossas conversas inspiradoras do outro lado do oceano. Esses diálogos se entrelaçaram neste livro. Pois é. Ray Pasi, tenho valorizado sua amizade, sabedoria, encorajamento e senso de humor por mais de duas décadas.

Alice Boyes, sou grato por termos nos conectado por meio da escrita. Obrigado por ser uma amiga solidária e colega autora, por me apresentar ao Giles e por sempre enxergar com os olhos da abundância. Joel Minden, sinto-me muito afortunado por termos nos encontrado e aguardo com alegria muitas outras conversas enriquecedoras com você. Um dia, de fato, nos encontraremos pessoalmente! Paula Ruckenstein, suas aulas nas primeiras horas da manhã na Penn me mostraram a profundidade de consciência que o yoga pode oferecer.

Rich Mullins, irmão caçula de São Francisco e conterrâneo de Indiana — lamento que nunca tenhamos nos conhecido nesta vida, embora eu sinta que o conheço por meio das suas gravações e entrevistas. Suas palavras continuam espalhando verdade e vida.

Obrigado aos muitos médicos e outros profissionais de saúde que fizeram o possível para me ajudar a descobrir a causa dos meus sintomas, e aos cinco fonoaudiólogos que me ajudaram a recuperar a voz. Um agradecimento especial a Diane Gaary, que sempre me surpreendeu com a amplitude de seu conhecimento e percepção, e ao nutricionista clínico Josh Gitalis, por sua combinação vital de saber e compaixão.

Meu entendimento sobre a TCC foi moldado por muitas pessoas, incluindo Alan Goldstein, Robert DeRubeis, Judith Beck e Aaron T. Beck (que faleceu durante a escrita deste livro); minha supervisora de pós-doutorado, Elyssa Kushner, que me apresentou à terapia comportamental baseada em mindfulness; os especialistas em sono Michael Perlis e Donn Posner; o saudoso Chris Erickson, que me incentivou a focar em TCC durante minha formação de doutorado; e outros colegas, numerosos demais para nomear, incluindo minha comunidade do Twitter #CBTWorks. Minha interpretação inicial da TCC foi limitada pela minha capacidade de compreender seus elementos mais profundos, o que refletia minhas próprias limitações e não as dos meus instrutores.

Certamente não sou a primeira pessoa a unir mindfulness e TCC. Agradeço àqueles que influenciaram meu pensamento e integração, especialmente Steven Hayes, Lizabeth Roemer, Susan Orsillo e Zindel Segal.

As ideias que expresso neste livro foram influenciadas por conversas que tive com tantas pessoas no podcast **Pense. Aja. Seja**. Sou grato a cada uma delas. Aos meus pacientes: tem sido um privilégio sentar-me com vocês e testemunhar sua coragem — terapia é difícil! Obrigado por confiarem em mim nesse trabalho tão profundamente humano.

Lucas, Ada e Faye, vocês me fazem rir todos os dias, e não apenas quando rio das piadas que eu mesmo conto para vocês. Às vezes, vocês me fazem rir mesmo quando não estão por perto, porque lembro de algo engraçado que disseram ou fizeram, ou simplesmente porque me vem à mente o quanto amo a *exatamente-vocês-idade* de cada um. Obrigado pela doçura e compreensão, mesmo quando meus problemas de saúde afetaram vocês. Sou imensamente feliz por poder ser o pai de vocês!

E, por fim, à minha esposa e amiga, Marcia Leithauser: este livro carrega mais da sua marca do que você imagina; em tantas de nossas caminhadas matinais durante a pandemia, você ofereceu soluções elegantes para os dilemas de escrita que eu enfrentava. Sou grato por ter tido o bom senso de conquistá-la em Estrasburgo, em 1995, quando estar com você era exatamente como voltar para casa. Cada vez que realmente percebo a vida que temos — uma vida muito menos perfeita e muito mais bonita do que eu havia sonhado —, mal consigo acreditar na minha sorte. Obrigado por segurar minha mão (e minha dor) em todas aquelas noites em que eu simplesmente não aguentava mais. Tentei expressar nestas páginas o quanto você me ajudou durante minha doença, mas as palavras não conseguem transmitir tudo o que você fez por mim, nem o tamanho da minha gratidão por você.

Este livro foi impresso nas oficinas gráficas da Editora Vozes Ltda.,
Rua Frei Luís, 100 – Petrópolis, RJ.